COLEÇÃO MESTRES DO ESOTERISMO OCIDENTAL

ROBERT FLUDD

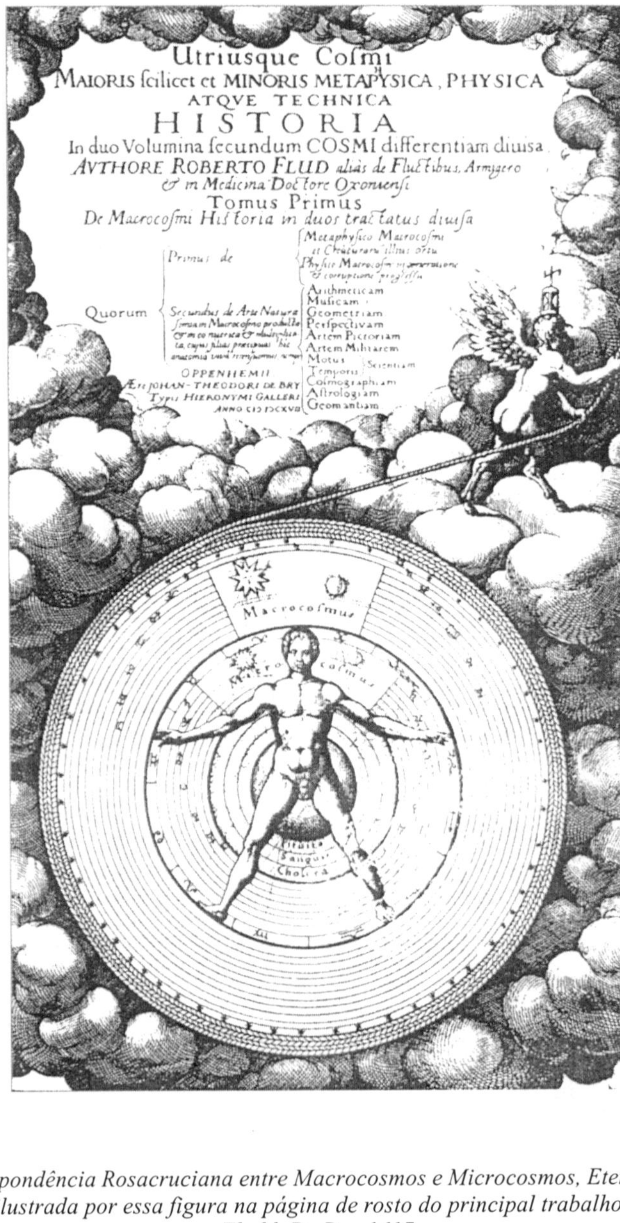

Correspondência Rosacruciana entre Macrocosmos e Microcosmos, Eternidade e Tempo, ilustrada por essa figura na página de rosto do principal trabalho de Robert Fludd. De Bry, 1617.

William Huffman

COLEÇÃO MESTRES DO
ESOTERISMO OCIDENTAL

ROBERT FLUDD

Tradução:
Saulo Alencastre

MADRAS

Publicado originalmente em inglês sob o título *Western Esoteric Masters Series–Robert Fludd*, por North Atlantic Books

Editor:
Wagner Veneziani Costa

Produção e Capa:
Equipe Técnica Madras

Tradução:
Saulo Alencastre

Revisão:
Maria Cristina Scomparini
Silvia Massimini
Wilson Ryoji Imoto
Daniela Piantola

CIP-BRASIL. CATALOGAÇÃO-NA-FONTE
SINDICATO NACIONAL DOS EDITORES DE LIVROS, RJ.

F666r
Fludd, Robert, 1574-1637
Robert Fludd/coordenador William Huffman; tradução Saulo Alencastre.
São Paulo: Madras, 2007
428p. : il. - (Mestres do esoterismo ocidental)
Apêndices
Inclui bibliografia

ISBN 978-85-370-0151-6

1. Fludd, Robert, 1574-1637. 2. Ciências. 3. Ciências ocultas. 4. Alquimia. I. Huffman, William. II. Título. III. Série.
06-3091. CDD 133
CDU 133
23.08.06 28.08.06 015905

MADRAS EDITORA LTDA.
Rua Paulo Gonçalves, 88 – Santana
CEP: 02403-020 – São Paulo/SP
Caixa Postal: 12299 – CEP: 02013-970 – SP
Tel.: (11) 6281-5555/6959-1127 – Fax: (11) 6959-3090
www.madras.com.br

Robert Fludd tem o patrocínio da Society of Native Arts and Sciences, uma instituição educacional sem fins lucrativos cujos objetivos são: desenvolver uma perspectiva educacional e intercultural, unindo várias áreas científicas, sociais e artísticas; fomentar uma visão holística das artes, das ciências, das humanidades e de cura além de publicar e distribuir literatura sobre a relação entre a mente o corpo e a Natureza.

AGRADECIMENTOS

Gostaria de reconhecer agradecidamente a amável permissão dos seguintes:

Ambix, O Jornal da Sociedade para os Estudos de Alquimia e Química, para reimprimir excertos de "O rastelo dourado da verdade: um tratado alquímico não publicado por Robert Fludd", editado com uma introdução por C. H. Josten, vol. 3, n°s. 3 e 4 (abril de 1949), pp. 91-150; e "*Declaratio Brevis* de Robert Fludd a James I", traduzida por Robert A. Seelinger, Jr., editada com uma introdução por William H. Huffman, vol. 25, parte II (julho de 1978), pp. 69, 92.

Excertos de Pauli, W., "A influência de idéias arquétipas nas teorias científicas de Kepler", traduzido por Priscilla Silz, em *The Interpretation of Nature and the Psyche*, New York: Pantheon Books, 1955, Bollingen Series LI, copyright 1995 renovado pela Princeton University Press, pp. 190-236, reimpressa com permissão da Princeton University Press.

Excertos da *Utriusque cosmi historia* de Fludd em *The Origin and Structure of the Cosmos*, traduzido por Patricia Tahil, editado com uma introdução por Adam McLean, *Magnum Opus Hermetic Sourceworks*, nº 13, reimpresso com permissão da Phanes Press.

Os excertos restantes são de minha própria coleção.

COLEÇÃO MESTRES DO ESOTERISMO OCIDENTAL

Esta coleção é projetada como uma introdução à vida e aos trabalhos das maiores figuras na história das idéias, particularmente no reino da metafísica e da tradição esotérica. Esta antologia de escritos de Robert Fludd representa uma importante adição à série, particularmente aqueles volumes devotados aos filósofos e místicos do século XVII, incluindo John Dee, Paracelso e Boehme.

Robert Fludd foi um dos últimos "homens da Renascença", que procurou abraçar a totalidade do conhecimento humano dentro de uma cosmologia divina e hierarquicamente ordenada. Nascido na Inglaterra elizabetana e educado na Universidade de Oxford, ele viajou depois pelo continente, onde entrou em contato com idéias ocultas e alquímicas entre os partidários de Paracelso (1493-1541), os neoplatonistas e os médicos reformistas. Estabelecendo-se em Londres como físico, parcialmente sobre os princípios paracelsianos, Fludd fez sua estréia filosófica com três pequenos livros em defesa dos manifestos rosacrucianos (1614-6) e suas doutrinas de harmonia macro-microcósmica, magia, Cabala e uso de textos herméticos.

A identificação inicial de Fludd com o Rosacrucianismo indica sua submissão fundamental ao complexo das idéias neoplatônicas, herméticas e cabalísticas que influenciaram profundamente a mente da Renascença da metade do século XV ao início do XVII. Em sua obra-prima posterior, *A História do Macrocosmos e do Microcosmos* (1617-26), Fludd elaborou a maior e final afirmação dessa filosofia rosacruciano-neoplatônica hermética, que combinava um exame prático da Natureza com uma visão espiritual do Universo como uma hierarquia inteligente de seres em três ordens (empírico ou angélico; etéreo ou estelar; elemental ou material). Essa filosofia eclética reconhecia a universalidade da verdade e extraiu sua sabedoria de todas as fontes possíveis – católico e protestante, a Bíblia hebraica, Platão, Pitágoras e Hermes Trismegisto. Acima de tudo, essa filosofia proveu o questionamento humano e a ciência de uma criação significante e divina, pois seu próprio fim era o conhecimento direto de Deus.

O professor Huffman dispõe ao leitor uma concisa introdução à vida de Fludd e uma acessível seleção de seus trabalhos, incluindo a famosa *História do Macrocosmos e do Microcosmos*, sua declaração ao rei James I, seu patrono, tratados controversos e polêmicos, e livros posteriores. Estes são ilustrados por diversas belas gravuras, que Fludd usou em seus trabalhos com grande vantagem para simbolizar e condensar as complexas e fascinantes hierarquias de sua cosmologia com referência à música, astronomia, meteorologia, mecânica e anatomia humana. Esta antologia do "maior resumidor e sintetizador" da tradição da Renascença neoplatônica nos oferece um valioso vislumbre do pensamento científico equilibrado entre as visões de mundo medieval e moderna, ainda focado na unidade e na ordem de todas as coisas, em vez de em um inventário sem-fim de suas propriedades.

Nicholas Goodrick-Clarke

ÍNDICE

LISTA DE ILUSTRAÇÕES

INTRODUÇÃO À EDIÇÃO BRASILEIRA

"O tempo dá tudo e tudo toma, tudo muda, mas nada morre... Com esta Filosofia meu espírito cresce, minha mente se expande. Por isso, apesar de quanto obscura a noite possa ser, eu espero o nascer do dia..." (Bruno*)*

Antes de adentrarmos nessa maravilhosa coleção dos Mestres do Esoterismo Ocidental, quero escrever um pouco sobre Esoterismo, Magia, Ocultismo, Misticismo, Hermetismo, Gnose e discorrer acerca da sua importância em nosso Universo.

Antigamente, quando um homem era sábio ele era chamado de *Magus*, Mago ou *Magi*, plural da palavra persa antiga *magus*, significando tanto imagem quanto "um homem sábio", que vem do verbo cuja raiz é *meh*, que quer dizer Grande, e em sânscrito, *Maha* (daí Mahatma Gandhi, por exemplo).

Os *Magi* originais eram formados pela casta sacerdotal da Pérsia, além de químicos e astrólogos. Seus trajes consistiam de um manto escuro (preto, ou marrom, ou vermelho), e suas demonstrações públicas envolviam o uso de substâncias químicas para geração de fumaça, as quais causavam grande impressão entre o povo. Com isso, os observadores europeus trouxeram sua imagem para o folclore do Ocidente.

Mago usualmente denota aquele que pratica a Magia ou o Ocultismo; no entanto, pode indicar ainda alguém que possui conhecimentos e habilidades superiores, quando, por exemplo, se diz que um músico é um "mago dos teclados", pois ele toca o instrumento musical com muita destreza.

No sentido religioso e histórico, portanto, denotava uma linha sacerdotal ou casta hereditária na Pérsia, da qual Zoroastro (ou Zaratrusta) foi um membro conhecido. Essa casta formava uma sociedade de Magos que dividia os iniciados em três níveis de iluminação:

Khvateush – Os mais elevados, iluminados com a luz interior, iluminados;
Varezenem – Aqueles que praticam;
Airyamna – Amigos dos arianos.

Os antigos Magos *Parcis* podiam ser divididos em três níveis:

Herbods – noviços;
Mobeds – Mestres;
Destur Mobds – Homens perfeitos, idênticos aos Hierofantes dos mistérios praticados tanto na Grécia como no Egito (veja Hermetismo).

Esclarecemos que Hierofante é um termo utilizado para classificar os sacerdotes da alta hierarquia dos mistérios. Em língua portuguesa, o Grande Hierofante representa o Sacerdote Supremo ou Sumo Sacerdote. Um dos exemplos mais conhecidos de alguém que pode ser designado Grande Hierofante é o líder supremo (supremo para os que comungam do mesmo credo, é lógico) da Igreja Católica Apostólica Romana, o Papa, também chamado de Sumo Pontífice.

Podemos dizer que o Hierofante simboliza o mestre espiritual que habita em nosso interior, é o intermediário que faz a ligação entre a consciência terrena e o conhecimento intuitivo da lei Divina. Um dos principais objetivos desses líderes, ou instrutores, é o de ajudar os seres humanos na escalada dos graus na grande jornada da vida, permitindo-os evoluir para se libertarem de seus sofrimentos. Em cada grau que ascende existe um desafio, uma experiência, até que o indivíduo consiga separar o joio do trigo.

A teosofista Helena Blavatsky, em *Ísis Sem Véu*, refere-se ao Hierofante dizendo que era o título pertencente aos mais elevados adeptos nos templos da Antiguidade: mestres e expositores dos Mistérios e os iniciadores nos grandes Mistérios finais. O Hierofante era a representação do Demiurgo que explicava aos candidatos à Suprema Iniciação os vários fenômenos da Criação que se expunham para o seu ensinamento.

Discorrendo claramente a respeito do Demiurgo, o escritor Kenneth R. H. Mackenzie disse que "era o único expositor das doutrinas e arcanos esotéricos. Era proibido até pronunciar seu nome diante de uma pessoa não-iniciada. Residia no Oriente e levava como símbolo de sua autoridade um globo de ouro junto ao colo. Chamavam-no, também, Mistagogo".

De acordo com o francês Pierre Weil, presidente da Fundação Cidade da Paz e Reitor da Universidade Holística Internacional de Brasília (UNIPAZ), o Sumo Pontífice (Sumo *Pontifex*) é aquele que lança pontes, ou, tradicionalmente, aquele que deve unir as diferentes pessoas e coordenar esforços, lançar pontes em todas as direções. Hierofante também designa grandes sacerdotes de outras religiões. Em seu livro *A Enxada e a Lança*, Alberto da Costa e Silva traz esta definição: "Orumila, o Hierofante". Sabe-se que Orumila é o grande conhecedor do Orum (o Desconhecido), o outro lado, o infinito, o longínquo. Acredita-se que nesse lugar inalcançável pelos habitantes da Terra (para os iorubás, *Aiyê*) os Orixás conservam suas moradas.

Na Bíblia, os magos são vistos como homens sábios. O termo também se tornou familiar, por causa dos três reis magos, que, seguindo uma estrela, chegaram ao local onde se encontrava o menino Jesus.

Na atualidade, a Magia foi revivida em seu aspecto ritualístico, principalmente pela Ordem Hermética do Amanhecer Dourado* (*Hermetic Order of the Golden Dawn*), na Inglaterra, no final do século XIX.

Na Maçonaria, que dia a dia permite que homens investidos de uma pregação comunista e materialista desviem a Ordem de seu curso natural, esse aspecto ritualístico está sendo perdido aos poucos. A Maçonaria é uma Escola Iniciática, na qual o candidato galga os graus, submetendo-se a ultrapassar os obstáculos, enfrentando-os até alcançar a Luz. Somos construtores sociais, sim (maçons = pedreiros), mas temos que em primeiro lugar elevar a consciência, incentivando a busca do conhecimento próprio. Esse conhecimento é profundo... Precisamos primeiramente construir nosso próprio edifício e, somente depois de acabado, ajudar o próximo a construir o seu, e assim sucessivamente...

O maçom tem que se esforçar para poder libertar todas as amarras do instinto. É aquele que guia as rédeas ao conduzir a parte animal que ainda, por missão, sente-se obrigado a possuir no mundo. No entanto, sabe que tudo na Terra tem seu período de transição, todas as coisas ocupam tempo fixo, por lei, e são determinadas pela necessidade evolutiva. Ele sabe, mediante sua mente divina, que a atuação do Ser Supremo se faz através do Espaço. Quando volta seus "olhos de ver" para a Imensidão, é capaz de ler essas lições no livro da Sabedoria Eterna, onde tudo fica gravado para sempre, como se fosse um eterno presente.

Portanto, o maçom precisa, sim, desenvolver seu sexto sentido. A intuição é seu modo de ver, ouvir e falar. No mais alto grau da Maçonaria, já se torna senhor dos três mundos: físico, anímico e espiritual. Somente nesse ponto pode e deve ser considerado Mestre Maçom.**

---

*N.E.: Sugerimos a leitura da obra de Israel Regardie, *A Aurora Dourada*, que será editada pela Madras Editora, com comentários de Carlos Raposo e Wagner Veneziani Costa.

**N.E.: Para conhecer melhor esse assunto, sugerimos a leitura do livro *Maçonaria–Escola de Mistérios – A Antiga Tradição e Seus Símbolos*, de Wagner Veneziani Costa, Madras Editora.

O CAMINHO DA INICIAÇÃO

Assim como uma flor não desabrocha fora do tempo, do mesmo modo a alma terá seu momento de encontro com a Luz. Nenhum esforço, além da senda apontada pela Consciência, poderá marcar mais perfeitamente o início dos primeiros passos no Caminho. A ansiedade é má conselheira e oferece tanta resistência à evolução do discípulo quanto à displicência. De tal modo Deus fez a alma do Homem, que ela sabe que, apesar de todas as voltas e curvas do caminho humano, é seu destino retornar mais iluminada ao Reino do Pai.

Se levarmos em conta o rigorismo do vocábulo esoterismo, na acepção de oculto, somente os Iniciados poderiam chamar-se esoteristas.

Iniciados são, portanto, todos os seres que, tendo atingido os páramos supremos dos últimos graus da iluminação, ainda como seres humanos, adquirem os meios de coordenar as forças ocultas do ser. Já sabemos que a iluminação é o ponto solar que conduz o Homem aos Mistérios. Como poderia palmilhar o Caminho aquele que, primeiramente, não se iluminasse? De sua Luz brota a claridade para seu próprio Caminho.

Dentre os filósofos que se manifestaram a respeito da Iniciação, Próclus nos diz que ela serve para "retirar a alma da vida material e lançá-la na luz". E Salústio afirma que "o fim da Iniciação é levar o Homem a Deus".

Antonio de Macedo nos dá uma boa luz sobre o significado de Esoterismo: "O adjetivo *eksôterikos*, *-ê*, *-on* (exterior, destinado aos leigos, popular, exotérico) já existia em grego clássico, ao passo que o adjetivo *esôterikos*, *-ê*, *-on* (no interior, na intimidade, esotérico) surgiu na época helenística, nos domínos do Império Romano. Diversos autores os utilizaram. Veremos adiante alguns exemplos.

Esotérico e exotérico têm origem, respectivamente, em *eisô* ou *esô* (como preposição significa "dentro de", como advérbio, "dentro"), e *eksô* (como preposição significa "fora de", como advérbio, "fora"). Dessas partículas gramaticais (preposição, advérbio) os gregos derivaram comparativos e superlativos, tal como no caso dos adjetivos. Via de regra, o sufixo grego para o comparativo é *teros*, e para o superlativo é *tatos*. Por exemplo: o adjetivo *kouphos*, "leve", tem como comparativo *kouphoteros*, "mais leve", e como superlativo *kouphotatos*, "levíssimo". Do mesmo modo, do advérbio/preposição *esô* obtém-se o comparativo *esôteros*, "mais interior", e o superlativo *esôtatos*, "muito interior, interno, íntimo". O adjetivo *esôterikos* deriva, portanto, do comparativo *esôteros*.

Certos autores, porém, talvez com uma visão mais imaginativa, propõem outra etimologia, baseada no verbo *têrô*, que significa "observar, espiar; guardar, conservar". Assim, *esô* + *têrô* significaria qualquer coisa como "espiar por dentro e guardar no interior".

Sabemos que as práticas ocultas concentram-se na habilidade de manipular leis naturais, como na Magia. Antigamente, Mistérios eram cultos sempre secretos nos quais uma pessoa precisava ser "iniciada". Os líderes dos cultos incluíam os Hierofantes ("revelador de coisas sagradas"). Uma sociedade de Mistério mantinha tradições como: refeições, danças e cerimônias em comum, especialmente ritos de iniciação. Faziam isso por acreditar que essas experiências compartilhadas fortaleciam os laços de cada culto.

Esoterismo é o nome genérico que designa um conjunto de tradições e interpretações filosóficas das doutrinas e religiões que buscam desvendar seu sentido oculto. É o termo utilizado para simbolizar as doutrinas cujos princípios e conhecimentos não podem ou não devem ser "vulgarizados", sendo comunicados apenas a um pequeno número de discípulos escolhidos.

A idéia central do Esoterismo é pesquisar o conhecimento perdido e utilizar todas as técnicas possíveis para que cada homem consiga transmutar o velho em novo, as trevas em luz, o mal em bem. Enfim, para que o esotérico consiga fazer a alquimia da sua própria alma e ascender ao encontro com o Criador. O Esoterismo estuda e faz uso prático das energias da natureza. Os métodos de sintonia com essas energias são inúmeros.

Segundo Blavatsky, o termo "esotérico" refere-se ao que está "dentro", em oposição ao que está "fora" e que é designado como "exotérico". Mostra o significado verdadeiro da doutrina, sua essência, em oposição ao exotérico, que é a "vestimenta" da doutrina, sua "decoração". Um sentido popular do termo é de afirmação ou conhecimento enigmático e impenetrável. Hoje em dia, o termo está mais relacionado ao misticismo, ou seja, à busca de supostas verdades e leis que regem o Universo, porém ligando ao mesmo tempo o natural com o sobrenatural.

AO ENCONTRO DO MISTICISMO

Misticismo é uma filosofia que existe em muitas culturas diferentes e que se apresenta de várias maneiras. Místico é todo aquele que concebe a não-separatividade entre o Universo e os seres (reino transcendente). A Essência primordial da vida, a Consciência Cósmica, ou Deus, como costumamos chamar – ao contrário do que se pensa – não está e nunca esteve separado de qualquer coisa. O místico é aquele que busca um contato com a realidade, que utiliza as forças naturais como intermediário.

O místico busca a presença de um Ser Supremo, ou do inefável e incognoscível, em si mesmo. Ele acredita que dessa forma pode perceber todas as coisas como parte de uma infinita e essencial Unidade de tudo o que existe. Os místicos não reconhecem diferenças entre a natureza do Universo e a natureza dos seres.

Misticismo é, portanto, a busca de conhecimento espiritual direto mediante processos psíquicos que transcendem as funções intelectuais. Sob essa ótica, o Misticismo é tido como um caminho pessoal de evolução, realização e felicidade.

HERMETISMO

Aquilo que na atualidade é chamado de Hermetismo, ou de Ciências Herméticas, compreende um campo de conhecimento muito amplo. Diariamente, observamos as ordens e as sociedades herméticas; ouvimos falar de conhecimentos herméticos. Em um primeiro momento, o leigo acredita que a palavra "hermética", presente em inúmeras organizações, significa, oculto, mistério, velado. Mas esse não é o sentido real. Aquilo que é ensinado como Hermetismo tem raízes tão antigas que é impossível precisar o seu surgimento. Acreditamos que pode ser considerado como sua origem, o registro de todos os conhecimentos que a humanidade foi acumulando, ciclo após ciclo de civilização, mesmo muito antes da Atlântida.

A Prof. Dra. Eliane Moura Silva, do Departamento de História da UNICAMP ressalta: "Em 1460, Cósimo de Médicis manda Marsílio Ficino interromper a tradução dos manuscritos de Platão e Plotino para iniciar com urgência, a tradução do *Corpus Hermeticum*, coletânea de textos formados pelo *Asclépios* (onde se descreve a antiga religião egípcia e os ritos e processos através dos quais estes atraíam as forças do Cosmos para as estátuas de seus deuses) e outros quinze diálogos herméticos tratando de temas como a ascensão da alma pelas esferas espirituais até o reino divino e a regeneração durante a qual a alma rompe os grilhões da matéria e torna-se plena de poderes e virtudes divinas, incluindo o *Pimandro*, que é um relato da Criação do mundo".

Essa tradução e as obras de Platão e Plotino tiveram um papel fundamental na história cultural e religiosa do Renascimento, sendo responsáveis pelo triunfo do Neoplatonismo e de um interesse apaixonado pelo Hermetismo em quase toda a Europa. A apoteose do homem, característica do Humanismo, passou a ter, em diferentes pensadores do período, uma profunda inspiração na tradição hermética redescoberta, assim como no Neoplatonismo para cristão.

De acordo com estudiosos, todos os movimentos de vanguarda da Renascença tiraram seu vigor e impulso a partir de um determinado olhar que lançaram sobre o passado. Ainda vigorava uma noção de tempo cíclica em que o passado era sempre melhor que o presente, pois lá estava a Idade do Ouro, da Pureza e da Bondade. Essa tendência aponta uma profunda insatisfação com a escolástica e uma aspiração em encontrar as bases para uma religião universalista, trans-histórica e primordial. O Humanismo Clássico recuperava a Antiguidade Clássica procurando o ouro puro de uma civilização melhor e mais elevada. Os reformadores religiosos procuravam a pureza evangélica nos estudos das Escrituras e nos textos dos precursores da Igreja.

A crença em uma *prisca theologia* e nos velhos teólogos – Moisés, Zoroastro, Orfeu, Pitágoras, Platão e Hermes Trismegistos – conheceu uma voga excepcional, assim como a leitura do Antigo Testamento, dos

Evangelhos e a própria Tradição Clássica. Pensava-se em uma aliança possível entre essas antigas e puras teologias, entre as quais se destacava o Hermetismo (afinal, sendo Hermes o mais antigo dos sábios e diretamente inspirado por Deus, pois suas profecias se cumpriram com o nascimento de Jesus), para se chegar a um universalismo espiritual capaz de restaurar a paz e o entendimento pela compreensão da "divindade" nos seres humanos.

Sob essa ótica, no decorrer dos anos assistimos a uma intensa recuperação de diversas formas de Gnose, da Alquimia e do Esoterismo cristão em seus temas fundamentais: enobrecimento e transmutação dos metais, regeneração do homem e da natureza, a quem serão devolvidas a dignidade e a pureza perdidas com a queda, a vitória sobre as doenças, a imortalidade e felicidade no seio de Deus, as relações simpáticas entre os seres e as coisas, o acesso a textos ocultos e revelados a poucos iniciados, Astrologia, Magia *naturallis*, entre outras fontes do saber.

Estamos falando das bases sobre as quais certos pensadores que marcaram época construíram suas obras, dentre eles Johanes Augustinus Pantheus, sacerdote veneziano; autor de *Ars transmutationes metallicaee*; ou ainda, do provençal Michel de Nostredame (ou Nostradamus), médico e alquimista, protegido de Catarina de Médicis e autor das proféticas *Centúrias*; de Jerônimo Cardano, médico e matemático perseguido pela Inquisição e protegido pelo Papa; Juan Tritemio, sacerdote do convento de Spanheim, mas também um profeta, necromante e mago da corte do imperador Maximiliano. Por fim, chegamos a Paracelso (*Teofrasto Bombast von Hohenheim*), discípulo de Tritêmio e buscador da realização sobrenatural. Temos também Henrique Cornélio Agrippa de Netesheim, que em 1510 publicou *De Occulta Philosophia*.* Ele era um exímio estudioso de Cabala, Magia *naturallis*, Alquimia, Angelologia, dos segredos ocultos da natureza e da vida. Lembramos, ainda, dos esoteristas cristãos Marsílio Ficino e Pico de la Mirandola (a renovação do cabalismo no Renascimento).

Agrippa declarava que para ocupar-se da Magia, era necessário conhecer perfeitamente Física, Matemática e Teologia. Para ele, a Magia é uma faculdade poderosa, plena de mistério e que encerra um conhecimento profundo das coisas mais secretas da natureza, substâncias e efeitos, além de suas relações e antagonismos.

Giovanni Pico de la Mirandola justifica a importância da busca humana pelo conhecimento em uma perspectiva neoplatônica. Ele afirma que Deus, tendo criado todas as criaturas, foi tomado pelo desejo de gerar uma outra criatura, um ser consciente que pudesse apreciar a criação. Porém, não havia nenhum lugar disponível na cadeia dos seres, desde os vermes até os

*N.E.: Em breve essa obra de Agrippa será lançada em língua portuguesa pela Madras Editora.

Anjos. Então Deus criou o homem, que, ao contrário dos outros seres, não tinha um lugar específico nessa cadeia. Em vez disso, o homem era capaz de aprender sobre si mesmo e sobre a natureza, além de poder emular qualquer outra criatura existente. Desta forma, segundo De la Mirandola, quando o homem filosofa, ele ascende a uma condição angélica e comunga com a Divindade. Entretanto, quando ele falha em utilizar o seu intelecto, pode descer à categoria dos vegetais mais primitivos. Desse modo, De la Mirandola afirma que os filósofos estão entre as criaturas mais dignificadas da criação.

A idéia de que o homem pode ascender na cadeia dos seres pelo exercício de suas capacidades intelectuais foi uma profunda garantia de dignidade da existência humana na vida terrestre. A raiz da dignidade reside na sua afirmação de que somente os seres humanos podem mudar a si mesmos pelo seu livre-arbítrio. Ele observou na história humana que filosofias e instituições estão sempre evoluindo, fazendo da capacidade de autotransformação do homem a única constante.

Em conjunto com sua crença de que toda a criação constitui um reflexo simbólico da Divindade, a filosofia de De la Mirandola teve uma profunda influência nas artes, ajudando a elevar o *status* de escritores, poetas, pintores e escultores, como Leonardo da Vinci e Michelangelo, de um papel de meros artesãos medievais a um ideal renascentista de artistas considerados gênios que persiste até os dias atuais.

Para esses pensadores, era possível elaborar uma harmonia entre Gnose, Hermetismo, Cabala, Magia natural e Cristianismo. Magia *naturallis* era compreendida como a aproximação da Natureza com a religião, ou seja, estudar a natureza (inclusive oculta) das coisas era visto como um caminho para compreender e chegar a Deus".

GNOSTICISMO OU CONHECIMENTO

De acordo com os apontamentos de Claudio Willer, os gnósticos existiram como seitas, em diversos grupos, nos séculos I a V da Era Cristã, especialmente no Egito, convivendo e interagindo com o Neoplatonismo e o Hermetismo. Escritores conceituados, sempre empenhados na recriação mítica de suas origens, deixaram uma série de evangelhos apócrifos (a exemplo dos cabalistas que, mais tarde, também fizeram seus acréscimos à Bíblia, reescrevendo ou introduzindo trechos atribuídos aos profetas). Esses autores foram desaparecendo diante da organização, não só teológica como política, do Cristianismo. Perseguidos e combatidos como hereges, ressurgem na Idade Média como bogomilos, variante do Maniqueísmo, nos atuais territórios da Bulgária, Hungria e Romênia. E, já nos séculos XII e XIII, aparecem como cátaros, os albigenses da Provença, militarmente exterminados. Sua documentação também foi destruída, restaram apenas as peças acusatórias do Cristianismo que, para se afirmar como poder temporal, os varreu da face da Terra.

Com isso, encerra-se a Gnose como forma de organização social, mas não como modo de pensar. A inversão da história do Jardim do Éden, com a serpente portadora não da perdição, mas da sabedoria, além de se manter em práticas de Magia e Bruxaria desde a baixa Idade Média e da Renascença, reaparece na criação de novos escritores, especialmente na transição do século XVIII para o XIX. Alexandrian, em sua *História da Filosofia Oculta* (Seghers, 1983, ou Edições 70, Portugal, s/d), atribui-lhes grande alcance: "o espírito da Gnose subsistiu até nossos dias; além disso, todos os grandes filósofos ocultos foram, de uma forma ou de outra, continuadores dos gnósticos, sem que necessariamente utilizassem o mesmo vocabulário e os temas". Seu comentário coincide com aquele feito em 1949 por André Breton (no ensaio *Flagrant délit,* em *La clé des champs*, Le Livre de Poche, 1979), ao registrar com lucidez a importância da então recente descoberta das Escrituras Gnósticas de Qumran. "Sabe-se, com efeito, que os gnósticos estão na origem da tradição esotérica que consta como tendo sido transmitida até nós, não sem se reduzir e degradar parcialmente no correr dos séculos, apontando ainda que poetas tão influentes como Hugo, Nerval, Baudelaire, Rimbaud, Lautréamont, Mallarmé e Jarry haviam sido mais ou menos marcados por essa tradição."

Esses escritores são de uma família representada também por William Blake* (1757-1827). Pouco antes de Blake, Emannuel Swedenborg (1688-1772) havia formulado cosmologias complexas de grande influência, a ponto de se criarem seitas swedenborguianas, grupos que persistem até nossos dias. Swedenborg, que também deixou obra científica, representa uma dualidade típica do século XVIII, a coexistência do culto à razão e ao desenvolvimento científico, e seu aparente inverso, o crescimento, a sombra do Iluminismo, de seitas e grupos iniciáticos de orientação hermética. Entre outros, destacam-se a Maçonaria, na versão de Cagliostro; os Martinistas e os "Iluminados". Ambos, racionalismo e ocultismo, aparente claridade e suposto obscurantismo, modernização e tradicionalismo, são pólos da mesma complexa configuração. Para cada Voltaire havia um Cagliostro; para cada Rousseau, um Marquês de Sade. Todos possíveis graças à liberdade de pensamento e expressão possibilitada pelo enfraquecimento dos regimes absolutistas e do poder temporal da Igreja.

Não por acaso, o pai de William Blake foi adepto de Swedenborg. E o poeta, também notável artista plástico, formou-se por meio de leituras não somente do próprio Swedenborg, mas de seus antecessores renascentistas

*N.E.: Sugerimos a leitura de *Matrimônio do Céu e do Inferno*, de William Blake, Madras Editora. Ver também *Cagliostro – O Grande Mestre do Oculto*, do Dr. Marc Haven, Madras Editora.

como Paracelso e Jacob Boehme – formuladores da teoria das "assinaturas" de que o microcosmo reproduziria traços do macrocosmo, e cada coisa particular manifestaria correspondências com o Todo, as qualidades e características da ordem universal – e dos movimentos ocultistas de seus contemporâneos, iluminados e martinistas inclusive. Não era de se estranhar que, sendo um visionário, Blake acreditasse que, desde a adolescência, conversava com profetas bíblicos e que poemas seus fossem ditados por anjos.

Sem dúvida, Blake foi um panteísta e um politeísta, pelo modo como apresentou em seus poemas uma pluralidade de entidades, uma teogonia particular, e como cultuou a natureza, visualizando-a animada pela energia divina (minha principal fonte, *The Poetical Works of William Blake*, editada por John Sampson, Oxford University Press, 1960). Formulou antevisões, em seus *Poemas Proféticos*, em *América*, *A Revolução Francesa* e em *Matrimônio do Céu e do Inferno*, em cujas metáforas, deslindando-as, é possível reconhecer antecipações do que estava por vir (no mínimo, na *Canção de Liberdade*, em *Matrimônio do Céu e do Inferno*), ou seja, a expansão e a subseqüente queda do Império Britânico. Até que ponto sua poesia encerra idéias gnósticas, isso é e continuará sendo uma incógnita.

Contudo, declarações como esta: "O caminho do excesso leva ao palácio da sabedoria" (a mais famosa de *Matrimônio do Céu e do Inferno*) permitem associação a um Gnosticismo dissoluto. Igualmente, as estetizações de Satã, retratado como fonte da sabedoria (em *Matrimônio do Céu e do Inferno*, em outros lugares de sua obra e na esplêndida gravura na qual seu Lúcifer triunfante é uma herética citação do redentor apocalíptico de Michelangelo), e os personagens, deuses criadores do mundo, porém decaídos ou malignos, como Los, Urizen e Nobodaddy, são representações do Pai opressor.

Friedrich Hölderlin (1770-1843) jamais ascendeu ao *status* de profeta, e o componente visionário de sua obra – mais evidente quando passou o restante de seus dias na pequena cidade de Nürtingen, abrigado na casa do carpinteiro Zimmer em sua fase de loucura – não pode ser tomado como expressão da adesão a seitas e doutrinas. Escrevia como se fosse um grego e estivesse na Grécia antiga, e, impregnado de mitos, lamentava a queda dos deuses em poemas lacunares, extremamente modernos, com belas imagens; *assim naufraga o ano no silêncio...*

Com o passar do tempo, Hölderlin e Blake, quase contemporâneos, cresceram em prestígio e estatura literária. Outro poeta, já de um romantismo tardio, de uma geração seguinte, também se destacou: Gérard de Nerval (1808-1855), influenciado pela Cabala, pelo Hermetismo e por idéias gnósticas, as quais havia aderido de modo consciente, conforme deixou claro em *Les Illuminés*. Em *Aurélia*, obra que escreveu antes de desencarnar em virtude de um acesso de melancolia e que é uma narrativa regida por mecanismos do sonho e do delírio, bem como em *Sílvia*, exemplarmente analisada por Umberto Eco em *Seis Passeios pelos Bosques da Ficção*, confundem-se dois modos do pensamento mágico: um deles, aplicação ou expressão da formação ocultista; o outro, resultado de seu distúrbio psíquico.

O Luciferianismo é um antigo culto de mistérios que tem origem nos cultos de adoração às serpentes ou dragões, sendo parte dessa crença originada dos mistérios clássicos. O luciferianista presta culto ao Deus romano, Lúcifer, o Andrógino, o Portador da Luz, o espírito do Ar, a personificação do esclarecimento, por meio de seus deuses machos e fêmeas. Dentro do contexto geral pagão, Lúcifer era o nome dado à estrela matutina (a estrela conhecida por outro nome romano, Vênus). A estrela matutina aparece nos céus logo antes do amanhecer, anunciando o Sol ascendente. O nome deriva do termo latino *lucem ferre*, o que traz, ou o que porta a luz. Lúcifer vem do latim, *lux* + *ferre* e é denominado, muitas vezes, como a Estrela da Manhã. Dentre todos os deuses, Lúcifer foi aquele que manteve a relação mais notável com a Humanidade. Encontrar a faceta da divindade Lúcifer dentro de nós é fator importante no caminho da Verdade para um luciferianista. Ela nos trará a consciência, o conhecimento e, sobretudo, o livre-arbítrio. Lúcifer, para nós, é o caminho para o encontro com o verdadeiro Eu-divindade, a nossa vontade real.

Lúcifer (em hebraico, *heilel ben-shachar*, הֵילֵל בן שחר ; em grego na Septuaginta, *heosphoros*) representa, como já dissemos, a Estrela da Manhã (a estrela matutina), a estrela D'Alva, o planeta Vênus, mas também foi o nome dado ao anjo caído, da ordem dos Querubins (ligados à adoração de Deus). Na atualidade, em uma nova interpretação da palavra, chamam-no de Diabo (caluniador, acusador) ou Satã (cuja origem é o hebraico *Shai'tan*, adversário).

Hoje, Nerval é visto como possuidor de uma estatura próxima à do autor referencial, inaugurador da modernidade, Charles Baudelaire (1821-1867), o poeta dos mistérios, dos abismos e da sua cidade, da metrópole moderna e movimentada em que Paris ia se convertendo. Ambos, Nerval e Baudelaire, eram excêntricos no plano da conduta pessoal; sua excentricidade passando a símbolo de uma provocação romântica e pós-romântica.

Karl Bunn nos diz que: "No Ocidente, algumas das formas mais conhecidas de Gnose são o Hermetismo, a Gnose Cristã, a Alquimia, os ensinamentos dos Templários e a Maçonaria.

O Hermetismo ou os Mistérios de Hermes foi estabelecido em antiqüíssimos tempos por Hermes Trismegistos, no Egito dos grandes magos e sacerdotes. Afortunadamente, essa ciência conseguiu manter-se pura e intacta até nossos dias nas lâminas do Tarô Egípcio. Já a Gnose dos primeiros cristãos, somente nos últimos 20 anos do século passado ressurgiu nos principais centros culturais do mundo, tanto em forma integral quanto em forma de livros compilados a partir das chamadas obras apócrifas do Cristianismo antigo – que nada têm de apócrifos, considerando-se que a lista canônica foi elaborada para servir aos interesses dos primeiros padres da Igreja Romana. Na realidade, apócrifa e canônica são obras escritas na mesma época e da mesma maneira. Existe sim uma diferença de fundamental importância: os textos denominados apócrifos não sofreram mutilações nem adaptações ao longo dos séculos e são, portanto, mais puros, originais e completos que os canônicos.

Segundo estudiosos do assunto, existem muitas discussões e polêmicas em torno das obras apócrifas. Isso é compreensível, levando-se em conta que as fantasias teológicas, criadas nos últimos dois mil anos, estão muito vivas na cabeça das pessoas, principalmente dos fiéis católicos e das seitas cristãs. Em contrapartida, é crescente o número de pessoas esclarecidas que atestam a veracidade e a fidelidade dos textos considerados apócrifos, tornando acessível ao público toda a sabedoria gnóstica da Antiguidade.

A Gnose chama a atenção não só por seus aspectos históricos e antropológicos, que ajudam a explicar os pontos cruciais da atribulada trajetória da humanidade, mas também por seu caráter psicológico profundo, de extrema atualidade, como conhecimento divino, ou fogo liberador que surge das mais íntimas profundezas do indivíduo.

Hoje em dia muitos sábios, filósofos, psicólogos, humanistas, etc., encontraram na Gnose as orientações precisas que possibilitam o esclarecimento dos grandes enigmas do Universo e do Homem. Basta recordar a famosa frase: "*Nosce te Ipsum*" (Conhecida tradicionalmente como "Homem, conhece-te a ti mesmo e conhecerás o Universo e os deuses").

Vemos, então, que a Gnose sempre foi um conhecimento misterioso, que parece surgir espontaneamente nas mais diversas épocas e lugares. O estudioso francês Serge Hutin diz o seguinte: "Se o Gnosticismo não fosse mais que uma série de aberrações doutrinárias, próprias de hereges cristãos dos três primeiros séculos, seu interesse seria puramente arqueológico. Mas é muito mais que isso, a atitude gnóstica aparecerá espontaneamente, além de qualquer transmissão direta. O Gnosticismo é uma ideologia mística que tende a reaparecer incessantemente na Europa e em outros lugares do mundo em épocas de grandes crises ideológicas e sociais".

E também afirma: "Ainda que muitos gnósticos falem uma linguagem desconcertante para o homem contemporâneo, sua atitude no fundo é muito moderna: apresentam-se como homens preocupados com o futuro do mundo, procurando uma solução para os problemas que o envolvem".

Em meados do século passado, foram encontrados pergaminhos, manuscritos e outros textos que, ao serem traduzidos, mostram a profundidade das doutrinas gnósticas praticadas antes de Jesus Cristo e também depois de sua vinda, fundindo-se com as primeiras comunidades cristãs. Pode-se dizer que o Cristianismo nascente encontrou seu primeiro ponto de apoio nos filósofos gnósticos daquela época.

O Gnosticismo, ou grupos de doutrinas relativas à Gnose, constitui-se no que é a tradição esotérica das diversas religiões, em especial do Cristianismo. Podemos dizer que a Gnose é aquele elo secreto que une a sabedoria do Oriente à do Ocidente.

No Budismo, vamos encontrar a Gnose principalmente nas formas que se caracterizam pela transmissão direta, como o *Zen*; nas formas esotéricas tibetanas, o *Prajna-Paramita*, entre outros.

A palavra *zen* é a forma japonesa do *ch'an* chinês, que por sua vez vem do *dhyana* sânscrito, do qual se deriva *gnana* (sabedoria), que finalmente chega ao grego, e daí Gnose em língua portuguesa.

No Islã também vamos encontrar a Gnose na parte esotérica, no Sufismo.

No *Pistis-Sophia*, livro que pode ser considerado a Bíblia Gnóstica, vimos que Jesus revelou a Gnose oralmente a seus discípulos, depois da Ressurreição.

Após os primeiros séculos do Cristianismo, a pura Gnose Cristã precisou se envolver no véu do Hermetismo, pois sua existência manifesta já não era mais conveniente à religião de Estado que então se formou.

Pistis Sophia - o livro - foi publicado pela primeira vez em 1851, na França. Depois, houve uma versão para o inglês, feita por G.R.S. Mead. Mas, qualquer que seja a edição de *Pistis Sophia*, moderna ou antiga, trata-se de uma obra incompreensível para os não-iniciados. Mesmo a edição comentada do Mestre Samael Aun Weor, que desvela os dois primeiros dos seis volumes de *Pistis Sophia*, é bastante complexa, não somente pelo vocabulário mas pelas próprias verdades da Alta Iniciação ali contidas.

Infelizmente, por preconceito ou ignorância, os maiores tesouros do Gnosticismo antigo continuam incompreendidos. Mestres e estudiosos, como Samael Aun Weor, H. P. Blavatsky e Carl Gustav Jung, foram alguns poucos que se atreveram a enveredar pelos caminhos do Gnosticismo histórico e de lá retornar com compreensão e entendimento suficientes para explicar algo de seus augustos e reservados mistérios. Mas, agora em edição especial, a Madras Editora traz para a língua portuguesa a maior coletânea de textos apócrifos em duas obras: *O Mistério do Pergaminho de Cobre de Qumran – O Registro dos Essênios do Tesouro de Akhenaton*, de Robert Feather, com 448 páginas, e *A Biblioteca de Nag Hammadi – A Tradução Completa das Escrituras Gnósticas*, coordenação de James M. Robinson, com 464 páginas.

No entender de um antigo Patriarca Gnóstico, Clemente de Alexandria, "Gnose é um aperfeiçoamento do homem enquanto homem". A Gnose, transmitida oralmente depois dos apóstolos, chegou a um pequeno número de pessoas.

As doutrinas gnósticas, sendo doutrinas de regeneração, ocupam-se especialmente do trabalho com a energia criadora, a transmutação ou Alquimia sexual, ou ainda Tantrismo,* como é conhecida no Oriente a ciência gnóstica da supra-sexualidade.

*N.E.: Sugerimos a leitura de *Pompoarismo e Tantrismo*, de Pier Campadello e Wagner Veneziani Costa, Madras Editora.

É interessante saber que a misteriosa ciência dos alquimistas teve origem na Gnose de Alexandria. De Alexandria, ela passou a Bizâncio e aos venezianos. Mas foram os árabes que levaram a Alquimia à cristandade européia, por meio da Espanha.

Na Alquimia tântrica, o amor desempenha um papel essencial. Por isso, as ilustrações feitas pelos alquimistas mostram sempre um casal em atitude amorosa.

Uma das principais características do Tantrismo é que ele se apóia totalmente em um progressivo e total domínio da sexualidade – o que também é exigido de todo alquimista. O Tantrismo e a Alquimia buscam os mesmos objetivos: a reconquista progressiva dos poderes perdidos pelo homem quando da queda (sexual) no Éden, do domínio total das energias ocultas do Cosmos e também das energias que se encontram no próprio homem.

Wagner Veneziani Costa

Fontes de Consulta:

http://pt.wikipedia.org

Jornal Infinito (*www.jornalinfinito.com.br*).

G. Trowbridge, *Swedenborg, Vida e Ensinamento;*

J. H. Spalding, *Introdução ao Pensamento Religioso de Swedenborg*;

S. Toksvig, *Emanuel Swedenborg : Cientista e Místico.*

S. M. Warren, ed., *Um Compêndio dos Escritos Teológicos de Emanuel Swedenborg.*

INTRODUÇÃO

Robert Fludd foi o alquimista cristão neoplatonista mais proeminente da Renascença e o maior resumidor e sintetizador daquela tradição em seu tempo. Havia diversas grandes influências em sua vida: 1) as convicções espirituais profundamente arraigadas; 2) a herança familiar; 3) a ampla educação renascentista, centrada na perspectiva filosófica platônico-neoplatônica aliada à alquimia e à medicina paracelsiana; 4) a firme crença na compreensível natureza integrada do Universo e de tudo nele. A primeira foi expressa por meio de sua insistência na verdadeira sabedoria de Deus ser a base para sua filosofia e sua referência freqüente à Bíblia como prova dos princípios físicos e metafísicos; a segunda, pela orgulhosa ostentação de seu brasão em dois retratos nos livros, seu monumento na igreja e comentários na *Resposta do dr. Fludd a M. Foster*; a terceira, pelo impressionante fôlego de seu conhecimento, que levou até acusações de ele ter tido ajuda dos rosacrucianos na redação de sua *História* (ver "Uma chave filosófica", capítulo 4); e a última, mediante a tentativa monumental de mostrar nos trabalhos os detalhes exatos de como o Universo e tudo nele vieram a ser relacionados um ao outro e desempenhavam seus papéis especificados; tudo estando de acordo com o sentido esotérico da Bíblia, da Cabala, das harmonias musicais e dos axiomas alquímicos. Com Fludd, a tradição cristã neoplatonista/hermética da Renascença, que começou com Marsilio Ficino em Florença, alcançou sua maior expressão. Seu legado de volumosos trabalhos escritos, com ilustrações jamais ultrapassadas, e o compromisso com algumas das figuras principais de seus dias o tornam uma chave para o entendimento do mundo do começo do século XVII.

Após a morte de Fludd, as forças já em ação que traziam uma mudança na maré do pensamento ocidental, comumente chamadas de Revolução Científica, tornaram-se prevalecentes, e tanto ele quanto seu mundo desapareceram no cenário. Até os anos de 1960 – exceto pelo pioneiro trabalho pós-guerra de C. H. Josten –, Fludd era usualmente considerado apenas um ocultista rosacruciano, e era somente do interesse daqueles envolvidos com assuntos esotéricos, como madame Blavatsky, a fundadora da Sociedade Teosófica, e o escritor Arthur Edward Waite (1857-1942). Na metade da década de 1960 isso mudou, em razão de dois livros pioneiros: *Giordano Bruno and the Hermetic Tradition*, de Frances Yates (1964), e *The English Paracelsians*, de Allen Debus (1965) (ver bibliografia para detalhes completos). O primeiro mostrava a influência dos escritos atribuídos a Hermes e, de fato, a influência de toda a Renascença neoplatônica que derivou do trabalho de Marsilio Ficino na Florença do fim do século XV. Seu impacto em Fludd é evidente. A dama Frances continuou a adicionar fatos intrigantes e especulações à área e criou uma nova perspectiva sobre a era a partir da história do pensamento. A abordagem de Allen Debus da História da Ciência e da Medicina também fez muito para restaurar Fludd como uma figura importante do início da Revolução Científica. Seus muitos livros e artigos sem dúvida garantirão o reconhecimento continuado da significância de Fludd para seu tempo. Meu próprio livro, *Robert Fludd and the End of the Renaissance* (Routledge, 1988), deve muito ao trabalho pioneiro de ambos.

CENÁRIO

Fludd nasceu no feudo campestre da família em Kent, Casa de Milgate, uns poucos dias antes de 17 de janeiro de 1573-4, quando foi batizado na igreja da paróquia de Bearsted. Descendente da pequena nobreza de ambos os lados de sua família, ele orgulhosamente ostentava o brasão nos retratos e colocava o título de escudeiro antes de doutor, sendo mais apropriado para alguém de nascimento nobre.

Os Fludd eram originários de Gales, mas fizeram sua casa em Shropshire cerca de três gerações ou mais antes de o pai de Robert, *sir* Thomas Fludd, adquirir a Casa de Milgate na metade dos anos de 1560 e se casar com Elizabeth, a filha do escudeiro Philip Andrews, de Wellington em Somerset.[1] *Sir* Thomas construiu sua fortuna no serviço à rainha Elizabeth I,

1. Ver HUFFMAN, William H. *Robert Fludd and the End of the Renaissance*. London and New York: Routledge, 1988, pp. 4ss.

começando como abastecedor das tropas de Vossa Majestade nas cidades fortificadas de Berwick e Newhaven no começo dos anos de 1560. Após a aquisição da Casa de Milgate, ele foi indicado para juiz de paz do distrito de Bearsted, posto que manteve até a morte em 1607. Em 1568, a rainha também lhe concedeu a posição vitalícia de inspetor das terras da Coroa em Kent e nas cidades de Rochester e Canterbury, e na metade dos anos de 1580 o fez receptador das rendas da Coroa em Kent, Surrey e Sussex. Em 1589, Elizabeth mandou 4 mil tropas à França para ajudar o rei francês e indicou *sir* Thomas como pagador. Foi este último serviço que lhe proporcionou o título de cavaleiro em janeiro de 1589-90, quando a força inglesa retornou. Na ascensão de James I em 1603, sua administração de cerca de 20 feudos em Kent foi renovada por carta-patente. *Sir* Thomas também representou o burgo de Maidstone, Kent, em três parlamentos, 1583, 1597-8 e 1601. Instruído na lei, a ele foi dada a honra da admissão em Gray's Inn a 9 de março de 1600-01.[2]

Sir Thomas e Elizabeth Fludd tiveram 12 crianças no total, nove das quais chegaram até a idade adulta. Foram seis filhos: Edward, Thomas, William, John, Robert e Philip; e três filhas: Joan, Katherine e Sarah. Elizabeth Fludd morreu em 1592, o ano em que Robert ingressou em Oxford, e *sir* Thomas casou-se novamente com Barbara, filha do escudeiro Matthew Bradbury, de Essex, viúva de *sir* Henry Cutts. Quando *sir* Thomas morreu em 1607, apenas Thomas, John, Robert e as três filhas ainda viviam.[3]

Robert foi o sétimo filho e muito provavelmente educado por tutores em casa. Pode ser que algum tutor agora desconhecido tenha intrigado o incomumente estudioso jovem acerca dos mistérios do Universo, iniciando-o em sua jornada pessoal de descobrimento. Em 10 de novembro de 1532, aos 18 anos, Robert seguiu seu irmão mais velho John na matrícula na Faculdade St. John, Oxford. Porém, diferentemente dos irmãos mais velhos, ele decidiu não estudar direito e matriculou-se no curso de artes. Seu tutor foi John Perrin (1558-1615), que se tornou doutor em divindade e foi o primeiro a lecionar grego na faculdade.[4]

Àquele tempo, era incomum que filhos de cavaleiros e iguais de fato se graduassem, apesar de ser elegante cursar a universidade por um tempo; mas Fludd tinha uma clara inclinação acadêmica e concluiu sua graduação em 1596, e o mestrado em 1598. Foi em St. John que ele mais tarde desenvolveu interesse pela visão neoplatônica e começou a sistematizar os estudos, trabalhos que apareceriam posteriormente em seus livros. Fludd relata uma história do tutor Perrin, irrompendo na sala enquanto trabalhava no tratado sobre música e demandando que ele usasse Astrologia para descobrir quem o havia roubado; ele o obrigou.

2. *Idem.*
3. *Idem.*
4. *Idem.*

Apesar de a estrutura e o conteúdo aristotélicos estarem fortemente presentes na educação universitária de seus dias, havia uma infiltração significante do platonismo e, a partir da história do tutor, as artes ocultas eram claramente usadas por Fludd com conhecimento de seu tutor. Foi também desse período que se derivou o interesse de Fludd por medicina, porque St. John era uma das poucas faculdades em Oxford que tinham um membro médico na residência, e o presidente da faculdade enquanto Fludd esteve lá (Ralf Hutchinson) foi de fato o membro médico; mais tarde, ele tornou-se teólogo. Por causa de seu forte conteúdo e orientação teológicos, a educação da graduação de Fludd também reforçou bastante a armação de sua herança judaico-cristã.[5]

VIAGENS AO EXTERIOR

Era costume que parte da educação de um cavalheiro bem-nascido incluísse viajar ao estrangeiro; assim, em julho de 1598, quando Fludd recebeu seu título de mestre, escreveu no registro que estava indo para o exterior. Pela maior parte dos seis anos seguintes, ele viajou pela Europa continental, dando aulas, escrevendo e visitando lugares de seu interesse, incluindo França, Espanha, Itália e Alemanha. Segundo diferentes passagens em seus livros, um itinerário plausível o teria levado da Inglaterra a Paris por um tempo, onde ele encontrou lorde Bourdalone, o secretário-chefe de Charles de Lorraine, quarto duque de Guise; Bourdalone e Fludd tornaram-se bons amigos. De lá eles pararam em Lyons, depois se dirigiram ao sul; entretanto, seu caminho para a Itália foi bloqueado pela neve na passagem de S. Bernardo, então ele passou o inverno de 1601-2 em Avignon. Lá escreveu seu tratado sobre geomancia para o vice-legado papal e sobre a arte do movimento e Astrologia para Reginaud de Avignon. Ele também dedicou tratados sobre música e a arte da memória para outro estudante nobre, o marquês de Orizon, visconde de Cadenet. Quando o inverno passou, Fludd foi chamado a Marselha, onde instruiu o duque de Guise e seu irmão François, um cavaleiro de Malta, na matemática. Ele escreveu as seções de sua *História do macrocosmos* sobre aritmética, geometria, perspectiva e as "artes militares secretas" para a instrução de François. Algum tempo depois, foi à Provença e, então, cruzou para a Itália, onde viajou por Livorno até Roma. Lá disse ter encontrado um tal mestre Gruter, um suíço, que lhe ensinou bastante. Parece que foi então a Veneza e a Augsburg. Na Alemanha, Fludd sem dúvida visitou a corte de Elector Palatine em Heidelberg, que tinha uma biblioteca famosa e relações amistosas com a Inglaterra; e a corte de Moritz, o Erudito, *landgrave* de Hesse, em Kassel. Em algum momento, ele viajou pela Espanha, mas exatamente quando, não se sabe.[6]

---

5. *Idem.*
6. *Idem.*

EXERCÍCIO MÉDICO

No fim de 1604 ou começo de 1605, Fludd entrou na Faculdade da Igreja de Cristo, em Oxford, para graduar-se em Medicina, e em 16 de maio de 1605 recebeu bacharelado e doutorado em Medicina e licença para praticar. Depois da graduação, estabeleceu-se como médico em Londres e solicitou admissão na Faculdade de Medicina, o corpo governamental dos assuntos médicos na cidade. Depois de discussões acaloradas com alguns dos censores da faculdade sobre medicina paracelsiana contra a galênica e muitos exames, ele foi admitido como membro em 20 de setembro de 1609. Ele mesmo serviu como censor em 1618, 1627, 1633 e 1634, e desfrutou a companhia de seus bons amigos William Harvey, Richard Andrews (que foi seu colega em St. John, Oxford) e *sir* William Paddy, a quem Fludd dedicou seu trabalho médico, a *Medicina Catholica,* de 1629. Fludd deu a conferência pública de anatomia da faculdade pelo menos uma vez, em 1620, e participou ativamente no seu trabalho. Ele demonstrou orgulho de ser membro doando um conjunto dos seus trabalhos para a biblioteca em 1635, deixando a ela 20 libras no testamento, sendo o primeiro membro de que se sabe a mencionar a associação em seu monumento na igreja.[7]

Fludd exerceu a Medicina em sua casa na rua Fenchurch, e tinha um farmacêutico residente. A partir de várias evidências, parece que ele era bem versado na Medicina paracelsiana e na sua assistente metafísica cristã neoplatônico-hermético-alquímica, mas na prática empregou muito da Medicina-padrão galênica de sua época. Em 1618, a Faculdade de Medicina lançou seu livro-padrão de farmacologia a ser seguido na cidade, a *Pharmacopoeia Londinensis*, e Fludd é listado no início, com outros membros, como autor. Uma vez que essa era uma das áreas governadas pela faculdade, o exercício de Fludd claramente seguiria esse padrão.[8]

A teoria de Fludd da doença era que um vento controlado por um mau espírito excita maus espíritos menores que estão sempre presentes no ar. Os últimos podem entrar no corpo por meio dos poros ou pela respiração; e, se há uma fraqueza em algum lugar do corpo, as forças malignas atacarão os elos que mantêm os quatro humores em equilíbrio, o que causa uma enfermidade. Se isso não é propriamente tratado, o desequilíbrio se tornará tão violento que causará um colapso em todo o corpo físico. O tratamento consiste em restaurar o equilíbrio, provendo, mediante um componente simpático, as forças angélicas que estavam fracas e haviam permitido que a enfermidade ocorresse primeiro. O remédio administrado agia por magia simpática natural e poderia consistir de ervas apropriadas colhidas sob as influências astrológicas corretas, remédios químicos ou preparos "magnéticos", como o bálsamo-de-arma, que funcionava a distância.[9]

7. *Idem*, pp. 14ss.
8. *Idem*.
9. *Idem*.

LABORATÓRIO ALQUÍMICO

Em 1606, Fludd retornou ao continente, o que sabemos por uma carta escrita por *sir* Thomas Fludd ao conde de Salisbury:

> 20 de agosto de 1606 – Um filho meu, sendo doutor em Medicina e muito desejoso de estar em conferência com certos médicos, italianos e franceses, agora na França, seus conhecidos e bons amigos em suas viagens além-mar, tocando segredos e outras coisas a respeito desse estudo, e a retornar em dois meses, cerca de um mês atrás foi à França e desembarcou em Dieppe, de onde escreveu a carta aqui inclusa...

Sir Thomas incluiu a única carta conhecida de Robert Fludd com a finalidade de alertar o conde sobre um possível local de entrada de traidores na Inglaterra. Fludd foi detido brevemente na costa inglesa por causa de sua semelhança com um suspeito, e descobriu mais por barqueiros que eram hóspedes na mesma estalagem, a *Fleur de Lewse* em Dieppe. A carta também contém uma descrição de Fludd:

> Robert Fludd a *sir* Thomas Fludd, seu pai.
> Fui examinado em Hide [Hythe] porque eu tinha a descrição daquele que procuravam, pois ele tinha, diziam, baixa estatura, rosto magro, cabelo castanho, etc.[10]

Pode ter sido nessa viagem ou em uma subseqüente que Fludd recrutou um *operateur* ou técnico francês para montar e fazer funcionar um laboratório alquímico em Londres. A prova principal de sua visão da origem e dinâmica do Universo, ele sustentava, foram seus experimentos alquímicos com trigo e, uma vez que sabemos que sua *História do microcosmos e do macrocosmos* foi finalizada por volta de 1610-1, ele deve então ter montado seu laboratório aproximadamente entre 1606 e 1610.[11]

ASSOCIAÇÕES

Fludd associou-se a três círculos na Inglaterra e a vários amigos no continente. O primeiro de seus círculos cobria colegas na Faculdade de Medicina em Londres. Entre os mais notáveis deles estavam William Harvey e *sir* William Paddy. Fludd testemunhou várias investigações anatômicas de Harvey e foi o primeiro a concordar com a sua teoria impressa da circulação do sangue. Foi até sugerido que Harvey pode ter derivado sua teoria

---

10. *Historical Manuscripts Commission*, Grã-Bretanha, *Report* 9, Salisbury MSS XVIII, pp. 241-2.
11. Fludd diz, em "Uma chave filosófica" (ver capítulo 4), que finalizou sua história do *Macrocosmo* quatro ou cinco anos antes de ter ouvido sobre os Irmãos da Rosacruz, portanto aproximadamente em 1610 ou 1611.

da circulação do sangue da metafísica de Fludd.[12] *Sir* William Paddy foi médico pessoal de James I, a quem Fludd dedicou a primeira parte da *Medicina Catholica*. Fludd também nos conta que outro colega médico, Richard Andrewes, foi seu "valoroso amigo" e leu o manuscrito de sua *História do macrocosmos* por volta de 1610.

O segundo círculo incluiu aqueles com interesses alquímicos, o mais proeminente dos quais foi John Thornborough, o bispo de Worcester no Castelo Hartlebury, descrito por um contemporâneo como "um retiro apolíneo, como uma biblioteca viva, uma florescente academia, ou uma abadia religiosa".[13] Fludd era um bom amigo do bispo e de seu filho, *sir* Thomas Thornborough, e foi convidado ao castelo em pelo menos uma ocasião. Fludd dedicou seu *Anatomiae Amphitheatrum* ao bispo, e o tratado do último sobre a pedra filosofal de 1621 contém quatro referências ao *Tractatus Theologo-Philosophicus* de Fludd, que incluía uma reverência aos rosa-cruzes. Fludd dedicou a *Philosophia Sacra* de 1626 a outro clérigo eminente, John Williams, bispo de Lincoln.

O terceiro círculo de associados de Fludd era centrado em *sir* Robert Bruce Cotton (1571-1623) e sua biblioteca renomada, que, entre muitos outros trabalhos, incluía os remanescentes da biblioteca de John Dee. Fludd dedicou a segunda parte de sua *Medicina Catholica* a Cotton, a quem ele chama de "amigo singular". Esse círculo incluía os escolásticos e antiquários William Camden (1551-1623) e John Selden (1584-1654); o último elogiou a habilidade médica de Fludd ao curá-lo de uma doença na dedicatória da primeira edição de seu *Titles of Honour* [Títulos de honra] de 1614.

No continente, sabemos que Fludd encontrou muitas pessoas na sua temporada de seis anos e manteve contato com elas, como visto na carta já citada de *sir* Thomas Fludd e naquelas anexadas à *Declaratio Brevis* (ver adiante e Capítulo 3).[14]

TRABALHOS ESCRITOS E CONTROVÉRSIAS

Fludd conta-nos que estava trabalhando em seu tratado sobre música em Oxford na década de 1590 e já era bem versado em astrologia. Para o tutor Charles de Lorraine e seu irmão François, ele escreveu tratados sobre aritmética, geometria, perspectiva e "as artes militares secretas" por volta de 1601-2. Pelo início dos anos de 1600, tanto durante quanto depois de suas viagens continentais, ele continuou a escrever e completou sua *História do macrocosmos* em aproximadamente 1610-1, depois do que sem dúvida ele trabalhou no *Microcosmos*. Em 1614, Fludd alcançara a idade de 40 anos, estava bem estabelecido no seu exercício médico em Londres e nos experimentos alquímicos e tinha mais de 20 anos de sua filosofia em manuscritos.[15]

12. PAGEL, Walter. *William Harvey's Biological Ideas*. Basel and New York: S. Karger, 1975.
13. DEBUS, Allen. *The English Paracelsians*. New York: Franklin Watts, 1965, pp. 104-5.
14. Para mais detalhes sobre os círculos, ver Huffman, pp. 25-35.
15. Huffman, pp. 51-3, 135ss.

Mas o evento que o impeliu a publicar foi o furor sobre a publicação dos manifestos rosacrucianos começando naquele ano. Em 1614, da prensa de Wilhelm Wessel em Kassel veio um livro com o título:

> *Universal and General Reformation of the Whole Wide World* [Reforma geral e universal de todo o amplo mundo]; junto com a *Fama Fraternitatis* da Ordem Louvável da Rosacruz, escrita para todos os eruditos e regentes da Europa; também uma curta resposta enviada por Herr Haselmeyer, pela qual ele foi capturado pelos jesuítas e posto a ferro em uma galé; agora posta em impressão e comunicada para todos os corações verdadeiros.[16]

A "Reforma geral" é uma sátira de Trajano Boccalini de 1612, que duvida que uma reforma geral possa ser colocada em prática confiando-se na instituição erudita. A *Fama* conta uma maravilhosa história mitológica do Irmão R.C., um iniciado nos mistérios divinos, que fundou a secreta Fraternidade Rosacruz depois de falhar em convencer a instituição erudita da verdade do seu conhecimento; e expressa o desejo de tornar a presença da Fraternidade conhecida agora por causa da redescoberta do túmulo maravilhoso do Irmão R.C. A carta de Haselmeyer diz que ele viu o manuscrito de *Fama* no Tirol em 1610. No início de 1615, a *Fama* foi precedida pela *Confessio Fraternitatis R.C., Ad Eruditos Europae,* do mesmo publicador, um trabalho que continuava a história, mas em uma linguagem mais didática. Mais tarde, em 1615, Wessel publicou a *Fama* e a *Confessio* juntas em um volume. Na *Fama*, aqueles de coração e mente similares são convidados a juntar-se à Fraternidade:

> Então, de acordo com a vontade e significado da *Fra: C.R.C.,* nós, seus descendentes, procuramos novamente todos os eruditos na Europa, que deverão ler (enviadas em cinco línguas) estas nossas *Famam* e *Confessionem*, de modo que lhes agrade de boa deliberação ponderar sobre essa nossa oferta, e examinar mais de perto e mais precisamente suas artes, e contemplar o tempo presente com toda diligência, e declarar suas mentes, tanto *Communicato consilio*, ou *singulatim* impressas.
>
> E, apesar de desta vez não mencionarmos nem nossos nomes ou encontros, ainda assim a opinião de cada um deverá seguramente chegar às nossas mãos, em qualquer língua que seja; nem ninguém deverá faltar, quem assim der apenas seu nome para falar com alguns de nós, tanto oralmente ou se de alguma forma deixar por escrito.[17]

16. PRYCE, F. N. Introduction. *The Fame and Confession of the Fraternity R.C.:* por Eugenius Philathes [Thomas Vaughan]. Impresso privadamente, 1923; reimpressão, 1988, p. 12.
17. Mesma edição que a nota anterior, p. 32 da edição de Vaughan de 1652. Ver Huffman, pp. 137ss.

Quase tudo nos manifestos teria agradado a Fludd: seus propósitos de reformar ensino, Medicina, religião e política, de revelar todos os segredos divinos da Natureza aos merecedores e de restaurar a união e a concórdia na Europa junto das linhas hermético-paracelsianas protestantes. Elas eram, com efeito, uma expressão do ideal renascentista.

As prensas européias foram mantidas ocupadas por alguns anos seguintes publicando réplicas aos manifestos, tanto a favor quanto contra, bem como súplicas pela associação à ordem augusta. Uma réplica séria contra a irmandade que atraiu a atenção de Fludd veio de Andreas Libavius (1540-1616), um químico luterano alemão. Libavius havia estabelecido sua reputação com a publicação de um livro textual de linguagem simples sobre química e remédios químicos, e participou dos debates químicos da época. Em muitos trabalhos, ele atacou a Fraternidade, primariamente por virtude de heresia, sedição e uso de magia diabólica na obtenção de seus resultados. Fludd viu a *Analysis of the Confession of the Fraternity of the Rosy Cross* [Análise da confissão da Fraternidade Rosacruz] (Frankfurt, 1615) e esboçou uma curta resposta que poderia ser vendida na feira do livro de Frankfurt na primavera de 1616, a *Apologia Compendiaria, or a Brief Apology, washing away and cleansing the stain of suspicion and infamy applied to the Fraternity of the Rosy Cross with, as it were, a Fludd of truth* [*Apologia Compendiaria*, ou curta apologia, lavando e purificando a mácula de suspeita e infâmia colocada sobre a Fraternidade Rosacruz com, digamos, uma "torrente"* da verdade] (ver Capítulo 1). A *Apologia* delineia um trabalho mais extenso que aparece no ano seguinte e contém um epílogo para os Irmãos R.C., humildemente pedindo a consideração de sua candidatura para a sua Ordem. Fludd teria de fato sido ideal para a associação.[18]

Em 1617, Fludd publicou três livros: a prometida apologia mais extensa para os rosa-cruzes, um pequeno trabalho místico sobre vida, morte e ressurreição e o primeiro volume de seu *magnum opus*. A apologia para os rosa-cruzes, o *Tractatus apologeticus integritatem Societatis de Rosea Cruce defendens,* incluiu a *Apologia* do ano anterior como um prefácio. Ele rebate a *Analysis* de Libavius pela justaposição de passagens dela com a *Confessio*, e assegura que magia, Cabala e Astrologia são artes verdadeiras, se feitas corretamente. Fludd deplora o estado do ensino da filosofia natural, Medicina, alquimia, matemática e artes morais nas universidades, que dependem pesadamente da superficialidade de Aristóteles e Galeno, enquanto a verdadeira essência das coisas é ignorada, e assegura que a chave para o entendimento de como todas as coisas são relacionadas vem de um conhecimento oculto da harmonia musical através de todo o Universo.

* N.T.: Aqui Fludd faz um trocadilho com seu próprio nome e a palavra *flood*, torrente, corrente, inundação, enchente, fluxo (de água, normalmente).

18. Huffman, pp. 144ss.

Ao fim de tudo, ele mostra como a "luz divina" é a força animadora central no Universo criado e como muitos efeitos maravilhosos podem ser manifestados a uma distância por meio do princípio divino e sem a ajuda diabólica. O *Tractatus apologeticus* é encerrado com a mesma carta aos rosacruzes com este adendo:

> Adeus, Irmãos mais queridos, em nome daqueles aos quais vós sinceramente honrais. Adeus, eu digo, e adeus novamente; favorecei-me e aproximai-vos de mim (eu vos imploro e suplico por vossa segurança e por causa da ignorância da era a respeito da verdadeira e pura filosofia); sede conscientes de mim e de vossas promessas.

Ambas as apologias foram publicadas em Leiden por Godfrey Basson, filho de um inglês e amante de assuntos ocultos.[19]

Os outros dois livros de Fludd de 1617 saíram da prensa de Johann-Theodor de Bry, com quem Fludd apreciou uma longa e frutífera relação. O primeiro foi um pequeno trabalho intitulado *Tractatus Theologo-Philosophicus... de Vita Morte et Resurrectione*, o qual ele redigiu sob o pseudônimo de "Rudolfo Otreb, Britanno". Esse trabalho pode ter estado em curso quando os manifestos rosacrucianos apareceram. O pequeno livro foi dedicado aos Irmãos R.C., e eles foram mencionados em dez das 126 páginas, que tratam de vida, morte e ressurreição junto das linhas características da filosofia de Fludd. Na seção sobre a vida, Fludd sustenta que os mistérios arcanos dos patriarcas, profetas e apóstolos perduram entre os homens, e que há um paraíso terrestre, bem como um celeste. A chave para a sabedoria oculta de Moisés e Elias ainda está presente entre certos eleitos de coração limpo e puro, que têm poderes sobre-humanos, mas permanecem desconhecidos do mundo ordinário e vivem em suas casas secretas do Espírito Santo.[20]

Tendo dito isso, Fludd se dirige aos "irmãos mais iluminados", dizendo ter examinado diligente e minuciosamente a *Fama* e a *Confessio* com seus olhos e sua alma, e concluiu que eles são de fato iluminados pelo Espírito Divino, e que aos irmãos foram mostradas as coisas profetizadas misticamente nas Escrituras como precedentes do fim do mundo. Se suas ações estão em consonância com as suas palavras, então suas predições precisam ser acreditadas, uma vez que estão em conformidade com a verdade sagrada. Os irmãos são exaltados por ser capazes de fazer ouro, mas ainda assim desdenharem a sorte terrena em favor da celestial. Fludd lança um convite para toda a humanidade, cujas mentes estão obscurecidas pela ignorância, para juntar-se a ele na constatação de que a Fraternidade Rosacruz está, sem dúvida, sendo guiada pelo Espírito Sagrado, e que os irmãos resi-

19. *Idem*, pp. 145-6.
20. *Idem*, pp. 146-8.

dem no cume de uma alta montanha em que podem inalar a mais doce e rarefeita aura da psique, que é o adorno da sabedoria verdadeira.

Na seção sobre a ressurreição, Fludd compara o ouro dos alquimistas ímpios e espúrios à sorte celestial falada pelos irmãos. De fato, o grande mistério da ressurreição é mostrado pela fraternidade mais iluminada na descrição do mausoléu do Irmão R.C. na *Fama*: a sabedoria incorruptível de Cristo é representada pelo Sol na abóbada do mausoléu, que brilha sobre seu corpo não decadente.[21]

Dadas as duas apologias rosa-cruzes de Fludd em seu próprio nome e o *Tractatus Theologo-Philosophicus*, sua provável ligação com Michael Maier, o outro grande apologista rosa-cruz (ver adiante) e a similaridade de seus pensamentos e dos manifestos, não é de se surpreender que ele tenha sido considerado um iniciado na Fraternidade. Mas as próprias palavras de Fludd sobre o assunto, dadas como juramento na não publicada "chave filosófica" (ver Capítulo 4), deixam de lado claramente essa idéia de séculos de idade.[22]

O terceiro livro de 1617 foi de longe o mais importante: o primeiro volume da *História do microcosmos e do macrocosmos*, que foi dedicado a Deus e a James I e tratava da criação, estrutura e dinâmica do macrocosmos (ver Capítulo 2 e Bibliografia). Foi seguido no ano seguinte pela segunda parte, a *De Naturae Simia*, que cobria as artes e ciências do homem, pelas quais ele se tornou o "macaco da natureza".

Assim, em 1618, Fludd havia publicado duas apologias públicas e uma secreta para os rosa-cruzes e dois volumes de sua *História do macrocosmos*; as ramificações provaram-se interessantes. Naquele mesmo ano, ele foi eleito censor da Faculdade de Medicina, e, a 12 de maio, dois arrendatários do monopólio da patente de fabricação de aço na Inglaterra queixaram-se ao Conselho Privado de que "(...) um Robert Floude, doutor em Medicina, incitou um francês a praticar o mesmo, montou fornalhas e agora trabalha [fazendo aço]". O Conselho dirigiu os barões do Tesouro para suprimir a feitura de aço não garantida, como pareceu apropriado.[23] A réplica de Fludd viria dois anos depois.

Aparentemente, mais tarde em 1618 ou no início de 1619, "algumas pessoas invejosas" chamaram a atenção de James I sobre Fludd ter escrito um trabalho dedicado a ele contendo filosofia espúria, e ser um homem incasto que também havia defendido os rosa-cruzes, que eram culpados de heresia e inovação religiosa. O rei então convocou Fludd para explicar-lhe seus trabalhos. A audiência aparentemente correu muito bem, como Fludd

21. *Idem*.
22. Para uma discussão sobre os rosa-cruzes e Fludd, ver HUFFMAN, *The Rosacrucian Connection*, pp. 135-66.
23. *Acts of the Privy Council of England, January 1681-June 1619*. London: HMSO, 1929, p. 135; HUFFMAN, pp. 23-4.

relatou mais tarde na *Resposta do dr. Fludd a M. Foster* (ver Capítulo 7), e James tornou-se patrono de Fludd. No curso da entrevista, James deve ter sugerido que Fludd escrevesse um sumário de sua defesa, o que ele imediatamente fez no final de 1618 ou início de 1619, sendo o resultado sua "Breve declaração a James I" (ver Capítulo 3).

Nesta, Fludd nega que os rosa-cruzes sejam culpados de inovação religiosa e heresia porque eles são reconhecidos pelos católicos alemães e luteranos como calvinistas, e ele mesmo sempre foi um firme adepto da religião reformada da Inglaterra. Quanto à acusação de que era incasto, ele jura perante Deus e Vossa Majestade que é um *virgo imaculata*. Ele defendeu os rosa-cruzes porque eles advogavam "a revelação da verdadeira base da filosofia natural, comumente desconhecida dos dias atuais, e a descoberta do profundo segredo da Medicina (...)" Para dar credibilidade à sua defesa da história do *Macrocosmos*, Fludd inclui cartas de apreciação do continente, sendo a mais importante delas a do dr. Gregor Horst (ver notas do Capítulo 3).

Outra peça de informação intrigante vem da *Declaratio*: Fludd explica que a dedicatória do *Macrocosmos* a Deus e a James I veio após alguma controvérsia "entre o indivíduo a quem confiei este volume na Inglaterra e o gravador e impressor a respeito da dedicatória de meu trabalho". Parece que o mensageiro queria dedicar o livro ao *landgrave* de Hesse, enquanto o impressor e o gravador (Johann-Theodor de Bry e Hieronymus Gallerus) queriam fazê-lo ao conde Palatine, então Fludd entrou na discussão e resolveu o problema. Pareceria que o "indivíduo confiado" era Michael Maier (*c.* 1568-1622). Maier realizou uma viagem à Inglaterra depois de 1612 e fez vários conhecidos, incluindo *sir* William Paddy (a quem dedicou um livro, como fez Fludd) e muito provavelmente o próprio Fludd. Em seu *Atalanta Fugiens* de 1618, Maier mencionou um *Tractatus de Tritico* que é provavelmente o tratado de Fludd sobre seu experimento com trigo (ver "Uma chave filosófica", Capítulo 4).[24] Uma vez que Maier foi o outro principal apologista rosa-cruz (*Silentium Post Clamores*, 1617; *Symbola Aureae Mensae*, 1617; *Themis Aurea*, 1618), também foi publicado por De Bry e dedicou três dos seus próprios trabalhos ao *landgrave* de Hesse, de quem esteve a serviço por um tempo, é muito provável que tenha sido ele quem levou os manuscritos de Fludd a De Bry e iniciou sua longa relação.

Se James I leu a *Declaratio,* nós não sabemos, mas ele está na coleção dos manuscritos reais da Biblioteca Britânica e nos provê uma interessante olhada nos pontos de vista de Fludd como apresentados ao rei. No entanto, sabemos que foi durante esse tempo de controvérsia que James se tornou patrão de Fludd e que o Conselho Privado considerou seu pedido de patente (ver a seguir).[25]

24. Joachim Morsius, que fez uma viagem à Inglaterra de outubro de 1619 a fevereiro de 1620, listado entre os trabalhos de Robert Fludd como Lib. de Tritico. Ver Huffman, p. 154.
25. Ver HUFFMAN, *Royal Patronage*, pp. 36-49.

Em 1619, a primeira seção do Tratado Um da história do *Microcosmos* (dedicada a James I) apareceu com De Bry em Oppenheim, e Fludd foi trabalhar na redação de "Uma chave filosófica" como seqüência de sua "Breve declaração" (ver Capítulo 4). Sem dúvida, ele sentiu que uma resposta devia ser dada àqueles que denunciaram seu trabalho a James em primeiro lugar e a outros de sua espécie. O novo trabalho também lhe daria a oportunidade de explicar a metafísica de maneira mais concisa e mostrar suas escoras com os experimentos com trigo. É interessante que nesse manuscrito, guardado na Faculdade Trinity, Cambridge, desconhecido até recentemente e publicado somente em 1979, Fludd expressa dissabor pelas apologias rosa-cruzes: elas nada fizeram para atrair a atenção dos Irmãos R.C. (a mesma experiência que todos os candidatos tiveram); e mesmo que alguns dos maldizentes de Fludd à corte sustentassem que os irmãos deviam tê-lo ajudado a escrever seus volumes, ele jura nunca ter conscientemente visto ou encontrado algum deles, e que terminou os tratados da história do *Macrocosmos* quatro ou cinco anos antes de escutar sobre a Fraternidade. Quanto a seus maldizentes, eles tiveram de admitir que não haviam nem lido seus livros, e aqueles que leram não os tinham entendido!

O coração de "Uma chave filosófica" é o tratado "Da excelência do trigo". Fludd disse que esse experimento alquímico era a base de toda a sua filosofia, e é provavelmente o *Tractatus de Tritico* mencionado por Michael Maier e o "*Lib.* de Tritico" listado no livro banal de Joachim Morsius, que fez uma viagem à Inglaterra de outubro de 1619 a fevereiro de 1620. Não foi publicado até 1623 no *Anatomiae Amphitheatrum*, e portou o título *De exacta alimenti panis seu tritici anatomia*. Foi então tirado do prefácio, no qual Fludd provê constatações sobre os rosa-cruzes e a controvérsia na corte de James I, e inclui as mesmas cartas do continente que as constantes na *Declaratio*; a "Visão do caluniador", um conto alegórico e mitológico sobre a origem do mundo; e o epílogo. Inquestionavelmente, a descoberta de "Uma chave filosófica" adiciona informação crucial sobre Fludd.[26]

Também em 1619, Johannes Kepler publicou seu *Harmonices mundi*, que expunha suas idéias sobre os harmônicos do Universo (ver Capítulo 6). Kepler era um seguidor ardente de Platão, Pitágoras e do neoplatonista Proclus, e acreditava, de acordo com eles, que a criação se procedeu segundo princípios geométricos. Em um lampejo intuitivo em 1595, o professor de matemática de 24 anos pensou ter visto como tudo se encaixa: o Sol estava no centro do Universo, como Copérnico teorizou, e as órbitas de cada um dos planetas se encaixavam exatamente nos cinco sólidos geométricos (que são todos os que existem), porque havia somente seis

26. Idem, pp. 43-5; DEBUS, Allen. *Robert Fludd and His Philosophical Key*. New York: Science History Publications, 1979.

planetas. Sua busca, para o restante da vida, foi provar isso matematicamente, e no curso do caminho ele fez algumas descobertas monumentais, mais notavelmente as três leis do movimento planetário. Enquanto residiu em Linz como matemático provincial a serviço do imperador Rudolf II, ele adquiriu as observações astronômicas de Tycho Brahe, e em 1618 finalizou seu *Harmonices mundi*. Antes de ser impresso, contudo, ele viu uma cópia do *Macrocosmos* de Fludd e adicionou um apêndice a respeito da aproximação mística de Fludd em oposição à sua matemática (ver Capítulo 5).

Fludd respondeu em 1621, mas primeiro, em 1620, ele publicou a segunda seção do primeiro tratado da história do *Microcosmos*, e voltou sua atenção para o problema da feitura do aço. Ele pediu uma patente a James I, que foi referida ao Conselho Privado em maio:

> Vossos Lordes hoje, de acordo com o gracioso prazer assinalado a eles por Vossa Majestade, levaram em consideração uma petição apresentada a Vossa Majestade por Robert Fludd, doutor em Medicina, dentro da qual ele reclama que, tendo à sua grande custa e encargo tirado de partes estrangeiras certas pessoas especializadas e habilidosas na feitura do aço, com o propósito de empregar e colocá-las a trabalhar aqui nessa atividade, para benefício e proveito do público, ele está em certa ameaça e perigo de ser impedido nessa boa intenção por uma nova patente agora procurada por alguns tais que já descobriram suas insuficiências e abusam dessa maneira.
>
> Para tanto, como é concebido que a feitura de bom e útil aço dentro do reino é um assunto de boa conseqüência, e merecedor de todo encorajamento possível; Vossos Lordes de fato rogaram ao conde de Arundell, o lorde Digbie e o sr. chanceler do Tesouro, ou quaisquer dois deles, para tomar conhecimento de tal petição, e as razões aqui anexadas, e em consideração das quais relatar suas opiniões ao Conselho de que tais ordens futuras sejam tratadas como a causa requerer.[27]

Sendo o relatório favorável, o Conselho aprovou a petição de Fludd a uma patente. É de importância suficiente citar esse registro na íntegra:

> Na Corte de Hampton, 27 de setembro, 1620.
>
> Presentes: Vossa mais excelente Majestade o rei, lorde arcebispo de Canterbury, lorde chanceler [Francis Bacon], lorde administrador, lorde almirante, lorde marquês Hamilton, lorde Chamberlein, conde de Arundell, conde de Southampton, conde de Kellie, lorde visconde Doncaster, lorde Digbie, sr.

27. *Acts of the Privy Council of England, July 1619-June 1621*. London: HMSO, 1930, p. 212.

> tesoureiro, sr. controlador, sr. secretário Naunton, sr. secretário Calvert, sr. chanceler do Tesouro, mestre dos papéis, mestre das alas.*
>
> Dado que o negócio a respeito da feitura do aço dentro do reino tem sido ultimamente de constante debate no Conselho, e a patente formalmente concedida a certas pessoas para feitura exclusiva do aço e proibindo a importação de quaisquer partes estrangeiras estejam lembradas e consideradas, bem como a respeito da insuficiência e má qualidade do aço feito por aquelas patentes tanto como para outras razões de Estado expressa por ordens formais do Conselho; e, portanto, como Robert Fludd, doutor em Medicina, tem, a seu grande encargo, trazido de partes exteriores para cá certas pessoas, e entre elas um John Rochier, francês, habilidoso e especialista na feitura do aço, e, sendo um humilde requerente de uma patente para colocá-las no trabalho nessa atividade para o bem público, ofereceram nesta data um certificado ao Conselho, assinado pelas mãos de muitos cuteleiros, ferreiros, serralheiros e outros artífices trabalhadores do aço, que o aço feito pelo mencionado Rochier é muito útil, bom e suficiente, e se o doutor Fludd futuramente empreitar a fazer tão bom aço quanto é feito em qualquer das partes externas, e a vender o mesmo a taxas mais acessíveis e baratas do que as do aço de terras externas; que eles não desperdiçarão madeira, mas o farão apenas de carvão mineral; que eles não desejam barrar a importação mais do que a qualidade e o preço de seu produto deva ocasionar, e, portanto, que Vossa Majestade deva ter a terça parte do lucro assim conseguido; Vossa Majestade e vossos lordes, em consideração a isso, pensando ser muito recompensador ter a feitura de bom e útil aço instalada dentro do reino, aprovaram de bom grado as ofertas aqui feitas pelo doutor Fludd, e julgam apropriado que cartas-patente sejam concedidas a ele e ao mencionado John Rochier pela segurança a ser primeiro dada, bem como pela feitura de bom e útil aço e por corresponder a terça parte do lucro a Vossa Majestade.[28]

O Conselho expediu uma garantia de redigir a patente de Fludd no dia 17 de novembro de 1620.[29] Exatamente o que ele fez com ela não é presentemente sabido. Mas a posição de Fludd nesse ponto é clara: ele desfrutou do favor do rei subseqüentemente à discussão de sua filosofia com ele; ele era um membro estabelecido da comunidade médica; era bem-vindo nos círculos escolásticos ao redor de *sir* Robert Bruce Cotton e do bispo Thornborough; seu laboratório alquímico graduou-se a ponto de empregar técnicos para fazer aço melhor do que era previamente conhecido na Inglaterra; e o Conselho Privado concordou que seu aço seria preferido acima das patentes anteriores.

---

*N.T.: Mestre dos papéis é a tradução de *Master of the rolls*, alto cargo da Câmara dos Lordes, e mestre das alas, de *Master of the wardes*, uma espécie de secretário real que exercia o trabalho de relações públicas, organizando festas e eventos no palácio.

28. *Idem*, pp. 284-5.

29. *Idem*, p. 319.

Com o negócio rosa-cruz, as injúrias na corte e a patente de feitura de aço atrás dele, em 1621 Fludd voltou a escrever e publicou outra parte da não finalizada história do *Microcosmos*, que foi lançada por De Bry em Frankfurt. De Bry também publicou sua réplica a Kepler na *Veritatis Proscenium*. No ano seguinte, Kepler continuou a debater com seu *Pro suo opere harmonices mundi apologia* (ver Capítulo 5 e Bibliografia).

Continuando o grande esquema do *Microcosmo*, Fludd publicou sua *Anatomiae Amphitheatrum* (Anatomia mística), em 1623, que foi dedicada a John Thornborough, bispo de Worcester. Incluída no fim estava a revisão final de seu esquema harmônico do Universo e uma última resposta a Kepler, o *Monochordum Mundi*, datado de 1621.

Tão logo ele, para sua satisfação, encerrou esse debate, dois novos entraram em cena, um maior e um menor. Em 1623, o frei Marin Mersenne (1588-1648), o mecanicista francês, atacou viciosamente a filosofia de Fludd em suas *Quaestiones celeberrimae in Genesim*. Mersenne é mais bem conhecido pela ampla correspondência que manteve com muitas das figuras científicas de liderança em seu tempo e por sua incessante promoção da visão mecanicista de mundo. Entre outras coisas, ele chamou Fludd de um "mago mau, um doutor e propagador de magia abominável e horrenda, um mago herético". Fludd ficou estarrecido pela intemperança do ataque e pensou que Mersenne fosse louco. Ele não respondeu, contudo, até 1629, em *Sophie cum moria certamen*. Ele também escreveu algumas declarações reveladoras sobre o caso na *Resposta do dr. Fludd a M. Foster,* de 1631 (ver Capítulo 7).

Também em 1623, um pequeno trabalho foi publicado em Londres sob o título *Tillage of Light* [Lavoura da luz] pelo escudeiro Patrick Scot, uma figura pouco conhecida. Scot sustentava que a pedra filosofal ou elixir era alegórica, não material e, portanto, inútil e tolo buscá-la. Fludd estava motivado a discordar dessa posição e escreveu um manuscrito não publicado intitulado *o rastelo dourado da verdade*, agora na Biblioteca Bodleian, Oxford. Apesar de Fludd desdenhar a busca do elixir mundano chamando-o de *chymia vulgaris*, defendia contudo sua existência factual (ver Capítulo 6).

Ainda trabalhando na incompleta história do *Microcosmos*, em 1626 Fludd publicou sua *Philosophia sacra et vere Christiana seu Meteorologia Cosmica* em Frankfurt. Ela era dedicada a John Williams, bispo de Lincoln, e foi a última parte do *Microcosmos* a aparecer. Se ele escreveu partes adicionais, não se sabe, mas eventualmente Fludd voltou sua atenção do *Microcosmos* para trabalhar na sua réplica a Mersenne e nos vários volumes de sua *Medicina Catholica*. Somente três anos depois, contudo, em 1629, ele publicou sua resposta a Mersenne na *Sophie cum moria certamen*. Junto a isso está um curto trabalho de um Joachim Frizius, *Summum Bonum*, que também refuta Mersenne e defende os rosa-cruzes. Uma vez que o último é deveras parecido com o estilo de Fludd no tom e lida com os mesmos assuntos, muitos, tanto à época quanto depois, presumiram que o trabalho era de Fludd, mas ele claramente negou a autoria. Há evidências de que foi ele quem o mandou ao impressor (que não os fechou separadamente, como Fludd pedira) depois da edição, contudo, e disse que a posição de Frizius representava a sua própria.[30]

A primeira parte da *Medicina Catholica* também saiu em 1629. Ela lida com as causas da doença, os ventos e os espíritos do ar, e foi dedicada a *sir* William Paddy, um médico colega de Fludd na Faculdade de Medicina.

No mesmo ano outro evento interessante ocorreu na vida de Fludd: Charles I deu a escritura de uma propriedade a ele e a seus herdeiros por serviços prestados à Coroa:

> Westminster, 8 de junho: Concessão a Robert Fludd, doutor em Medicina, de uma escritura [casa para moradia com prédios exteriores associados e propriedade] e terra em Kirton, condado de Sussolk, vinda à Coroa legada por Richard Smart a Anne Deletto, uma estrangeira, para o uso de Rosamund Hewett manter a mesma para os mesmos usos limitados pelo testamento de Smart. Sendo para o prazer de Vossa Majestade de acordo com *sir* Sidney Mountagu.
>
> R. Heath.[31]

É presentemente desconhecido com exatidão que serviço foi esse. Talvez Fludd tenha usado alguns de seus contatos continentais para juntar ou passar informação, ou pode ter havido algum tipo de tratamento médico envolvido.

A segunda parte da *Medicina Catholica* de Fludd, que portava o título *Pulsus*, foi publicada por volta de 1630. Ela tratava do pulso e foi o primeiro trabalho impresso a concordar com a teoria da circulação do sangue de William Harvey. No mesmo ano, Pierre Gassendi, cuja ajuda Mersenne havia incluído na polêmica contra Fludd, publicou sua *Epistolica exercitatio in qua principia philosophiae Roberti Fluddi, medici, releguntur, et ad recentes illius libros adversus R. P. F. Marinum Mersennum... respondetur*. Apesar de Gassendi não concordar com as opiniões básicas de Fludd, ele foi um crítico das acusações descuidadas de Mersenne e percebeu que Fludd era um erudito e cavalheiro cristão (ver Capítulo 7).

Em 1631, a terceira e a quarta partes da *Medicina Catholica* foram publicadas: a *Integrum Morborum Mysterium*, que trata da contração e rarefação e é dedicada a George Abbot, arcebispo de Canterbury; e o *katholikon medicorum katoptron*, que inclui diagnose por astrologia e exame da urina, e é dedicada a *sir* Robert Bruce Cotton.

Como se para assegurar que o caso Mersenne e as controvérsias de Fludd continuariam, em 1631 um novo combatente entrou nas listas: um pouco conhecido clérigo rural de nome William Foster escreveu um pequeno tratado chamado *Hoplocrisma Spongus, or a Sponge to wipe away*

30. HUFFMAN, pp. 157-8.
31. *State Papers* 39/27 29.

the weapon-salve [*Hoplocrisma Spongus*, ou uma esponja para limpar o bálsamo-de-arma], e chegou a ponto de pregar um aviso sobre o livro na porta de Fludd. Foster denunciou a defesa do bálsamo-de-arma (que funcionava a distância por um preparado aplicado à arma causadora do ferimento) da parte de Fludd como uso de forças diabólicas para efetuar a cura, e apoiou sua argumentação referindo-se ao ataque de Mersenne a Fludd como um mago mau. O incensado médico ditou uma rápida resposta em inglês, a *Resposta do dr. Fludd a M. Foster, ou o aperto da esponja do pároco Foster, ordenada por ele para limpeza do bálsamo-de-arma*, que provê algumas informações interessantes sobre Fludd, seu publicador, sua relação com James I, e o caso Mersenne-Gassendi, e também despacha as alegações de Foster à extensão de nunca mais se ouvir falar dele (Capítulo 7).

Então Fludd preparou uma resposta final a Mersenne e Gassendi que foi publicada em 1633, a *Clavis Philosophiae et Alchymiae Fluddannae*, que mais uma vez defendia sua filosofia em termos característicos. Naquele mesmo ano, ele foi mais uma vez eleito censor da Faculdade de Medicina. No ano seguinte, jurou como irmão na Companhia dos Cirurgiões-Barbeiros, presumidamente para fazer cirurgias (que médicos faziam por cirurgiões-barbeiros) sem críticas.

Em 8 de setembro de 1637, Fludd morreu em sua casa em Londres. De acordo com seus desejos, especificados no testamento, o corpo imperturbado foi embalado em linho fresco e levado à estalagem de Bearsted em Kent para esperar o cair da noite. Então uma procissão de tochas seguiu até o local do enterro na paróquia da igreja de Bearsted. Após o enterro, todos aqueles no funeral (a muitos dos quais o próprio Fludd tinha provido as vestimentas funerais) retornaram à estalagem e foram entretidos à sua custa.[32] No chão da igreja, em uma placa de bronze sobre seu túmulo, lê-se:

> *In Iesu qui mihi omnia in vita morte resurgam*
> Sob esta pedra descansa o corpo de Ro-
> bert Fludd, doutor em Medicina, que tro-
> cou esta vida transitória por uma imortal
> no dia VIII de setembro de MDCXXXVII A.D.
> tendo LXIII anos de idade, cujo monumento
> é erigido neste coro de acordo
> com a forma por ele prescrita

Como declarado nessa placa de bronze, o sobrinho de Fludd de fato fez um monumento para ele como especificado no testamento. Ele mostra Fludd diante de um livro aberto que descansa no topo do pedestal, que dá a

32. *Public Record Ossice*, Probate II/175; a íntegra do texto é encontrada em HUFFMAN, pp. 222-9.

impressão de um atril. Ligeiramente acima e atrás de sua cabeça descoberta está seu brasão, centrado sob uma alcova arqueada. Na face do pedestal está a inscrição:

Sagrado à Memória

do Ilustre Médico e Homem Robert Fludd, vulgo *De Fluctibus*, Doutor em ambas as Faculdades, que após alguns anos de viagens além-mar, empreendidas com sucesso para o desenvolvimento de sua mente, retornou à sua terra pátria e foi não desmerecidamente recebido na Sociedade da Faculdade de Medicina de Londres. Ele trocou a vida pela morte pacificamente no oitavo dia do mês de setembro do ano do Senhor de MDCXXXVII, no 63º ano de sua idade.[33]

Perfumes custosos desta urna não ascendem;
Em uma tumba suntuosa tuas cinzas não repousam;
A parte mortal somente à terra damos;
Os registros de tua mente não podem nunca morrer;
Pois alguém que escreve como tu – apesar de morto –
Erige uma tumba que dura para sempre.[34]

Thomas Fludd da Corte de Gore, Otham, em Kent, Escudeiro, erigiu este monumento à feliz memória de seu mais querido tio no décimo dia do mês de agosto, MDCXXXVIII.[35]

De cada lado da inscrição foram arranjados pequenos blocos de mármore com os nomes de sete livros de Fludd, como ele prescreveu: *Phisica et Technica Macrocosmi Historia; Phisica et Technica Microcosmi Historia; Misterium Cabalisticum; Amphitheatrum Anatomicum; Philosophia Sacra; Misterium Sanitatis* e *Misterium Morborum*.[36]

No momento de sua morte, Fludd estava trabalhando em outro grande volume explicando sua filosofia, publicado postumamente em latim (Gouda, 1638) e inglês (Londres, 1659). Portando o título *The Mosaicall Philosophy: Grounded upon the Essential Truth or Eternal Sapience* [A filosofia mosaica: embasada na verdade essencial ou sapiência eterna], seu último trabalho discorre (em umas 300 páginas fólio) sobre os princípios básicos de sua filosofia, a saber, que é embasada na verdadeira sabedoria de Deus, como expressa por Moisés esotericamente em seus livros e em toda a parte na Bíblia; que experimentos alquímicos e barométricos podem provar

33. Tradução por WAITE, A. E. *The Brotherhood of the Rosy Cross*. 1924; reimpressão, New Hyde Park, New York: University Books, 1961, p. 279.
34. *Idem*.
35. *Idem*.
36. Esses nomes são detalhados em seu testamento: *Public Record Ossice, Probate* II/175; ver HUFFMAN, p. 222.

suas teorias sobre a ordem e natureza do Universo; que o Universo foi criado de maneira numérica, geométrica, musicalmente harmônica e cabalisticamente consistente; que dos antigos, apenas Platão e Hermes podem reivindicar o título de divino, porque somente eles entenderam os princípios mosaicos; que, a filosofia de Aristóteles é animal, terrena e diabólica; e que os experimentos de Gilbert e Ridley com magnetita provam, contrariamente a Aristóteles, que há ação a uma distância na natureza (ver Capítulo 8).

Nesse livro, escrito no encerramento de sua ativa e produtiva vida, Fludd quis chegar a um ponto principal que fosse ao coração de sua filosofia, não importa quão complexa em detalhes, e que fosse também a base das respostas às suas críticas. O trabalho claramente o mostra como um neoplatonista cristão renascentista, e o maior resumidor da tradição de sua era:

> (...) é muito aparente que não há arte ou ciência, quer seja abstrusa e mística ou manifestamente conhecida, seja especulativa ou prática, mas tenha sua raiz ou começo nessa sabedoria verdadeira, sem a qual o ato e a virtude de que nenhum conhecimento e aprendizado essencial e verdadeiro pode ser apreendido neste mundo, mas tudo se provará conseguido bastarda ou espuriamente, não tendo seu fundamento em Cristo, o verdadeiro chão, rocha firme e pedra fundamental firme, na qual toda verdade é erigida, pois tanto que somente n'Ele está a plenitude da divindade; mas colocando a base ou fundação de seus conhecimentos sobre as prestigiosas areias da imaginação, nomeadamente, depois das invenções ou tradições dos homens, e de acordo com os elementos deste mundo, dos quais se colhem os frutos de suas sabedorias mundanas ou humanas, isto é com efeito bem oposto à verdadeira sabedoria; nomeadamente, a eterna, que tem sua raiz e origem em Deus, e não em qualquer homem.[37]

37. Fludd, *Mosaicall Philosophy,* p. 25.

CRONOLOGIA

1574	*Janeiro.* Nascido na Casa de Milgate, Bearsted, Kent. Batizado na paróquia da igreja de Bearsted em 17 de janeiro.
1592	*25 de janeiro.* A mãe, Elizabeth Andrews Fludd, morre na Casa de Milgate.
	10 de novembro. Ingressa na Faculdade de St. John, Oxford.
1596	*3 de fevereiro.* Recebe o bacharelado de St. John.
1596-8	Estuda para o mestrado em St. John. Escreve tratado sobre música.
1598	*8 de julho.* Recebe o mestrado de St. John; diz que vai além-mar.
1598-1604	Viaja pela França, Espanha, Itália e Alemanha. Ministra aulas ao duque de Guise e a seu irmão. Escreve tratados sobre Aritmética, Geometria, perspectiva, artes militares, a arte da memória, Geomancia, movimento, Astrologia.

1604 ou 1605	Ingressa na Igreja de Cristo, Oxford.
1605	*16 de maio*. Recebe bacharelado e doutorado em Medicina, licenciado para exercer.
	8 de novembro. Primeiro exame na Faculdade de Medicina de Londres para exercer Medicina lá.
1606	*7 de fevereiro*. Examinado pela faculdade, recebe permissão para exercer.
	2 de maio. Questionado pela faculdade sobre alegações de arrogância relativas à supremacia dos remédios químicos sobre galênicos. *Julho*. Viagens à França para conferências com colegas da Itália e da França
1607	*30 de maio*. Seu pai, *sir* Thomas Fludd, morre na Casa de Milgate.
	1º de agosto, 9 de outubro, 22 de dezembro. Mais exames na faculdade.
1608	*21 de março*. Ofende os censores da Faculdade de Medicina com as respostas nos exames. Candidatura de membro da faculdade revogada.
	25 de junho. Readmitido como candidato a membro da Faculdade de Medicina.
1609	*20 de setembro*. Admitido como membro da Faculdade de Medicina de Londres.
c.1610	Completa o manuscrito da *História do macrocosmos*. Lido por John Selden, pelo médico colega dr. Richard Andrewes e outros.
1614	John Selden elogia a habilidade médica de Fludd em seus *Titles of Honour* [Títulos de Honra].
	Fama Fraternitatis da Ordem da Rosacruz publicada na Alemanha.
1615	*Confessio Fraternitatis* R.C. publicada na Alemanha.
	Andreas Libavius ataca a Fraternidade na *Analysis Confessionis Fraternitatis de Rosia Cruce*.
1616	Fludd responde a Libavius com a *Apologia Compendiaria*. Essa breve apologia inclui a delineação para um trabalho mais extenso e uma carta à Fraternidade.

1617 A defesa mais extensa, *Tractatus apologeticus integritatem Societatis de Rosea Cruce defendens*, publicado em Leiden por Basson.

O t*ractatus Theologo-Philosophicus... de Vita, Morte et Resurrectione* publicado em Oppenheim por De Bry.

Também da prensa de De Bry apareceu a primeira parte do *magnum opus* de Fludd: *Utriusque cosmi majoris scilicet et minoris metaphysica, physica, atque technica historia* (História técnica, física e metafísica do macrocosmos e do microcosmos). Contém volume I, *História do macrocosmos*, tratado I. Dedicado a Deus e a James I.

1618 *De Naturae Simia* (O macaco da natureza) impresso por De Bry em Oppenheim. Tratado II da *História do macrocosmos.*

12 de maio. Dois possuidores da patente do monopólio para fazer aço na Inglaterra reclamam ao Conselho Privado que Fludd está fazendo aço ilegalmente em seu laboratório químico.

Fludd é eleito censor da Faculdade de Medicina.

Chamado perante James I para defender sua *Apologia* e *História do microcosmos.*

Com a entrevista, Fludd ganha o favor e a patronagem do rei.

Escreve *Declaratio Brevis* segundo sugestão de James.

1619 Volume II, *História do microcosmos*, tratado I, publicado por De Bry em Oppenheim: *Tomus Secundus, De supernaturali, naturali, praeternaturali et contranaturali microcosmi historia.*

Fludd escreve "Uma chave filosófica" como seqüência à *Declaratio Brevis.*

Johannes Kepler publica sua *Harmonices mundi.* Inclui um longo apêndice atacando a versão neoplatônica de Fludd das harmonias do Universo.

1620 *30 de maio.* James I encarrega o Conselho Privado de considerar a petição de Fludd da patente para fazer aço.

27 de junho. Fludd dá a conferência pública sobre anatomia na Faculdade de Medicina.

27 de setembro. O Conselho Privado concede a Fludd uma patente para fazer aço depois de considerar a testemunha de sua superioridade.

1621 Outra parte da não finalizada *História do microcosmos* publicada por De Bry em Frankfurt: *Tomi secundi tractatus secundus, de praeternaturali utriusque mundi historia.*

A *Veritatis Proscenium* também é publicada em Frankfurt por De Bry.

Resposta ao ataque de Kepler.

1622 Keppler responde a Fludd em sua *Pro suo opere harmonices mundi apologia*.

1623 *Anatomiae Amphitheatrum*, a anatomia mística de Fludd, publicada em Frankfurt por De Bry. Dedicado a John Thornborough, bispo de Worcester. Ao fim está *Monochordum Mundi*, datada de 1621, o esquema harmônico universal final revisado e última resposta a Kepler. Marin Mersenne, o mecanicista francês, ataca a ciência e filosofia mística de Fludd em sua *Quaestioned celeberrimae in Genesim.*

1625 Morte de James I, ascensão de Charles I.

1626 *Philosophia sacra et vere Christiana seu Meteorologia Cosmica* publicada em Frankfurt pela Ossicina Bryana. Dedicada a John Williams, bispo de Lincoln.

1627 Eleito censor da Faculdade de Medicina.

20 de julho. Inspeciona trabalhos com alúmen junto de William Harvey e seis outros da faculdade sob ordem do Conselho Privado.

1629 *8 de junho*. Escritura e terras em Sussolk concedidas por Charles I a Fludd e seus herdeiros.

Responde a ataques de Mersenne em *Sophie cum moria certamen.*

Junto a isso está a *Summum Bonum*, tratando dos rosa-cruzes, por Joachim Frizius.

	Primeira parte da *Medicina Catholica* publicada por Fitzer em Frankfurt. Dedicada a *sir* William Paddy.
1630(?)	*Pulsus*, a segunda parte da *Medicina Catholica*, publicada em Frankfurt, o primeiro trabalho impresso a concordar com a teoria de William Harvey sobre a circulação do sangue.
	Pierre Gassendi publica sua examinação dos trabalhos de Fludd, feita a pedido de Mersenne, em sua *Epistolica*.
	Doa 24 livros à Faculdade Jesus, Oxford.
1631	A terceira parte de sua *Medicina catholica*, *Integrum Morborum Mysterium*, dedicada a George Abbot, arcebispo de Canterbury, e a quarta parte, *katholikon medicorum katoptron*, dedicada a *sir* Robert Bruce Cotton, publicada em Frankfurt por William Fitzer.
	William Foster, um clérigo inglês, acusa de diabólicas as opiniões de Fludd sobre o bálsamo-de-arma. Fludd responde com a *Resposta do doutor Fludd a M. Foster.*
1633	Eleito censor da Faculdade de Medicina.
	A *Clavis Philosophiae Et Alchymiae Fluddannae*, refutação final de Mersenne e Gassendi, publicada em Frankfurt por Fitzer.
1634	*12 de junho*. Jura como irmão da Companhia dos Cirurgiões-Barbeiros.
	Eleito censor da Faculdade de Medicina.
1637	*8 de setembro*. Morre em sua casa em Londres.
	Enterrado na paróquia da igreja de Bearsted.
	Deixa um manuscrito publicado como *Philosophia Moysaica* em Gouda, 1638, e *Mosaicall Philosophy,* Londres, 1659.

I

DEFESA ROSACRUCIANA *APOLOGIA COMPENDIARIA*[38]

UMA CURTA APOLOGIA, LAVANDO E PURIFICANDO A MÁCULA DE SUSPEITA E INFÂMIA COLOCADA SOBRE A FRATERNIDADE ROSACRUZ COM, DIGAMOS, UMA "TORRENTE" DA VERDADE

Uma apologia abreviada, purificando o estigma anexado à vida e dignidade da Fraternidade Rosacruz

Quando cuidadosamente considerei que a miséria desta vida só chegaria ao fim pela morte sublime, observei que a vagueação humana na terra deveria ser comparada... ao incansável mar, que, quando revolto com ondas agitadas, causa perigo incessante ao barco corpóreo propelido cá e lá em um curso incerto, e leva o marinheiro... a ser completamente ignorante de como ele poderia por acaso trazer seu barco a um porto desconhecido de boa fortuna. Assim acontece que dificilmente um entre mil direciona sua vida ao tão almejado objetivo da felicidade.

Contudo, a sabedoria dos antigos dá testemunho do fato de haver neste mundo sem dúvida

38. Traduzido por Robert A. Seelinger, Jr. e William H. Huffman.

um assento da felicidade humana certo e seguro que alguns auspiciosamente investigam com longa peripécia e adequado inquerimento; e por essa sabedoria somos ensinados que Moisés, o mestre da filosofia divina, que certamente conversou com Deus e obteve a chave para ambos os tipos de entendimento (sobrenatural e natural) por assistência divina e iluminação do Espírito mais Santo, alcançou as praias da felicidade. A virtude de Moisés foi alcançada por Bezaleel, Josué, Davi, Salomão e todos os profetas, cuja sabedoria, de fato, alguns dos filósofos antigos imitaram. Entre estes, Hermes Trismegisto especialmente presumiu e reivindicou um lugar para si mesmo – seu admirável entendimento das coisas acima e abaixo foi retratado vividamente para nós por seus *Sermões Sagrados* e seu conhecimento na *Tábua de Esmeralda*.

Certamente os louvores de Apolônio, o Pitagórico, não foram enterrados ou esmagados pelo esquecimento nem pelo silêncio dos homens (como tão freqüentemente acontece) por causa de Filostrato, por cuja autoridade foi publicado que Apolônio entendeu todas as coisas arcanas, chamou os mortos de volta à vida, curou os doentes, foi preeminente em sua própria santidade e abundou em toda a felicidade desta vida. De Filostrato nós também aprendemos que uma fraternidade de homens sábios floresceu àquele tempo na Índia; e ele atribuiu-os com a habilidade de predizer os futuros eventos dos homens, ler e prever todas as suas condições, origens, fortunas e nomes, como se essas coisas estivessem gravadas em suas sobrancelhas com os caracteres arcanos da Natureza. A sabedoria tanto dos egípcios como dos etíopes deve ser confiada aos monumentos eternos da memória. Das fontes e nascentes de sua sabedoria, diz-se que Platão extraiu seu entendimento divino da Idéia. Sem dúvida todos esses (se foram imunes a superstições diabólicas) alcançaram a soma e o régio pico da felicidade mundana e sabedoria.[39]

Portanto, como resultado tanto de ponderação freqüente como de consideração sobre essas coisas, percebi que os homens não devem buscar nada mais avidamente do que a felicidade; e que eles não devem contemplar nada mais seriamente do que a sabedoria verdadeira, visto que esta revelou aos homens uma vida que é longa e livre de pobreza. Eles também devem ter um contentamento pelo mundo e buscar a contemplação divina dos mistérios naturais, bem como um entendimento dos mistérios sobrenaturais; e buscar a revelação pura e admiração da majestade divina.

39. Fludd mostra aqui que é um descendente intelectual de Marsilio Ficino e da Academia Florentina na crença em uma sabedoria divina pura que foi passada de Moisés a seletos iniciados iluminados ao longo dos séculos. Ver HUFFMAN, William H. *Robert Fludd and the End of the Renaissance*. Routledge, 1988, pp. 87-9; YATES. Frances, *Giordano Bruno and the Hermetic Tradition*. Routledge e Kegan Paul, 1964, pp. 1-19; WALKER, D. P. *The Ancient Theology*. Cornell University Press, 1972, pp. 1-21.

Pois, de fato, como resultado de minha ponderação, estou arruinado com minha grande tristeza porque os sábios da Antiguidade semearam tão parca e cobiçosamente a árvore e o fruto de seu entendimento, que eles não têm uso algum para nossa geração... Pois, sob a coberta de palavras, segredos divinos movem-se furtivamente e estão escondidos. Mas, uma vez que o Senhor Deus é bom e misericordioso, Ele prometeu que abrirá as portas de Seu entendimento e revelação àqueles de nós que procuram entrada. Portanto, esforcemo-nos a não reprimir o espírito, não rejeitar as profecias, mas testar tudo; e preservar o que é bom (1Ts 5).

A *Fama* da Fraternidade Rosacruz atravessou quase todas as províncias da Europa e finalmente chegou às nossas orelhas; ela demonstra um admirável conhecimento tanto dos segredos divinos como naturais. Portanto, por que não deveria essa Ordem ser diligentemente investigada e, uma vez descoberta, aproximada, sendo que foi revelado por palavra escrita e falada que [os membros] de bom grado se oferecerão a nós, de próprio acordo, sem compulsão e sem compensação? E por que deveriam ser rejeitadas essas dádivas de sabedoria tão levemente oferecidas a nós quando (como atesta Hipócrates) a vida é curta, a arte de viver, longa, e a oportunidade, fugidia?

Para o que de maneira dúbia D. Libavius está evidentemente respondendo em sua *Analysis of the Confession of the Fraternity of the Rosy Cross* [Análise da confissão da Fraternidade Rosacruz].[40] Como resultado de um exame cuidadoso de seus escritos, nós detectamos mais ressentimento e malícias que inquerimento na raiz do assunto. Pois, em primeiro lugar, ele levou os irmãos à suspeita de sedição. Em toda a parte ele sustenta que suas promessas não podem ser cumpridas ou alcançadas sem repugnante ilusão mágica ou diabólica. Além disso, ele está ávido por manchá-los com heresia, muito provavelmente por contaminação da verdade com falsidade, pois que, como a máxima injustiça, é de costume sustentar que ele acusa alguém de alguma coisa e encarrega outra com vício e maldade, por assim dizer, para todos os efeitos, antes de a causa ser minuciosamente explorada e adequadamente examinada.

É por causa disso, portanto, que penetro no propósito da Fraternidade e, tendo me proposto a defendê-la racionalmente, tanto com armas peculiares a ela mesma, e bem com aquelas extraídas do tremor de outros contra a[s] acusação[ões] de D. Libavius e aspersões de outros. Escutemos (eu imploro) os irmãos falando em sua própria defesa, em suas confissões, nas quais, como acredito, eles, aos olhos do mundo, têm se absolvido daquelas mesmas coisas de que D. Libavius os acusou.

Eles muito provavelmente satisfizeram aos sábios, pois certificam que é o plano de Deus exaltar os humildes e restringir os orgulhosos com

40. Ver Introdução, p. 23.

contentamento. Por isso, toda suspeita de sedição precisa ser removida deles (se eles estão falando abertamente e de boa vontade), uma vez que a mãe da sedição é a ambição, que o orgulho costuma criar e alimentar. Eles também certificam que abraçam a vida divina e se deleitam na contemplação de Deus e de toda a Natureza em sua nudez; e agarram o mundo em contentamento, sendo este um vale de misérias, no qual não há fortuna diária e enlevo antes do fim. De fato, por essa confissão (a menos que eu esteja enganado), eles se livraram dessa acusação e removeram de si toda fantasia de sedição.

Em toda a confissão, encontramos que eles pura e sinceramente abraçam Cristo e vivem a vida cristã: donde toda suspeita de arte diabólica precisa ser removida deles e banida aos mais longínquos cantos do esquecimento. Pois aqueles que verdadeira e sinceramente reverenciam Cristo são capazes de completar e felizmente trazer ao sucesso coisas maiores por Sua Sagrada virtude, em vez de pelas enganosas e vazias ilusões do Diabo, de que concluímos estarem os irmãos plenamente livres.

Em um lugar de sua confissão, eles relatam que têm se devotado à verdadeira filosofia e dado à sabedoria dos gimnosofistas; e, em outro lugar, que essa noção deles não procedeu do impulso de sua própria vontade, mas do conselho do Espírito Santo, cuja natureza não é ensinar com logros, mas com a mais profunda verdade. Disso percebemos que essa sociedade não somente observa as puras e expostas leis da natureza nos assuntos arcanos estabelecidos, como também... certifica a ajuda, não do espírito maligno, mas do divino e sagrado, sem cujo poder divino a verdadeira chave do entendimento não poderia ser obtida.

Pois por que (eu pergunto) os irmãos divulgariam ao mundo, em linguagem exaltada e com o clangor (por assim dizer) de um trompete, suas beneficências admiráveis e golpeariam as orelhas dos homens com rumores vazios, se eles fossem inábeis para demonstrar a credibilidade de suas promessas sem a iníqua astúcia da magia, uma vez que em todo reino cristão foi decretado que necromantes, feiticeiros e conjuradores deveriam ser punidos com a pena de morte, pelourinho ou fogo?

Mas, sendo que D. Libavius está evidentemente preso nessa crença e opinião de que coisas estupefacientes desse tipo não são possíveis sem ajuda diabólica, nós resolvemos publicar uma apologia mais extensa no próximo dia de mercado [isto é, a Feira do Livro de Frankfurt], na qual declararemos que é provável que o propósito publicado dos irmãos brilhe para o mundo e seja trazido à vista, em parte por dom divino, e em parte pelo conhecimento arcano e luz que foi escondida e secretamente preservada nas vísceras da Natureza.

Depois de ter explorado todos os esconderijos de suspeita, D. Libavius notou que no fim os irmãos caíram em heresia, pois prometeram reformar as falhas das artes e remediar e corrigir suas fraquezas. Contudo, vemos na mais preeminente escolástica teológica que o contexto da Bíblia Sagrada é um assunto de controvérsia constante, sendo que uma escola de teólogos interpreta algo dessa maneira, que outra explica daquela maneira, e todos estão acostumados a distorcer e explicar em sua própria maneira quaisquer das passagens mais difíceis nas Escrituras, e isso ocorre sem nenhuma suspeita de heresia, apesar de ser costume e hábito dos romanos e papistas repreender violentamente aqueles que não aderem firmemente à sua religião. Assim, luteranos, calvinistas e outros desse tipo, bem como os irmãos [da Rosacruz], precisam ser considerados hereges se qualquer crédito pode ser dado às asserções vazias e ameaçadoras dos papistas.

Portanto, após ter cuidadosa e racionalmente refletido sobre essas coisas, percebi que o descuido em um homem não precisa nunca ser tão ignorantemente punido com o chicote como quando faz alguém repulsar e rejeitar levemente tais dádivas de sabedoria oferecidas para nós, talvez, pela vontade divina, uma vez que é da natureza de um homem sábio aceitar com a mente agradecida aquelas coisas que são boas e rejeitar sabiamente as más como sendo indignas. Pois as profecias não podem ser rejeitadas, mas todas precisam ser julgadas e as coisas que forem boas devem ser sustentadas (1Ts 5). Nós também somos exortados a perseguir o amor e não agarrar bênçãos espirituais para que possamos profetizar (1Co 14). As proposições dos irmãos (eu digo) não podem ser rejeitadas, dado que é possível que uma verdadeira iluminação do Espírito Santo e completa abundância de entendimento de fato esteja apropriadamente distribuída por Deus entre homens individuais desta época, como foram os profetas (Jo 2). Deus prometeu, pela boca de Seus profetas, que Ele desejava derramar Seu próprio Espírito sobre toda carne; que filhos e filhas dos homens profetizarão; e que jovens terão visões e velhos terão sonhos. Similarmente, Ele prometeu a todos que pedissem em Seu nome que Ele daria o Espírito Santo, que os ensinaria toda a verdade (Lc 12; Jo 14, 15). E por toda a parte todos serão ensinados por Deus (Is 54; Jr 31; Jo 6), de quem somente, e de mais ninguém, a verdadeira chave da sabedoria precisa ser obtida. Não é [verdade] que mesmo os fariseus, apesar de indignos, obtiveram essa chave do entendimento (Lc 11).

Contudo, ele [Libavius] proíbe essas coisas aos homens desta era, e se qualquer um desfrutar delas pela auspiciosa vontade [de Deus], ele imediatamente os acusa de necromancia e magia supersticiosa. Apesar disso, é iníquo e vil atacar alguém sem o devido inquirimento do caso e, quando a suspeita não tem forte evidência, ele é rápido na condenação.

Portanto, investiguemos e pesemos cuidadosamente as ações dos irmãos, e consideremos com uma mente precisa e atenta suas personalidades e circunstâncias. E, apesar de todas as coisas terem sido cuidadosamente cogitadas, percebamos com uma mente justa, e pintemos para nós mesmos, se esses irmãos são de Deus ou do Diabo. Sabemos que o Espírito Santo é conhecido por suas bênçãos. Portanto, consideremos se essas bênçãos são encontradas ou não na irmandade. Lê-se que em cada indivíduo o Espírito Santo brilha para vantagem de todos (1Co 12). Assim, Moisés, Aarão e outros patriarcas e profetas receberam o Espírito Santo, não para seu próprio bem, mas para que eles pudessem ensinar, exortar, aconselhar, refutar, consolar e dirigir as pessoas ao temor a Deus. Por essa razão eles publicamente revelaram seus dons espirituais e seculares. Portanto, a evidência do deleite dos irmãos no Espírito Santo não é pequena, uma vez que eles publicaram (de fato) suas profecias e conhecimento para o benefício de todos. Contudo, é preciso investigar e examinar mais a fundo se seus benefícios e feitos coincidem com outras bênçãos do espírito.

Primeiro de tudo, consideremos com uma mente aberta que sinais e evidências são aqueles pelos quais a presença do Espírito Santo é conhecida. Então busquemos e sigamos suas trilhas na confissão, e olhemos fundo dentro para ver quantos traços dos mencionados sinais podem ser detectados. Aqueles que dizem a verdade, profetizam, falam em línguas estranhas, interpretam a Escritura, afastam demônios, tomam conta total e curam os doentes, observam os preceitos divinos, não resistem à palavra de Deus, são ocupados com os frutos do espírito (isto é, amor, alegria, paz, caridade, generosidade, humanidade, bondade, gentileza, temperança e castidade); e aqueles que não seguem as vontades da carne (exemplos das quais são fornicação, impureza, impudência, idolatria, feitiçaria, hostilidade, homicídio, gula, cólera, discórdia e outras coisas desse tipo); essas pessoas são sem dúvida de Deus e plenas do Seu Espírito Santo, sendo esses os sinais infalíveis pelos quais as Sagradas Escrituras nos ensinam a reconhecer homens iluminados pelo Espírito Santo e distingui-los dos outros.

Como resultado de cuidadoso exame da confissão dos irmãos, levada passo a passo, concluímos que eles profetizam a respeito do futuro, da duração e da renovação do mundo. Eles declaram abertamente a natureza de todas as coisas por meio de uma língua estranha e escritos arcanos; eles falam a verdade porquanto, em nossa geração, dizem, toda falsidade cessa; eles não resistem à palavra de Deus, uma vez que vivem corretamente; observam os preceitos divinos, uma vez que escrevem que não fazem isso do impulso de sua própria vontade, mas como resultado do Espírito Santo e dos conselhos de Deus; eles são generosos, pois de seu próprio acordo, dão-nos generosamente de seus próprios tesouros; eles são dotados com humanidade, uma vez que não desejam ser recebidos por nós, mas nos convidam a seus palácios; eles são livres de idolatria, uma vez que abraçam Cristo total e sinceramente; eles curam os doentes, pois sugerem maneiras pelas quais os aflitos podem ser curados; eles abundam em caridade, uma vez que oferecem ao mundo todos os seus segredos e tesouros, e administram suas curas sem compensação.

Após essas coisas terem sido cuidadosamente consideradas, descobrimos que muita evidência do Espírito Santo brilha nos irmãos dessa comunidade (se seus feitos concordam com o mesmo tom de suas palavras). Portanto, essa é a principal razão por que eu mergulhei em sua causa, de onde podemos remover as mal fundadas suspeitas de D. Libavius e outros. Aqueles que... acreditam a partir de opiniões extremamente perversas que essas coisas são julgadas como ou diabólicas ou enganosas (que parecem novela ao ouvir ou estranhas e incomuns de se ver, ou parecem árduas e certamente além do alcance da imaginação): se eles os explorarem um pouco mais minuciosamente, não sentirão somente que elas estão abertas a detecção, mas também (de fato) fáceis de fazer sem nenhuma arte demoníaca. [Isto é] bem como declararemos em nossa apologia mais ampla, na qual nos propusemos os mais verdadeiros e certos caminhos pelos quais o entendimento dos segredos espirituais e mundanos e o cumprimento das coisas comumente pensadas como maravilhosas podem ser cumpridos: nomeadamente, pelo derramamento do Espírito Santo nos homens, por cujos meios lemos que os apóstolos realizaram milagres; ou pela revelação dos mistérios ocultos na Natureza, que também requerem a assistência do Espírito. Foi por esses meios que Salomão foi versado em todo tipo de conhecimento.

Também acontece às vezes que o Diabo, por meio de seus profetas ímpios, quer dizer, necromantes, nos diz a verdade e manda divinações sobre o futuro; contudo, ele não conseguiu fazê-lo sem a vontade divina, sem a qual as profecias dos últimos são apenas implantadas com mentiras de conjectura. Assim, o espírito do Diabo derramado no mundo por sua própria vontade é enganoso, falso ou enigmático. Assim foi que aquela diabólica aparição enganosa apareceu a Brutus, urgindo-o a batalhar com falsas persuasões, prometendo vitória e, finalmente, causando sua morte na frente de batalha quando ele obedeceu a seus conselhos. De maneira parecida esse espírito enigmático e não confiável dirigiu aquele oráculo pagão de Apolo e governou a língua da delirante Pítia. Algumas vezes esse espírito maligno misturará verdade com falsidade, uma vez que ocasionalmente anunciando a verdade, ele mais facilmente, em uma data posterior, engana e leva à inevitável ruína aqueles que nele puseram fé por meio de absurdas e escandalosas mentiras. Ele também muito comumente provoca repentina destruição entre homens, que (de fato) ele produz por sua própria pessoa: trovão, relâmpago, terremoto, água turbulenta, destruição de prédios, perturbação de ventos violentos e outras coisas de efeito similar; ou ele tem sucesso por meio de seus ministros, ou seja, feiticeiros, cacomagos, necromantes, etc.

Portanto, depois de todas essas coisas terem sido sensível e corretamente rejeitadas, nós descobriremos que todos os trabalhos do Demônio são iníquos e perniciosos a tal extensão que eles não produziram entendimento verdadeiro ou benefício algum, mas sim (ao contrário) produziram para o mundo uma multidão de má sorte grosseira, terror, perigo constante e desgraçada confusão; a causa do que é evidente, uma vez que ele é o vingador do Deus vivo e destruidor das coisas abandonadas por Deus.

E assim concluímos esta curta apologia, ficando (por assim dizer) como um arauto e precursor na Feira do Livro desta primavera e no lugar de um prelúdio e proêmio anunciará a vinda de uma apologia mais completa (que deve aparecer na próxima Feira do Livro), o título e assunto da qual vós podeis apreender do breve apêndice.

APOLOGIA

Uma apologia em defesa da integridade da Fraternidade Rosacruz

Na qual é provado, ao contrário das acusações de D. Libavius e outros da mesma espécie, que as maravilhosas coisas oferecidas a nós pela Fraternidade Rosacruz são possíveis de se executar sem o iníquo engano da magia ou os logros e ilusões do Diabo.

Resumo ou pequeno sumário da apologia a ser publicada

Nós dividimos a apologia em três partes:

Na PRIMEIRA parte,

Expressamos a esfera de nosso desígnio. É discutido se Magia, Cabala e Astrologia são artes ou superstição.
São tratados os livros de Deus, tanto o visível como o invisível, e especialmente aquele grande livro da Natureza e das coisas vivas.
Os tipos da divina Escritura são claramente explicados.
Os caracteres e as letras da mesma Escritura são examinados, e observados para ser formados em uma maneira dupla, quer dizer, tanto pela palavra FIAT na Criação ou pelo Dedo Sagrado de Deus após a criação; e foi da última maneira que o Livro da Revelação da Majestade Divina foi escrito, como foram as leis de Moisés nas placas de pedra.
Finalmente, declaramos que a vontade de Deus e Suas leis podem ser descobertas nos caracteres do grande livro da Natureza e nos sinais das estrelas sem qualquer ajuda do Demônio.

Na SEGUNDA parte, demonstramos:

Que há um defeito muito grave em quase todas as artes que até agora floresceram nas escolas;
As causas e origens dos defeitos naquelas artes;
Os defeitos das artes físicas, isto é, Filosofia Natural, Medicina, Alquimia, Matemáticas, nomeadamente Aritmética, Música, Geometria, Óptica e Astrologia; das artes morais e das artes pertencentes à instrução dos homens, ou seja, Ética, Economia, Política, Jurisprudência; e finalmente os impedimentos dos teólogos. O remédio, a correção e a reforma dessas artes falhas e decadentes que não são realizadas sem a liderança instrutiva do incriado Espírito Santo e seus ministros, a saber, o bom anjo, luz maravilhosa, ou o homem sábio ou o profeta falante da verdade dizendo Urim e Tumim, Epos.

Na ÚLTIMA parte, também declarado está:

A origem da luz criada universal[mente] e do espírito mundano, efeitos maravilhosos, propriedades ocultas, mistérios arcanos.
Que é possível que alguém possa avisar e revelar seus planos para outro que esteja a centenas de milhas distante por meio tanto da viva voz como da aparência, e cartas (e isso é levado a cabo sem

operações do Diabo): e isso é levado a cabo tanto por ajuda natural como supercelestial.

Que é possível que alguém que escreva apenas um livro possa saber todas as coisas que foram descritas em todos os livros; e isso é levado a cabo pela admirável virtude da luz arcana, que é o meio ativo; e pelo espírito universal, que é o meio passivo.

O poder admirável da Música verdadeira e arcana em toda criação, animada e inanimada; que são infinitos e maravilhosos os segredos que se movem sorrateiros sob a superfície e forma visível e exterior [de] mesmo as menores coisas.

O EPÍLOGO DO AUTOR AOS IRMÃOS DA ROSACRUZ

Ó Irmãos mais caros, que prometeram renovar, com esforço recíproco, as formas espirituais dos homens e melhorar suas fortunas, que foram transformadas em imagens mais miseráveis pela queda e pelos infortúnios de Adão, eu vos cumprimento em nome d'Ele que vós venerais total e corretamente, Jesus Cristo, Salvador do mundo.

Contemplai, peço vossa indulgência se eu, um inábil filósofo e indigno porta-voz de vosso louvor, tropecei em algum erro evidente e conhecimento defeituoso em meu pequeno trabalho. Escutai brevemente a quem eu sou, que de fato estaria de muito boa vontade a fazer o melhor para os companheiros da Ordem, de onde posso satisfazer as orelhas aquisitivas dos homens com um sussurro mais confiável e digno de seu louvor. E sou por nome como escrito acima, ou, se desejardes, Fludd, nobre o suficiente de nascimento, mas da mais baixa posição de doutor médico em Londres. Minha esposa é o desejo por sabedoria; meus filhos, as recompensas vindas daí. O corpo é uma prisão, e os desejos do mundo são vazios e destrutivos para a mente. Eu anseio por ser um espelho de mim mesmo no qual possa contemplar o que sou. Atravessei e reconheci com meus olhos e mente quase todas as províncias da Europa: os agitados mares profundos, as altas montanhas e vales escorregadios, as cruezas dos vilarejos, a rudeza das pequenas cidades e a arrogância das cidades grandes; a ambição, avareza, infidelidade, ignorância, ociosidade, engano e quase todos os aspectos miseráveis dos homens; e eu não encontrei ninguém corretamente conhecendo a si mesmo de acordo com Deus (Jo, 1). A vida era luz e essa luz estava nas sombras e as sombras não a tomaram. Portanto, eu não detectei nada exceto vaidade triunfante em toda a parte por todo o mundo. A vaidade das vaidades (eu digo) foi descoberta em toda a parte e todas as coisas são miséria e vaidade. E assim agora encerro. Adeus e sede conscientes de mim.

FINIS

II

A HISTÓRIA TÉCNICA, FÍSICA E METAFÍSICA DO MACROCOSMOS E DO MICROCOSMOS: *UTRIUSQUE COSMI... HISTORIA*

LIVRO UM

A HISTÓRIA DO MACROCOSMOS

CAPÍTULO UM

Sobre a natureza infinita e o criador de todas as coisas

A natureza infinita, que é o Espírito ilimitado, inexprimível, ininteligível, fora de toda imaginação, além de toda essência, inominável, conhecido apenas do coração, mais sábio, mais piedoso, PAI, PALAVRA, ESPÍRITO SANTO, o mais alto e único bem, incompreensível em altura, a unidade de todas as criaturas, que é mais forte que todo poder, maior que toda distinção, mais valoroso que todos os louvores, indivisível TRINDADE, mais esplêndida e indescritível luz, em suma, a mente divina, livre e separada da matéria mortal, glória de todos, necessidade, extremidade e renovação: aqui, eu digo, DEUS, o mais alto e maior de todos, cujo nome foi abençoado na eternidade, habilmente formou a admirável máquina do macrocosmos inteiro, e belamente adornou sua estrutura. Até todos os filósofos, antigos e mais recentes, exceto os peripatéticos que sustentam que o mundo existe desde a eternidade, geralmente preservaram, em consenso unânime, esse mais divino fundador do Universo com muitas apelações, dando sobrenomes adequados a quaisquer qualidades de sua ação. Entre esses, Hermes O chama de Eterno; Tales – o Mais Antigo; Platão – a Fonte inata de todo o Universo; outros – a Causa Infinita, tanto fora de todas as coisas como ainda assim dentro de todas as coisas e por toda a parte; outros – o Ser dos Seres, a Causa Primordial tal de que outras causas derivam, o Criador e Originador de tudo; e, de acordo com Platão, o Repositório da Compreensão. Por essa razão, alguns outros O chamaram de Príncipe das coisas mundanas, o Regente, o Arranjador, o Primeiro a mover e o Primeiro em movimento, o Princípio Imóvel: porque todas as coisas são movidas por Ele, apesar de Ele se manter imóvel, e não sujeito ao sofrimento, uma vez que é sempre estável, fixo e permanente; Tritêmio O chama de a Fonte de todos os mundos, por isso ele parece compreender o Fabricante exclusivo da criação. Em seguida, Platão e Hermes Trismegisto O chamam de Pai, tanto que Ele é o Originador de toda fecundidade e o Genitor de todas as coisas; finalmente, o grande coro dos filósofos (entre os quais se nomeiam Demócrito e Orfeu) conclui que DEUS contém todo nome, uma vez que tudo está n'Ele e Ele mesmo está em tudo, não diferente da maneira pela qual se diz que todas as retas desenhadas a partir do centro da circunferência estão no centro: ou simplesmente como se diz que o número existe na unidade, que é a medida comum, fonte e origem de todos os números, e contém todos os números, juntos a si em uma maneira única. De onde os pitagóricos, e os mais eruditos na ciência dos números, aproximaram a mônada ou unidade a Deus, o Criador, porque Ele era, sozinho e por Si mesmo, antes de tudo, e também porque foi o Primeiro a mover e o Ativador único, que existiu para completar a imensa estrutura da criação; além disso, eles atribuíram a díada ou dualidade à Sua substância, ou matéria em que Ele trabalhava, porque ela foi o segundo constituinte sobre a qual o Criador trabalhou para completar o mundo; e finalmente eles assinalaram a tríade ao poder espiritual, ou ígneo, Sua essência esplendorosa, pela qual a dita matéria, ou substrato do mundo, foi trazida do estado potencial ao real, e todas as partes e regiões da fábrica da criação e da criatura dentro dela foram claramente distinguidas e divididas, porque foi essa mesma essência que assumiu o papel da terceira entidade constituinte na composição de toda a criação.

A partir da opinião desses filósofos pagãos, é claro que nem mesmo eles se desviaram para longe de um conhecimento verdadeiro da mente divina: entre os quais eu nunca poderei louvar nem admirar o suficiente a revelação sagrada de Hermes Trismegisto, e sua profundidade relativa aos mistérios divinos, uma vez que seu *Pimandro*, de derivação divina e sobre-humana, desnuda para nós os segredos escondidos de Deus e de

Sua criação. Consideramos que Platão foi o homem seguinte que mais soube sobre o divino, porque, contrário às asserções dos peripatéticos, ele sustentou constantemente que o mundo e tudo o que está dentro dele, seja visível ou invisível, são feitos do primeiro material ou princípio inato e essencial. Não obstante quão impossível seja descrever corretamente a verdadeira essência de seu triplo Criador, seguindo as idéias de certos homens esclarecidos, Ele é retratado assim, a saber, em forma humana.

As razões pelas quais alguns retrataram Deus em forma humana são porque

O homem, feito à imagem de Deus, é Seu representante, pois contém Mente, Palavra e Espírito (Trismegisto no *Pimandro*).

O Pai de tudo, existente como Mente, Vida e Luz, criou o homem como Ele mesmo, exatamente como fez Seu Filho, com quem Ele esteve bastante contente porque era belo, à imagem do Pai (ibidem).

O homem é feito de Vida e de Luz; Deus é feito de Vida e de Luz (ibidem).

Deus fez o homem à sua própria imagem (Gn 1).

Ou como o Sol; os pagãos e os orientais em particular adoravam a Deus nessa forma:

Todo brilho espiritual e invisível vem de Deus e todas as coisas são iluminadas por dentro pelo mesmo, assim como toda luz e brilho externo vêm do Sol; pois, como o Sol é imperador das coisas materiais, Deus, segurando um cetro de fogo, é imperador das coisas espirituais.

Sábios corretamente compararam a deidade ao Sol, porque

De acordo com o sábio Sidrac, três coisas são observadas na natureza do Sol, nominalmente o próprio Sol, sua luz brilhante e seu calor vital. Eles aproximam o Sol ao próprio Deus, o Pai, seu brilho ao Filho, e seu calor ao Espírito Santo. O brilho nasce e é derivado diretamente do corpo do Sol, o efeito do calor e seu poder benéfico vêm do outro.

Ou como um triângulo, porque três ângulos separados são encontrados em uma única coisa, justamente como três pessoas existem na unidade de Deus, e não estão de maneira alguma separadas daquela unidade. E nos parece que a incompreensibilidade e extensão infinita do triângulo divino podem muito bem ser trazidas para dentro do alcance da capacidade humana de entendimento por [um] diagrama [ver Figuras 1 e 2, pp. 79 e 80].

Deus pode ser comparado a esse incompreensível triângulo, pois Ele contém tudo em Si, estende-se a tudo com Seu poder, dirige tudo, e não há nada fora d'Ele; ademais, o canto feito por qualquer ângulo corresponde a um terço do mundo; no entanto, todos estão juntos em um único objeto; e constituem um único, regular, equilátero e perfeito triângulo; ao mesmo tempo é claro nesse diagrama que, exatamente como todos os cantos do triângulo acima que saem da superfície esférica do mundo são percebidos como similares e iguais em forma, dimensão e tamanho, também Suas três pessoas na unidade da essência divina são iguais a cada uma das outras em Seu grau de perfeição...

CAPÍTULO QUATRO

Uma descrição da Matéria Primordial, ou matéria-prima do Criador de tudo

A substância da matéria, no meio da qual o grande criador do macrocosmos dispôs sua construção, é a filosófica Hile, que os médicos chamaram de Matéria absolutamente Primordial; apesar de não haver nada mais comum que ela, não há nada que seja menos compreendido. Dois antigos filósofos em particular a estudaram e investigaram zelosamente; dos quais o primeiro, de nome Tales (com quem Heráclito e Hesíodo concordaram), após um longo estudo e muita queima do óleo da meia-noite, firmemente afirmou que *a água é a matéria primordial da Natureza*, e deu uma boa razão para essa opinião. Pois, disse ele, a água é a semente e o alimento de todas as coisas naturais. Tanto os pagãos como os escritores da Sagrada Escritura parecem ter aprovado essa noção...

O próprio Aristóteles diz que a dificuldade de compreender essa Matéria é que ela não pode ser entendida isoladamente nem descrita sozinha, mas somente por analogia, isto é, por exemplos tirados de outras coisas... O divino Moisés, assim, comparou-a ora à terra, sem forma e vazia, ora às águas e ao abismo; Hermes Trismegisto, em seu *Pimandro*, a uma sombra apavorante, tornando-se uma substância aquosa; Platão, à mãe, preceptora, e casa das coisas que nascem, porque ela contém e nutre tudo; Agostinho... à escuridão e ao silêncio; Pitágoras, a uma dualidade; alguns, a um espelho no qual a alma do mundo é vista... E a razão pela qual Platão a chamou de infinita é que ela é inclinada a tomar diversas formas...

Portanto, concluímos, de todos os escritos dos filósofos, antigos e modernos, que essa Matéria Primordial é uma existência infinita, sem forma, original, tão adequada a algo como a nada; não tendo tamanho nem dimensão, pois não se pode dizer que seja grande ou pequena; não tendo qualidades, pois não é fina, nem espessa, nem perceptível; não tendo propriedades nem tendências, nem se movendo nem estando parada, sem cor, ou qualquer propriedade elementar. Contudo, é a base passiva de ação original, contendo o mundo; portanto, é chamada a Mãe do mundo, cujo seio abraça, como o ventre de uma mãe, as esferas celestes, adornadas com fogos dourados, e os quatro elementos, suspensos mais baixo próximos ao centro...

CAPÍTULO SEIS

A Essência Universal, com a qual o Criador da criação inteira formou a Matéria

O mais sábio Criador do mundo, que disse: "Eu sou a luz do mundo, a luz verdadeira, e o pai das luzes", decretou que essa matéria sem forma, a fundação da natureza ou base subjacente do tecido do Universo, deveria ser a morada das formas e (aqui eu concordo com Platão) sua provedora, de modo que a massa enterrada na escuridão por todo o abismo possa se tornar visível e perceptível por sua presença, posta em ação e sutilmente finalizada; e Ele muito generosamente uniu o brilho de Sua luz primeiro ao céu empíreo (pois *o sopro de Sua boca*, que Hermes Trismegisto chama a luz de Deus, o poder divino de Seu espírito, que *se movia sobre as águas*) e então, secundariamente, ao céu etéreo, e ao Sol, e ao restante de Suas criaturas nas esferas celestes, de modo que possam adornar o céu etéreo pelos meios de seu poder e imbuir criaturas mais baixas com forma e vida.

Além disso, essa criação ígnea, feita no primeiro dia à imagem divina, essa primeira, melhor dádiva de Deus para tornar perfeito o restante de sua construção, Moisés chamou de Luz... Platão, de Idéia; Aristóteles, de Primeiro Princípio;... Hermes Trismegisto, em seu discurso divino, chamou essa mesma luz de o brilho abençoado que floresceu no princípio, e assegura que os elementos foram feitos de umidade e secura; Marsilio Ficino, em seu *Comentário* sobre esse discurso, disse que envoltórios sem forma de matéria foram iluminados com a forma por aquele brilho abençoado. Em suma, todos eles, com quase completa unanimidade, usualmente a chamaram de primeira ação, padrão, espécie e essência. Essa luz, desse modo, é um material único, que tem substância, que existe sem mistura e é a mais pura, mais valorosa e mais nobre de todas; tão grande é de fato sua nobreza (ver Agostinho sobre o Gênesis) que, quanto mais a matéria participa da natureza da luz, mais perfeita e nobre ela é, portanto, considerada...

... sem dúvida é desse supercelestial manancial de luz que o fogo invisível, que Zoroastro e Heráclito nos contam ser a mãe de tudo, é derivado: e seu poder, apesar de invisível, parece ser sentido e conhecido por todo ser vivente e pelo restante da criação sublunar, até o próprio mar e seu fluxo diário e noturno das marés. Além disso, os filósofos chamam esse fogo de ação cabal, por causa do seu vigor; nada é mais rarefeito nem mais penetrante por causa de sua fineza, nada é mais útil nem preenchido com mais poder, nada é mais excelente nem mais uniforme em natureza, não há (maior ou menor) agente de melhora e acabamento para sucessivas existências, nem nada dá livre curso às coisas mais rápido, nem mais facilmente solta suas partes conetivas...

Assim, concluímos que a luz *ou* não foi criada, ou seja, ela é Deus, o Criador de tudo (pois a luz verdadeira está no próprio Deus, o Pai, seu brilho resplandece e transborda em seu Filho, e seu brilho queima no Espírito Santo, ultrapassando todo entendimento), ou ela é criada daquela não criada, que é a alma mais pura, o verdadeiro padrão natural e espírito mais claro dos três céus, bem como sendo suas fronteiras e seus veículos para lhes dar forma. Portanto, Jâmbico pensou que por causa de o éter ser tão brilhante, ele não era nada mais que a própria luz, da qual todas as criaturas são compostas; pois, de fato, anjos são impregnados com uma certa inteligência brilhante, derramada em todos os objetos racionais, mas em quantidades diferentes de acordo com a habilidade de aceitação de suas naturezas. Em seguida ela desce aos celestiais, onde produz um poder vital neles, e por meio desse brilho vital as criaturas mais baixas são vestidas com vida, e a habilidade de se reproduzir.

Nos homens, é o processo de raciocínio claro; em outros animais, é o fogo escondido que evidentemente governa as ações de suas vidas e sentidos; nos vegetais, é um tipo de alma brilhante, que esconde suas partes centrais e os faz crescer e multiplicar incessantemente; nos minerais, ela é o lampejo de brilho que os impele ao seu objetivo de perfeição. Os macrocosmos dos céus, e também as diferenças entre os corpos que existem neles, vêm daquela luz sobrenatural criada no primeiro dia; pois alguém nota, de fato, que o mais alto céu difere do mais baixo, e o mais baixo, do médio, de acordo com o excesso ou deficiência dessa essência neles; e que qualquer elemento de cada céu é impelido ou erguido por sua ausência ou presença, pois quanto mais distante a matéria está da nobreza do Padrão Natural, mais grosseira, mais impura, mais escura e menos valorosa é. Daí, de fato, surge a diversidade dos objetos e substâncias criados, daí também suas perfeições e imperfeições, suas cruezas e madurezas, volatilidades e fixidades, espessuras e rarefações, escuridões e brilhos, pesos e levezas, e as proporções que distinguem uma coisa de outra...

CAPÍTULO SETE

Os dois elementos primários não misturados derivados das primeiras duas substâncias; também os dois elementos obtidos desses não misturados

De cada uma das duas partes mencionadas do composto surge um certo elemento puro, não misturado, que exibe a natureza de sua origem. Pois quando o espírito ígneo nasceu sobre as águas... produziu um certo caráter inerente como acompanhamento para suas ações. Os filósofos portanto disseram que essa força dirigente é como um efeito do padrão, ou luz duradoura, e também a chamaram de calor; por sua natureza, ela penetra a densidade ao centro, abre coisas densas e sólidas, penetrando, quebrando-as, dispersa e separa sua espessura de sua finura, purifica-as rarefazendo e afinando-as, e as torna voláteis e leves, de modo que elas sejam naturalmente erguidas e levadas ao alto. Após isso, ela ajunta coisas homogêneas, digere, amadurece, fixa e aperfeiçoa-as; enquanto ela corta e abre coisas heterogêneas, dispersa, tritura e amassa-as. A razão pela qual ela aperfeiçoa tudo é que ela é diretamente derivada do mais valoroso e rarefeito de todos os corpos e acompanha de perto sua substância mais nobre e fina.

Tendo descrito a origem de seu elemento ativo, resta revelar as propriedades ou natureza elementar da outra parte constituinte – essa é passiva, uma vez que a ação nada pode fazer sem a passividade à sua disposição. Portanto, tal arranjo precisa ser derivado da Hile ou Matéria Primordial do macrocosmos por uma perturbação na escuridão, antes dos inícios do calor. Pois, com a primeira aparição da luz, as sombras começaram a mover-se, e conforme o calor era produzido pelo movimento da luz, outro elemento, tolerante da atividade do calor e, portanto, chamado passivo, porque sofre, em vez de agir, foi produzido pelo movimento da substância do abismo; ela acompanha a substância densa da matéria e a dirige ou a deixa relaxar, exatamente como o calor faz à substância da luz, que é vista lutando, ou relaxada, dependendo se há muito ou pouco dela. Uma vez que o calor surgiu, o elemento do frio já presente tornou-se totalmente oposto e hostil à quentura e resistiu às vias internas de sua penetração sutil; e por resistir, e ao mesmo tempo coletando a parte impura, escura e densa da substância do abismo, cingiu, condensou e contraiu-a em direção ao centro do Cosmos, que é o local para o qual o frio naturalmente escapa, porque ele é mais distante da borda exterior do mundo [Universo], onde a grande essência pura do Espírito de Luz existiu e teve seu lugar do princípio.

Daí vêm a solidez dos elementos do céu mais baixo, a densidade, a espessura e a escuridão da terra. Essa é também a razão pela qual nenhum peso pode passar além de seu ponto central mesmo se um buraco fosse perfurado através de toda a massa da terra, porque o ponto central da terra é a parte mais distante da circunferência do Universo e, portanto, o ponto em que o frio naturalmente deseja ir para descansar, em que é livre e imune de toda inimizade do calor e de sua ação hostil. Portanto, concluímos que o calor gosta de abranger a habilidade formativa, confere a tudo as funções da vida e é o companheiro de sua alma: enquanto o frio reside nos corpos materiais, acalenta-os e é naturalmente inerente a eles. Como resultado da atividade mútua e passividade desses dois, certas partes do macrocosmos são mais ou menos rarefeitas, em conseqüência da recessão do frio e ao avanço do calor – essas são as partes superiores – e outras se tornam densas, em conseqüência da ausência do calor e da presença do frio – essas são as mais baixas. Assim, o mundo [Universo] é feito e suas regiões são demarcadas...

Agora dois outros sistemas surgem desses elementos ou qualidades puros e simples, os quais Artéfio chamou de elementos dos elementos, e eles são umidade e secura: o primeiro é feito misturando e temperando os dois elementos simples. Pois, se calor é juntado a uma quantidade igual de frio, a substância umidade é produzida: à qualidade conectada com calor ou frio em completa ausência de umidade chamamos de secura. É certo, pois, que a secura não é nada além de ausência de umidade e, portanto, diz-se que essas duas qualidades são contrárias uma à outra; ainda assim, elas são passivas em relação aos elementos primários...

CAPÍTULO NOVE

A substância universal dos [céus]...

Após o término da criação divina, portanto, uma porção da substância de toda e cada região foi descoberta como um elemento ou feita de elementos; a parte chamada de "elemento" é a original, menor e mais pura parte, e a parte de cada céu feita de elementos é formada diretamente dela. E, uma vez que a substância de todo e cada céu é mais densa, mais suja e menos perfeita, conforme mais ou menos luz esteja presente nele, sua simplicidade elemental pode ser pensada como absoluta [no caso do céu espiritual ou empíreo]... ou relativa. Pois se os elementos [do céu mais alto] são comparados àqueles do mais baixo... eles são chamados puros e não amalgamados, mas com referência ao [o mais baixo em comparação com o céu] superior... eles são julgados espessos, compostos de matéria e, portanto, menos puros.

Os escribas sagrados admitem que os elementos do céu espiritual, por causa de sua misteriosa simplicidade, pureza espiritual e poderes indescritíveis, não existem apenas no lugar freqüentado pelas inteligências abençoadas e pelos anjos, mas também estão contidos no próprio DEUS, o arranjador e mantenedor da estrutura inteira. Pois há nos anjos uma estabilidade de natureza e uma força terrosa que são os firmes assentos de DEUS; nos anjos há também misericórdia e piedade, que são um poder aquoso e purificador; neles também há um espírito aéreo, tênue, razão pela qual são chamados as asas ou penas do vento na Escritura Sagrada; e, finalmente, há neles amor, que é um fogo mais esplêndido. Portanto, o salmista real diz: "Vós fizestes os espíritos de Vossos anjos, e Vossos ministros, uma chama de fogo". Em serafins, virtudes e poderes são, de mais a mais, ígneos; querubins, terrestres; tronos e arcanjos, aquáticos; domínios e principados, aéreos. Finalmente, diz-se do próprio Arquétipo: "Deixai a terra se abrir e dar à luz um Salvador"... Similarmente, a esfera da Trindade é sem dúvida a parte mais brilhante e mais imaterial do céu espiritual, pois é do reino da Trindade que os serafins estão mais próximos. Seu trono real ou base é o firmamento ou esfera de cristal, que S. João chamou de mar vítreo, no qual ele notou algo terroso, algo rarefeito e algo aquoso; quando os extremos tiverem sido considerados cuidadosamente, os intermediários são mais facilmente entendidos [ver Figura 7, p. 147].

Elementos também são encontrados por todo o céu etéreo, do qual a maior parte é chamada quintessência, porque ela é erguida acima dos quatro elementos do mais baixo... [céu], em valor, em imaterialidade e em posição. Pois nessa região há a solidez da terra sem a viscosidade da água; e a vivacidade do ar sem seu fogo fluente e um calor não combustível, incorruptível, preservativo, brilhante, insuflando vida nos corpos no [céu] mais baixo... com seu calor, porque ele é diretamente derivado do [céu]... espiritual. As coisas criadas nessa região... também são partilhadas em seus elementos, porque tanto as estrelas fixas como as móveis clamam seus altos postos por terem esses elementos. Assim, as estrelas são chamadas ígneas, porque são a união do calor do fogo e sua secura; estão Marte e o Sol entre os planetas, e Áries e Leão entre as constelações fixas; aqueles que são chamados aéreos, porque têm suas naturezas quentes, úmidas, são Júpiter e Vênus, e Gêmeos e Libra; Saturno e Capricórnio são chamados terrosos por causa de sua natureza melancólica; depois, a Lua é creditada com uma natureza aquosa, porque ela é nomeada a Imperatriz da Umidade pelos filósofos, e o mesmo se aplica aos sinais de Câncer e Peixes no zodíaco. É por isso que os astrólogos primeiro observaram a natureza tripla desse céu no começo e, sem esse estudo, eles não poderiam ter aperfeiçoado sua arte. É também por via das propriedades desses elementos que qualquer planeta produz seus efeitos variantes aqui embaixo...

Finalmente, ninguém, nem mesmo um néscio, pode estar inconsciente de que o espaço mais baixo no Universo é ocupado por elementos e coisas criadas pelos elementos; mas aqui eles são mais impuros, grosseiros e sujeitos aos nossos sentidos, e mais propensos à decomposição, e eles são bem menos nobres e puros e simples que nas outras regiões mais altas. E pela mesma razão se reconhece que objetos criados compostos por eles tomam suas características de uma mistura apropriada deles. Assim as características de frio, umidade, calor ou secura dos vegetais e minerais são descritas e distinguidas de acordo com os elementos predominantes neles. Elementos são, portanto, encontrados em toda a parte e regiões do

Universo, mas ninguém pode estar completamente consciente das várias regiões pela escassez ou abundância do padrão universal neles, e porque elementos são nebulosos e espessos na região mais baixa, na média mais puros e claros, e no topo, ou na região supercelestial, altamente espirituais e abençoados de todos os modos...

CAPÍTULO DEZ

Caos, e as origens das criaturas do céu mais baixo

... a Matéria Primordial do Universo é múltipla: aquilo a que chamamos *Hile* está mais distante da composição do mundo; *em segundo lugar* está *o material dos elementos*, que pode ser distinguido porque é regido ou por calor ou frio... *Em terceiro lugar* está o *Caos*, a matéria confusa e massa indigesta, na qual podes pensar estarem todos os elementos sendo embaralhados e confundidos; pois terra e água, mais pesadas que o resto, subiram à órbita da Lua, enquanto fogo e ar, apesar de mais leves, desceram ao centro da terra... E finalmente esse (Caos) é o material sobre o qual os filósofos antigos, químicos modernos e poetas têm cantado e escrito em seus livros: eles sustentam que ele produz as diversas essências necessárias a um tempo para o completamento do macrocosmos e, em uma outra, para o completamento de um trabalho filosófico. A *quarta* e final Matéria Primordial a que os filósofos deram um nome é aquela mais próxima aos corpos sólidos, que geram diretamente as criaturas compostas do mundo mais baixo e as faz multiplicar: reconhecemos esperma em animais, sementes em plantas e *argent vive* em minerais desse tipo... E, seguindo uma idéia comum a muitos filósofos, também descrevemos o Caos como o lugar em que frio e umidade lutam com calor e secura...

LIVRO DOIS

A ESTRUTURA DO COSMOS
Conteúdo deste segundo livro

	três partes, ou céus.	da Trindade, sem limites (Caps. 2, 3). o Empíreo (Cap. 3). o Cristalino (Cap. 4).
A MAIS ALTA na qual duas coisas devem ser notadas, suas	sua constituição, feita de	a mais pura luz formativa (Cap. 5). o mais puro Espírito, sempre novo e incompreensível.
O MEIO, chamado Éter, que tem (Caps. 6, 7, 8) O MUNDO tem três regiões nomeadamente,	oito partes, as casas das estrelas.	fixas móveis
		espírito, nem muito grosseiro nem muito sutil luz que é meio caminho para matéria
	sua constituição, feita de,	
A MAIS BAIXA, na qual duas devem ser observadas (Cap. 10)	três partes	OS EXTREMOS: o superior, o tabernáculo de fogo (Cap. 11). o mais baixo, a residência da Terra (Cap. 12). o meio, chamado de esfera da umidade, dividida nas regiões de AR (Cap. 13) ÁGUA
	sua constituição, cujas duas partes são	luz TERCIÁRIA, a mais grosseira de todas (Caps. 14 e 15). ESPÍRITO, o mais espesso e nebuloso de todos.

CAPÍTULO UM

Como o Universo é dividido

... nós estamos a ponto de lidar com o mundo duplo – o macrocosmos e o microcosmos –, distinguindo o primeiro do homem, ou o microcosmos, e considerando o volume inteiro da Matéria Primordial como o mundo, Cosmos, ou macrocosmos, que a luz espiritual, ou espírito, do Senhor, rodeando as águas, envolve em seu abraço circular. Uma certa porção redonda do material do abismo é dividida em três partes diferentes pela Natureza Formativa, pelo arranjo de luz e trevas em matizes variados, isto é, distinguindo entre os matizes de acordo com sua pureza e impureza. A mais alta dessas partes é aquela expansão do Universo na qual o espírito ígneo estava, e está contida na coisa da luz primordial, estendendo-se do limite côncavo da Esfera da Trindade à superfície convexa do céu estrelado. E porque ela contém uma abundância de padrão, a matéria dessa parte do Universo é tão fina e pura que é totalmente imperceptível, e não pode ser vista por nós; então os filósofos a chamaram de intelectual, e espiritual no mais alto grau. Agora a parte do meio é adornada com as estrelas, tanto fixas como móveis, pois ela ocupa a cavidade inteira do Universo considerada entre a delineação convexa da órbita da Lua e a delineação côncava do *Primum Mobile*; e a matéria nessa região é sólida, se comparada à mais alta. Finalmente, a parte mais baixa do Universo é a expansão inteira coberta pela delineação côncava da órbita da Lua. Portanto se segue que a massa do Universo é dividida em duas partes principais, das quais uma é incorpórea, espiritual e muito pura e fina, que é a superior, enquanto a outra é material. E essa parte material é subdividida novamente em duas partes: uma é rara, fina e imperecível – que é a parte do meio; a outra, grosseira, impura e sujeita à corrupção – essa é a parte do fundo do Universo, que devemos chamar sublunar e elemental.

Essas então são aquelas regiões do macrocosmos que tanto os filósofos antigos como os autores da Escrita Sagrada chamaram de céus. Agora eles chamam o mais alto, o empíreo, ígneo céu, porque ele é todo preenchido com fogo espiritual, ou o material da luz. E esse é o terceiro céu no qual S. Paulo, o Divino, disse que foi arrebatado pelo Espírito, e o chamou de Paraíso; todavia, todos os nossos escritores habitualmente chamaram a região do meio de céu etéreo, e de o próprio céu. Finalmente, Mateus, o Apóstolo, parece chamar toda a massa aérea entre o éter e a Terra de "céu"... e uma vez que rarefazendo terra, faz-se água; rarefazendo água, faz-se ar; e rarefazendo este se faz fogo (pois um elemento alterna-se em outro), alguém deve dizer que a totalidade dessa região pode ser chamada céu; pois S. Pedro a chama de material do céu firmamental e da Terra. De fato, Ezequiel assim descreveu a natureza e situação desses três céus em sua visão, capítulo 1... É, portanto, claro que toda a matéria no mundo não é nada além desses três céus, diferenciada de acordo com espessura e fineza, ou pureza e impureza.

CAPÍTULO TRÊS

Os três primeiros dias da Criação

... é provável que, antes de ter havido qualquer criação, o espírito divino tenha sido mandado adiante e pairado sobre as águas, e as circundado, fazendo três viagens circulares, e que cada uma dessas viagens circulares tenha produzido um dia espiritual e sobrenatural. Assim, ele constituiu o primeiro dia pelo primeiro circuito, no qual é finalizado o céu empíreo, e empurrou a escuridão um passo para baixo. Em sua segunda revolução, ele causou o segundo dia, durante o qual a escuridão foi empurrada mais um passo para baixo pela quantia dobrada de poder divino, e então a luz e o poder divino brilharam na região média, etérea, do Universo. Finalmente, durante sua terceira e última revolução, a escuridão foi empuxada um terceiro passo para sua distância final da circunferência em virtude da terceira aplicação do divino. Assim, o tabernáculo do único mundo foi completo, e todas as suas regiões, seus poderes e suas propriedades, produzidos pelo poder do Espírito Santo. Aqui esses três dias, medidos somente pela ação do Espírito Santo, chegaram a um fim, recordando o número de pessoas na Trindade, todas as quais foram ativas na criação do mundo...

CAPÍTULO QUATRO

A criação, natureza e operação da luz, e a constituição do céu empíreo...

O Senhor disse: "Faça-se a luz", e o céu mais alto, transbordando luz, foi criado no primeiro dia; pois os conteúdos desse [céu] não são nada além da mais essencial e espiritual matéria-luz, fabricada de uma grande quantidade de alma e um pouco de espírito altamente rarefeito; portanto, é chamado o espírito de fogo, e o empíreo [céu], ígneo e abrasador: isso, como Isadora diz, não é porque ele queima como o elemento fogo, mas porque ele está embebido completamente no esplendor e brilho da luz...

Então, a névoa e a escuridão dessa até então disforme e obscura região foram dirigidas de cima para baixo em uma curva espiral pela presença dessa força ígnea de criação... Portanto, esse céu, ou região sobrenatural mais alta do mundo, é a moradia da fonte de luz, uma espécie de terra pátria, ou terra nativa, na qual a luz primordial foi primeiro criada e localizada. Portanto, é chamado de fundação do mundo; e, como sua presença produz forma, ele satisfaz plenamente os desejos de toda a matéria nesse [céu]: pois é certo que a matéria que está nesse céu é muito fina e sutil, uma vez que é total e essencialmente ocupada em produzir formas; pois, de acordo com Aristóteles (*Metafísica* 4), onde quer que haja mais padrão, há menos matéria; conseqüentemente, a solidez da matéria significa escassez de padrão; para muitos, um padrão brilhante diligentemente rarefaz por suas atividades a parte mais pura da matéria do Abismo, retida nesse [céu] pela Vontade Divina, e faz sua substância se expandir, como é visto na arte da química, na qual, se alguma matéria grosseira, fechada em um frasco bastante grande, hermeticamente selado, tornar-se mais fina por um forte calor, suas porções rarefeitas naturalmente querem um espaço maior, então o vidro quebra, de modo que os vapores rarefeitos possam encontrar mais espaço.

Da mesma maneira, a matéria transparente desse céu, rarefeita por seu calor amigável, espalha-se amplamente. É por isso (de acordo com Basílio, *Hexameron*, Livro 2) que esse céu em particular se expande entre todos os céus.

Portanto, concluímos que esse céu é o mais nobre de todos em sua forma, verdadeiramente inimaginável, espiritual e puro, maior em quantidade que todos os outros por causa de sua matéria ter sido rarefeita, em qualidade mais brilhante e mais cheio de força ígnea, em ação mais ativo, sua coisa-luz se move mais rápido, o calor derivado de seu movimento é o mais gentil e moderado, amigável, não sendo nem abrasador nem destrutivo, mas conectado a todas as coisas inferiores pelos laços propriamente proporcionados, em um pacto pacífico, e essas ele conserva dentro de seu próprio espírito, que dificilmente pode ser imaginado por conta de sua fineza; ele vive e se move por si mesmo, sem atrair quaisquer corpos estranhos, desimpedidos pelo frio que naturalmente coexiste no mesmo ponto, e tem uma forma esférica que adquiriu tanto do movimento do Espírito nascido sobre a água como do poder e brilho procedentes daquele Espírito pela Vontade Divina. É chamado por nome de empíreo, ou ígneo (ver anteriormente). Também é chamado de sobrenatural, pois ultrapassa as leis naturais sendo natural em vez de substancial, e intelectual, porque não podemos vê-lo, pois é inteligível e perceptível somente por argumento *a posteriori*, ou ainda porque é cheio de anjos e inteligências.

CAPÍTULO SEIS

O céu médio, seus vários nomes e as razões para eles

A região média do Universo, criada no segundo dia, tem vários nomes por causa da ação da coisa-luz conforme ela se estendia para baixo; pois, tomada por si mesma, com respeito ao seu próprio material particular, é chamada de Espírito Médio, após a dispersão da escuridão: comparada ao céu superior, isto é, à coisa-luz, ou mistura de coisa-luz e espírito, é chamada éter: contudo, em comparação com os quatro elementos que apareceram e foram separados no terceiro dia, é chamada quintessência: por si, em sua própria substância como revelado no segundo dia, ela exibe as formas da água altamente rarefeita, e das névoas de vapor de água, nunca paradas. Por essa razão, os platonistas chamaram-na de Espírito Médio do mundo; no Capítulo 5, Livro 1, nós a chamamos de recipiente, aglutinador e veículo da Alma do mundo, no qual demonstramos a razão para esse nome. Por causa de esse espírito ser a banda ao redor da luz descendente da fonte do espírito, por cuja ação um calor vivificante natural é incitado, é chamado éter, que é resplandecente, pois, de acordo com Isadora, é perpetuamente brilhante e claro; ou é chamado ígneo, de acordo com Anaxágoras, que disse que tudo que queima deveria ser chamado éter, pois o éter não é nada além de ar no fogo, o que, na gramática grega, é derivado de *aitho*, que significa "eu queimo"; a atmosfera espiritual é, como se fosse, *ath-ear*, isto é, espírito flamejante...

Finalmente, é um elemento simples, exatamente como Aristóteles diz em seu livro *Meteoron*, no qual ele assevera que o éter não é nada além de um elemento simples. Assim, esse elemento simples logo precisa ser adicionado em número aos quatro elementos mais baixos para ser produzido na região mais baixa; daí os filósofos o chamarem quintessência...

CAPÍTULO SETE

A composição do céu médio

Conforme o empíreo foi criado no primeiro dia de uma única coisa, nomeadamente a coisa-luz, ele foi feito de três quartos do mais sutil fogo e um quarto do espírito mais altamente rarefeito; portanto, é completamente formativo, comparado às regiões baixas; e porque o fogo predomina nele, é chamado ígneo. Assim, a matéria nesse segundo céu, uma vez que é mais sólida que a daquele superior, primordial, é combinada ao seu padrão brilhante na proporção apropriada, de modo que sua matéria e sua forma sejam de igual peso na balança; daí ele ser composto de uma parte de luz tênue e ígnea, descendendo da fonte do céu empíreo pela membrana da Esfera Cristalina, e uma igual quantidade da ainda não formada, poderosa, Matéria Primordial, chamada Espírito. Também vemos Pitágoras assegurar isso quando escreve que a Lua, o Sol e o restante das estrelas são compostos de fogo e ar. Isso é também porque Artéfio, de acordo com os filósofos antigos, chamou essa região de céu da Igualdade, em cujo centro homens eruditos localizaram a região da alma. Disso parece provável que esse céu seja feito de dois quartos do Espírito Médio e a mesma quantidade daquela belíssima matéria, cuja alma brilhante está preparada para satisfazer o desejo de seu material espiritual, e preservá-la da mudança e deterioração...

A razão final é uma musical. Nota-se que matéria e luz nessa região média estão em proporções de um e meio para um, de modo que, quando a matéria ascende acima, e o padrão desce abaixo, nesse céu médio, ou éter, eles produzem o som harmonioso de um *diapente* (o intervalo de quinta)... [Ver Figuras 6, 7 e 8, pp. 138, 139, 140-1].

CAPÍTULO OITO

O recuo da dupla escuridão do céu médio na região mais baixa do Universo...

O poder e brilho do céu sobrenatural, descendo ao comando do Criador pelas aberturas, ou melhor, tetas da peneira de água, e caindo como que da fonte perene, espalharam com sua presença as negras neblinas dessa porção da matéria, e as dirigiram contra a região mais baixa, até aqui encoberta e invisível, e assim fez sua matéria visível, formada, pura, fina e rara, e muito melhor em perfeição e beleza que a substância do mais baixo céu. É, de fato, aquela essência brilhante jorrando em infinitos fluxos pequenos da fonte original supercelestial em toda a parte daquele mar celestial, como os antigos chamavam o éter... E essa luz, apesar de secundária, é tão cheia de força ativa e vivificante, que livra todo esse céu de sua imundície original e afasta a escuridão, fazendo-a deslizar em uma espiral abaixo para a parte mais baixa do Universo, como uma sombra medonha... Em uma palavra, é a essência secundária que se moveu por três dias após a criação do mundo, em vez do Sol, e no quarto dia, como Dionísio disse, ela se tornou a substância do Sol; é de fato ação, pura e simples, por meio da qual esse céu etéreo é mais habilmente adornado com fogos cintilantes; e por várias razões lá surgiram seus vários movimentos, de leste a oeste, e, de acordo com a latitude, chamados oscilações; e finalmente e mais necessariamente um calor benéfico foi aceso, amistoso à vida das coisas criadas...

... matéria nesse céu é mais densa que aquela no céu empíreo, portanto a luz trabalha mais fortemente nele, e ele resiste em igual medida e produz calor como efeito, para afastar o frio prejudicial, que é por natureza o companheiro invariável da matéria grosseira, e, outrora oculto, é agora revelado pela presença do calor. Como esse calor é mais intenso que aquele do céu mais alto, similarmente é muito mais moderado, fino e simples que aquele do céu mais baixo, pois ele segue o padrão de seu molde, de cuja atividade apenas resultou.

Portanto, concluímos que, exatamente como a matéria que está na forma desse céu, nasce de um pai imortal e é incorruptível, valorosa, exaltada e enobrecida por sua origem, soprando vida e alma nas criaturas mundanas e acariciando-as com sua luz, assim também o calor derivado de sua atividade e mobilidade é vivificante, natural, doce, gentil, moderado e incorruptível; o calor inato dos animais, vegetais e minerais bebeu dessa fonte, e sua chegada abençoada cria, aviva, aumenta e aperfeiçoa todos os corpos inferiores... É especialmente necessário para a existência continuada dos seres viventes que a luz de algum modo brilhe sobre eles à noite. Pois, de acordo com a doutrina de Hipócrates, se a vida das estrelas não temperasse a espessura do ar à noite, seus corpos e espíritos sufocariam; e mesmo assim essa influência das estrelas à noite não é notada, ou melhor, sua glória, espalhada por toda a parte, dificilmente é sentida, ou com dificuldade, exceto pelos olhos.

CAPÍTULO DEZ

O terceiro céu e seus vários nomes. "Por que é essa região de fundo chamada céu?"

Antes da ação da luz na terceira e mais baixa região do mundo, seus conteúdos eram uma espécie de sombra, ou fumaça escura, excessivamente espessa, não dotada de nenhum corpo visível, mas demarcada em alguma extensão pela densidade do seu material, que é mais espesso em direção ao fundo por causa da presença de luz e calor. Agora, após o terceiro dia, como a influência da luz foi se inclinando para baixo em direção à criação da terra ao redor de um ponto matemático, esse céu foi, eu digo, completado, e, como mencionado a seguir, filósofos antigos e modernos deram vários títulos a ele; pois alguns, desejando significar seu tamanho, o chamaram de "região sublunar do Universo", a respeito do espaço inteiro medido entre a superfície côncava do médio céu, ou esfera da Lua, e a superfície convexa do centro físico, ou Terra. Outros, pensando nos circuitos dos elementos, cujas substâncias preenchem a capacidade desse céu, chamaram-no de *região dos elementos*; contudo, nós previamente declaramos que os elementos superiores também preenchem os céus de alguma maneira; eles chamaram-no "sujeito ao decaimento" porque sua matéria é inclinada e disposta a desejar novas formas e renunciar às antigas.

Contudo, parece que pode ser céu por duas razões: pois ele é uma porção do céu falado pelo nome geral de "céu" dividindo a Terra do céu; e também, em vários lugares na Escritura Sagrada, pássaros são chamados de criaturas voadoras do céu, nos quais a palavra "céu" é mencionada em um sentido estreito, e não geral. Esse segundo título, portanto, torna certo que há quatro diferentes gradações nesse céu, distintas umas das outras pela presença de um grau maior ou menor de luz formativa de terceira ordem, fazendo-as mais finas, mais ativas, mais vivazes e mais leves, ou espessas, lentas, paradas e pesadas; pois a matéria subseqüente é da nobreza do padrão, quanto mais grosseira, mais impura, menos valorosa e mais obscura for – testemunha Aristóteles em seu livro *De Substantiis*, então é por isso que os quatro elementos, diferindo nos seus *habitat*, natureza, valor e perfeição, surgem. Essa é a verdadeira explicação da charada hermética, afirmando que nada é superior a menos que seja inferior, nem espesso a menos que seja fino, e a matéria escolhida do mundo é a mesma substância única por toda a parte. Sem dúvida, se a luz criada no primeiro dia pela Vontade Divina fosse mostrada, um filósofo provavelmente observaria o material do mundo retornar ao mesmo estado, pois todas as substâncias diferem umas das outras somente em sua forma e, enquanto elas existirem em uma condição, de modo que nenhuma parte da Hile seja maior, mais fina, mais espessa ou mais leve que outra, nem possa ser considerada fora de tom com o restante por causa de alguma propriedade diferente.

CAPÍTULO QUINZE

Do que os elementos mencionados são feitos

... por último, o espírito da escuridão na terceira e mais baixa região do Universo, que é de longe a mais densa e pesada de todas, sucede o espírito do éter na ordem natural, uma vez que é seu vizinho próximo; e, portanto, ele ocupa a região da água, e é chamado água, mas os fragmentos desse espírito que contêm qualquer porção da luz peculiar desse céu produzem minerais. Por essa razão os espíritos das trevas em retirada, perturbados pelo céu empíreo e pela região mais alta de todas, composta do elemento Fogo, e quando jogadas abaixo fora da região média, ou éter, escaparam e se tornaram o elemento Ar e, finalmente, quando eles foram expelidos da região inferior do céu, adquiriram sua natureza essencial de água.

Agora a terra é como o meio de tudo, o receptáculo de seus excedentes e (aqui eu concordo com os filósofos químicos) o *caput mortum* ou esterco de toda massa espiritual; seguida à sua espessura e sujeira está a água, que é como se fosse a parte mais servil do ar, como o ar é a parte mais servil do fogo, e fogo da quintessência.

Agora o seguinte é a extração química de uma substância: a melhor parte é a quintessência, erguida ao éter junto com sua alma, como descobrimos quando retificamos espíritos do vinho: a parte grosseira do espírito, chamada de água escaldante, é destilada na seqüência, na qual há, como se fosse, três partes de quintessência e uma de fleuma, aproximadas à parte mais densa do espírito das trevas no céu médio constituinte do elemento fogo. Após isso [se] segue aquele líquido fraco comumente chamado *Aqua Vitae*, no qual há duas partes de espíritos ou vinho, e o mesmo número de água, que é comparado ao elemento ar, e finalmente o fleuma é destilado, no qual quase não há espírito algum, mas é todo um muco aquoso, no qual o elemento água é coletado. Além disso, os refugos ou *caput mortum* de tudo isso, encontrados ao fundo do frasco, podem não impropriamente ser aproximados do elemento terra. A maneira maravilhosa na qual a Natureza trabalha, selecionando e purificando o material dos elementos e colocando-os em ordem, é então claramente demonstrada...

III

DECLARATIO BREVIS DE ROBERT FLUDD A JAMES I

UMA BREVE DECLARAÇÃO DEDICADA AO MAIS SERENO E PODEROSO PRÍNCIPE E LORDE, LORDE JAMES, REI DA GRÃ-BRETANHA, FRANÇA E IRLANDA, DEFENSOR DA FÉ

NA QUAL A SINCERA INTENÇÃO DE UMA CERTA PUBLICAÇÃO É EXPLICADA MUITO CLARAMENTE A VOSSA MAJESTADE REAL PELO PRESENTE AUTOR, ROBERT FLUDD, ESCUDEIRO E DOUTOR EM MEDICINA, O MAIS LEAL SÚDITO DE VOSSA REAL MAJESTADE

CONTEMPLAI, MAIS SERENO rei, que eu... trouxe ao auspicioso mandato de Vossa Majestade a sua derradeira conclusão: compus, conforme vossa graciosa sugestão, uma declaração, não uma apologia... [e] de antemão peço perdão se eu... for culpado de qualquer erro problemático ou estilo impolido. Pois quem, compreendendo a profundidade do julgamento de Vossa Majestade, não se desinclinaria a dedicar seus livros ou escritos a ele [se contivessem erros] ou [sujeitá-los] ao seu escrutínio, por cujos olhos... ele examina cada canto de um escritor ou orador, e imediatamente descobre aqueles erros nos trabalhos de outros que não são... percebidos pelos próprios autores.

Mas, de fato, Vossa Majestade ordena, e meu senso de obediência impele que alguma coisa seja publicada para os olhos de Vossa Majestade, de onde a face da verdade será revelada com o véu da dúvida removido, e assim possa obter os mais desejados agradecimentos de Vossa Majestade. Mas meu zelo perante Vossa Majestade me impele a palpitar confortantemente as receptivas orelhas de Vossa Majestade com a calma sussurrando a verdade.

Primeiro, começarei a dispor para Vossa Majestade a linha de raciocínio de meu *Tractatus Apologeticus* publicado de modo que daqui em diante toda fantasia de inovação religiosa ou suspeita de heresia possa ser banida para sempre, e que a justa intenção de minha mente na publicação deste trabalho possa ser mais fácil e claramente conhecida por Vossa Majestade. Portanto, em primeiro lugar, Vossa Majestade, ele não trata de inovação religiosa nem compartilha de sequer uma iota de qualquer heresia, visto que eu, o autor daquele trabalho, aderi firmemente a essa religião reformada (que é agora costume entre nós) desde minha infância, e de fato praticamente desde o tempo em que me deitei no seio de minha ama na Inglaterra bem no começo de minha vida e até o presente dia; e reconheço e confesso na presença de Deus e de Vossa Majestade, do fundo do meu coração, que continuo um homem perfeitamente casto.

Em seguida, é bem sabido que minha apologia defendendo os Irmãos da Rosacruz dos ataques de D. Libavius, antes de tudo pertence particularmente aos impedimentos das Artes, as quais estão em estado de declínio, e o método para revivê-las; e então depois considera as maravilhosas qualidades da Arte e da Natureza com argumento filosófico e pelo uso freqüente de afirmações dos antigos. Além disso, é reconhecido até pelos alemães, católicos bem como luteranos (entre os quais se diz que os irmãos vivem), que essa escola de filósofos abraça firmemente a religião calvinista, exatamente como é direito inferir destas linhas extraídas de uma certa carta enviada por um amigo meu de Frankfurt:

> A Fraternidade Rosacruz foi atacada por tantos escritores alemães, e é claramente rejeitada por eles, enquanto eles pensam que a teosofia dos irmãos é a teologia dos calvinistas, etc.
>
> Teu mais fiel amigo,
>
> Justus Helt[41]

Além do que, até mesmo os próprios irmãos confirmam em sua confissão que eles professam a religião reformada da Alemanha. Disso, portanto, é suficientemente evidente para Vossa Majestade que nem o motivo de inovação religiosa nem a afeição por alguma heresia influenciou-me a publicar o *Tractatus Apologeticus* e tê-lo distribuído publicamente. Conse-

41. A identidade de Justus Helt não foi determinada.

qüentemente, a respeito da razão pela qual publiquei esse *Tractatus* em favor da Fraternidade, eu exporei abertamente para os justos olhos de Vossa Majestade a integridade de meu coração e a verdade do próprio assunto, e com o número de palavras reduzido a um mínimo, claramente mostrarei aqui de tal maneira que Vossa Majestade não terá mais quaisquer dúvidas sobre minha fé em Deus e Vossa Majestade e na terra pátria.

Há duas esporas me excitando ao entendimento de uma familiaridade com esses celebrados filósofos: a revelação da verdadeira base da filosofia natural, comumente desconhecida dos dias de hoje; e a descoberta do profundo segredo da Medicina, tão celebrado com louvores pela teografia e pela filosofia; essa Fraternidade Rosacruz professa possuir esses dois dons de Deus e da Natureza (Sua serva) nas seguintes proposições:

Proposição I

A verdadeira Filosofia, comumente pensada como nova, que destrói a velha, é a cabeça, a soma, a fundação e a abarcadora de todas as Disciplinas, Ciências e Artes. Essa verdadeira filosofia, se contemplarmos nosso mundo, conterá muito da Teologia e da Medicina, mas pouco da Jurisprudência; ela investigará diligentemente céu e terra e, por suas imagens, explorará, examinará e retratará suficientemente o homem, que é único.

Proposição II

Somos capazes de mostrar algumas verdades modestas e coisas úteis ao nosso país, pelas quais essas várias doenças podem ser curadas. Essas verdades não são para se divulgar de uma maneira comum que é incerta e inconstante, mas por um novo modo, desconhecido do mundo, que é mais certo e infalível.

E, assim, essas proposições companheiras têm sido as duas lâmpadas para minha mente, que é muito ávida por sabedoria, e, digamos, têm sido aqueles dois luminares abençoados, Cástor e Pólux, por cujos lampejos se acendeu em mim um grande desejo de compreender esses homens muito eminentes em caráter e em suas promessas. E, de fato (em minha opinião), essas proposições são suficientes para qualquer espírito curioso merecedor de ser inflamado pelo fogo da compreensão, cujo espírito em tempos passados experimentou a noção leprosa da Filosofia e da Medicina e suas inconstâncias.

Além disso, se Vossa Majestade considerar meritório ler sobre as vidas de todos os mais distintos filósofos e mais habilidosos médicos (nominalmente entre os filósofos, Platão, Pitágoras, Tales de Mileto, Aristóteles, Anaxágoras, Empédocles, Orfeu, Apolônio de Tiana, Hermes Trismegisto, e muitos outros), vós certamente descobrireis que todos eles, para o bem do estudo e da erudição e para tornarem-se participantes dos mistérios da filosofia divina, fizeram longas e laboriosas jornadas por quase todo o mundo civilizado, à maneira dos peregrinos, com o propósito de visitar os sábios da Etiópia, examinar os mistérios dos altos clérigos egípcios e para buscar os enigmas dos hieróglifos, bem como os segredos das inscrições e entalhos na pirâmide de Mênfis. E eles até se aventuraram às regiões orientais do mundo, para lá se tornarem completamente eruditos na doutrina das coisas naturais dos magos ou sábios da Babilônia, Pérsia e Índia.

Daí veio que, por adquirir o título imortal de divindade de alguns desses sábios, eles são chamados divinos até por cristãos, uma vez que reconheceram a Trindade não apenas de Deus, mas também das Pessoas não criadas. Nesse número, Platão e Hermes são considerados em particular. Também Vossa Majestade descobrirá que, entre os médicos, Apolo, Esculápio, Quiron, o Centauro, Hipócrates de Cós, Crícipo de Sicília, Aristrato da Macedônia, Eupérices de Trinácria, Herósilo de Rodes, Galeno e muitos outros homens que foram muito eruditos e excelentes em Medicina também viajaram por muitas nações do mundo para o bem de adquirir experiência em filosofia e Medicina. Eles percorreram todos os cantos do mundo conhecido para descobrir os mistérios escondidos da filosofia e da Medicina pela procura e por exaustivo exercício; e, acima de tudo, visitaram o celebrado templo de Diana em Éfeso para que pudessem contemplar os registros médicos lá preservados.

Uma vez que finalmente tivessem se provido com sabedoria, enriquecido e enobrecido por suas experiências, retornaram às suas terras natais e foram tidos na melhor estima e honra por seus iguais por causa dos milagres que providenciaram. E também ocorreu que alguns deles (sobre os quais as pessoas prestaram honras divinas e adoração, e para os quais fizeram imagens gravadas e estátuas, a saber, Apolo e Esculápio) foram tidos como deuses para o mundo pagão. Similarmente, Eupérices e Herósilo foram tidos por seus iguais como semideuses. Assim também Hipócrates e Crícipo adquiriram dos gregos as honras mais altas como santificados e salvadores do corpo. E, apesar de que essa superstição pagã daqueles tempos deva ser tida por nós cristãos como abominável, todavia nunca seremos capazes de admirar e louvar suficientemente os extraordinários dons e mistérios arcanos desses distintos médicos, capazes de erguer tão notável admiração mesmo nos corações e nas mentes do povo bárbaro e incivilizado.

Permita-me concluir a primeira parte da presente declaração, por assim dizer, com uma palavra, visto que sou consciente de quão precioso cada momento do tempo é para Vossa Mais Serena Majestade, tendo em vossa mão tantos assuntos de grande importância; e eu temo que um discurso, cansativo a vós, seja mais comprido que esse vil assunto; mas eu digo que muitos segredos maravilhosos movem-se ocultos no repositório da Natureza, que nem mesmo nos dias de hoje foram revelados a nós. E, uma vez que o honroso e justo inquirimento desses mistérios da Natureza ainda não foi em qualquer era proibido ou interditado para o filósofo e médico, eu, que professo ser um filósofo e médico (apesar de não o mais distinto), decidi oferecer essa minha breve declaração para Vossa Mais Venerável Majestade (mesmo se não tivesse sido impelido a fazê-la por sua graciosa sugestão), de modo que possa dar satisfação a Vossa Majestade sobre o raciocínio do meu *Tractatus Apologeticus* previamente publicado e, assim, após a obtenção da boa graça e do favor de Vossa Majestade, eu possa viver feliz entre minhas musas, animadamente e livre de inveja, cheio afinal da mais inesperada alegria.

De fato, a respeito do que é importante no meu *Macrocosmos*, eu poderia escrever um volume bem grande (que eu sei que seria cansativo para Vossa Majestade ler) em defesa de cada parte dele. Mas, entre todas outras coisas, aqui revelarei a razão por que dediquei meu livro a Vossa Majestade. Reconheço que dediquei esse livro especialmente a Deus, meu Criador, porque é por meio dele que atuo nesta terra, respiro, vivo e possuo todas as coisas que apreciamos nesta vida. É certo assim que qualquer bem iniciado ou completado por nós tem de ser particularmente graças a Ele. Então, em segundo lugar, dediquei esse livro a Vossa Majestade porque, imediatamente após Deus, reconheço que o zelo dos homens e todos os seus esforços devem proceder para a honra de Vossa Majestade. Conseqüentemente, considerei que a mim foi permitido depender de vossa régia graça e gentileza em tal grau que, como recompensa por tantos estudos na alta madrugada ou tanto trabalho, esperei acima de tudo a graça e vista favorável de Vossa Majestade.

Além disso, a partir de uma carta enviada por um certo amigo, percebi que havia alguma controvérsia entre o indivíduo a quem confiei esse volume na Inglaterra[42] e o gravador e impressor[43] a respeito da dedicatória do meu trabalho. Enquanto o primeiro pretendia assinalar a honra de meu livro e trabalho ao *landgrave* de Hesse, os últimos indivíduos de fato pretendiam assiná-la ao conde Palatine, príncipe deles mesmos, e (como aqui tenho algumas testemunhas para esse assunto) finalmente fui compelido a transmitir, inesperadamente, aquela dedicação dupla, nomeadamente a Deus e a vós, meu rei, de modo que pudesse absolutamente proibi-los de assinalar esses meus trabalhos a qualquer mortal, exceto ao meu rei somente, a quem reconheço que devo o que é meu. E essa é a razão por que eu, um adotado, escolhi-o sozinho em preferência a qualquer príncipe estrangeiro como meu mecenas e patrono, não por qualquer presunção, mas induzido por um amor a Vossa Majestade, que é muito mais merecedor do que aqueles que vos teriam substituído. Mas, para que Vossa Majestade possa perceber que não fiz isso precipitada ou indiscretamente, será bom para Vossa Majestade saber que recebi diversas cartas da Alemanha informando-me de que homens letrados, particularmente daquele país, e os eruditos de to-

42. Muito possivelmente Michael Maier. Ver Introdução.
43. Johann-Theodor de Bry e Hieronymus Gallerus em Oppenheim. Ver Introdução.

das as profissões de fé, tanto papistas como luteranos, bem como calvinistas, louvaram muito além dos meus méritos esse volume e parecem aprovar meus trabalhos unanimemente. Daí, considerando que ninguém no mundo inteiro foi mais merecedor da honra e dedicatória desses meus trabalhos, que ganharam tanta aprovação dos eruditos, que Vossa Majestade, meu próprio rei, que é bastante distinto nas ciências e nas letras; a ele especialmente, antes de todos outros, de boa vontade e com prazer dediquei esses meus trabalhos. E apesar de parecer faltoso e indecente louvar a si mesmo e recomendar seus próprios trabalhos, todavia, humildemente peço que Vossa Majestade não me atribua o encargo de vanglória se, por testemunho de estrangeiros, eu precise proteger minha reputação, que está em jogo neste meu trabalho – o *Macrocosmos* – perante Vossa Majestade, e precise defender a sinceridade de meus escritos. Portanto, para o bem da brevidade, considerei ser digno colocar ante os olhos de Vossa Majestade somente as porções relevantes das cartas enviadas a mim de países estrangeiros, a menos que o testemunho daqueles previamente mencionados por mim pareça ser forjado ou sem valor. Portanto, primeiro eu suplico a Vossa Majestade que não rejeite a informação de que o gravador-impressor, antes de ele querer se encarregar desse meu *Macrocosmos*, estava ansioso para conhecer as opiniões de muitos homens letrados, tanto papistas e luteranos como calvinistas, e para descobrir seus sentimentos em relação e esse volume. De acordo, é possível ver isso de uma parte desta carta:

> A respeito de seu grande volume, antes de que o impressor quisesse se encarregar dele, ele o mostrou a muitos outros eruditos, que de fato louvaram grandemente seu trabalho: além disso, ele até o mostrou aos jesuítas que vieram aqui em grande número na época da feira [do livro], e eles adicionaram seu próprio selo de aprovação, com uma exceção: eles sentiram que o trabalho seria mais digno de publicação se o tópico sobre Geomancia fosse apagado, que eles, como tu sabes, condenam de acordo com sua religião. Mas nós não consideramos que esse julgamento deles seja da menor importância, etc.
>
> 20 de abril:
>
> No ano de Nosso Senhor 1617
>
> Teu maior devoto,
>
> Justus Helt[44]

44. Essa parte da carta de Helt também foi incluída em "Uma chave filosófica", fols. 12 v -13, com a tradução de Fludd para o inglês: "Ao tocar seu grande volume, antes do impressor ter se encarregado dele, ele o mostrou a muitos outros homens eruditos, que muito recomendaram seu trabalho. Também fez os jesuítas familiarizarem-se com ele, que em número recorriam à feira de Frankford [Frankfurt], adicionando também a espora deles às vossas ditas recomendações, que, com exceção de somente um[a] coisa, foi um trabalho muito digno de edição, nomeadamente se a Geomancia fosse omitida; ciência a qual (como tu sabes muito bem) eles tomam por erro para o bem de sua religião: mas nós não estimamos esse último julgamento deles".

No mesmo ano, recebi pelas mãos de um certo estrangeiro, completamente desconhecido de mim, outra carta escrita por um certo homem muito erudito; eu coloquei aqui para vossos olhos reais uma parte que pertence aos meus escritos:

> Pela exibição a todos os homens de um belo exemplo de seu gênio, estudo e diligência, tu certamente fazes o que cabe a um bom homem e filósofo. E certamente é mais racional que todos os bons homens devam ter em alta estima, mesmo os ignóbeis que são adornados com todo tipo de erudição, mas particularmente aqueles que são distintos pela modéstia da mente, temperança, a verdadeira religião e piedade. Não há muito sobre o que eu pudesse escrever para ti, pois é provável que já saibas bem. Pela distinção da harmonia da música mundana, tu professas ter muita prática e experiência; e isso é talvez não sem merecimento, etc.
>
> 19 de dezembro de 1617
> Muito dedicado a ti,
> Du. Bourdalone[45]

Adicionalmente, recebi uma nota escrita por um certo distinto doutor da Alemanha, uma parte da qual inseri aqui:

> Teus escritos sobre filosofia arcana são muito bem aprovados por seus mais profundos seguidores. Teus trabalhos, portanto, também constituirão coisas adicionais que pertencem ao *Macrocosmos e Microcosmos*, e levarão ao centro último das coisas. Pois, sem dúvida, tu darás uma oportunidade a outros filósofos ocultistas mais para se adiantarem no fórum público, de modo que, pelo menos quando essas forças estiverem assim juntas, nesta era saturnina, será possível para nós, os inquiridores, investigar, com olhos abertos, o céu e a terra, bem como toda a Natureza despida de seus trajes, etc.

Feito em Anhalt
31 de dezembro de 1617
Teu maior observador
Matthias Engelhart
Filósofo e Doutor em Medicina em Anhalt[46]

---

45. O lorde de Bourdalone foi o secretário-chefe de Charles de Lorraine, quarto duque de Guise. Fludd refere-se a Bourdalone como *amicus meus*, e foi provavelmente o nobre secretário que arranjou para que Fludd ministrasse aulas ao duque e a seu irmão (ver Introdução). Fludd, *Anatomiae Amphitheatrum*, p. 233, tradução para o inglês em WEBSTER, John. *A Displaying of Supposed Witchcraft*. London: Jonas Moore, 1677, pp. 319-20.

46. Matthias Engelhart foi o médico da cidade de Aschersleben, localizada entre Magdeburgo e Halle na Saxônia. Aschersleben foi a cidade construída adjacente ao trono antigo dos príncipes de Anhalt. Fludd incluiu a tradução dessa carta em "Uma chave filosófica", fols. 19-19 v: "Teus escritos são muito bem aprovados pelos mais interiores e afeiçoados dos

Disso é possível, para Vossa Majestade, perceber que até mesmo minha história médica foi muito bem recebida e aceita pelos investigadores da filosofia química. Esse muito distinto doutor dá excelente testemunho desse assunto. Também, para o mesmo propósito, eu recebi outra carta de um certo doutor da lei, em francês, essa pequena parte da qual eu, seu mais leal súdito, selecionei para Vossa Majestade:

> Por favor, medi minha afeição para efeito de minha devoção que, sendo levantada primariamente pela admiração por sua nobre mente, avançou não apenas pela consideração contínua daquele que está em teus tratados e trabalhos; a parte mais rica do qual, à maneira do sol nascente, agora lança teus raios em nossa Alemanha, como tua luz faz por todos os lugares dos mais eruditos da Europa.
>
> Teu mais grato amigo e servo
>
> De Viena, 3 de fevereiro — Jean Balthasar
>
> no ano de 1618 — Ursin Bayerius[47]

E, apesar de que pudesse oferecer a Vossa Majestade muitos testemunhos similares selecionados de cartas de outros que escreveram muito bem a meu respeito e dos meus trabalhos, para o bem da brevidade todos os outros foram omitidos; somente por esta nota de um muito distinto alemão e professor primário da nova Universidade de Giessen na Alemanha eu devo impor um fim a esta minha declaração a Vossa Mais Serena Majestade e à defesa do meu trabalho, o *Macrocosmos*. Sua carta é como se segue:

> Dependendo do elo comum do estudo de filosofia e Medicina, pelo qual nos ligamos apesar de separados por grandes distâncias, tomei a ventura de te escrever esta carta, mais nobre e excelente senhor, patrono muito digno de honra, particularmente desde que uma oportunidade foi dada pelos presentes candidatos a Medicina, que até agora foram meus convidados em casa, etc., e partiram de nossa universidade com a finalidade de prestar respeitos à sua Inglaterra e particularmente a ti. Além disso, como teu nobre trabalho, o *MACROCOSMOS* (que publicaste com a imortalização do teu nome), suficientemente e até mais dá

---

que buscam a filosofia mística e secreta. Será, portanto, da tua inteira competência publicar o restante, que pertence tanto ao grande como ao pequeno mundo; pois assim fazendo tu mostrarás a outros filósofos secretos e reclusos o caminho para aparecer abertamente e mostrar-se ao mundo para que, desse modo, todas as suas forças sendo assim unidas, seja-nos finalmente permitido (os diligentes que procuram a Natureza) até nessa era saturnina conhecer céu e terra, e então abrir e descobrir essa natureza universal, que está mascarada na escuridão".

47. A identidade do escritor dessa carta não foi determinada.

evidência de benevolência singular e vontade de ajudar todos os homens letrados a tal grau que não duvido que tu também estejas com muita vontade de favorecer os presentes jovens eruditos.[48] De acordo com Cícero, é uma virtude amar aquilo que é invisível, mesmo como agora acontece a ti entre todos os homens bons. Pois quem não recomenda tua habilidade singular na investigação das coisas,[49] quando tu recordares do inferno, por assim dizer, o verdadeiro princípio das coisas, do qual Hipócrates dos dias antigos em algumas partes tratou pouco claramente, e Paracelso dos dias recentes lidou com superficialidade; além disso, tu tens uma reserva em refutar as opiniões dos outros que é rara entre nós. Apenas continua, digno senhor, não suprimas a descrição do microcosmos, cujo título não promete coisas vulgares, completes o monumento eterno ao teu nome tal que seja feito com felicidade; e eu rezo para que vivas por um tempo bem grande e com boa sorte. Escrito apressadamente na nova Universidade de Giessen em Hesse.

10 de agosto de 1618
Teu maior devoto
Gregor Horstius
Doutor em Medicina
Professor Primarius e
Médico-Chefe do
Príncipe Ludwig de Hesse[50]

48. Em sua tradução em "Uma Chave Filosófica", Fludd muda essa linha para "esses dois jovens eruditos". Ver nota 50.
49. Aqui na tradução de Fludd se lê "inquisição dos mistérios naturais". Ver nota seguinte.
50. Gregor H. Horst (1578-1636) foi sem dúvida o mais estimado e famoso daqueles cujas cartas Fludd incorporou na *Declaratio*. Ele recebeu seu doutorado em Medicina de Basel em 1606 e tornou-se professor de Medicina em Wittenberg. Em 1608, o *landgrave* de Hesse chamou-o para a Universidade de Giessen e o tornou seu médico pessoal. Horst abdicou de seu professorado em 1622 para tornar-se o novo médico da cidade de Ulm, onde ele continuou até falecer. Em seu tempo, desfrutou de uma grande fama. Publicou numerosos livros, a maioria médicos, e seus contemporâneos o exaltaram como o "Esculápio alemão". Ver HIRSCH, August. *Bibliographisches Lexicon*, 2ª ed., 5 vols. Berlin e Vienna: Urban and Schwarzenberg, 1929-34; vol. 3, p. 304. Fludd também incluiu a carta de Horst em "Uma chave filosófica" (fols. 10-1), traduzida por ele: "Digno senhor e meu muito respeitado amigo (dependendo do elo comum do estudo de filosofia e Medicina, pelo qual nós (estando de outra maneira separados de lugar por uma grande distância) estamos unidos juntos), pensei adequado neste momento te escrever, nessa ocasião especial sendo oferecido por esses presentes candidatos a Medicina, que têm sido meus convidados em casa, etc., que saíram de nossa universidade com o propósito de ver a Inglaterra, e principalmente te saudar. E como seu notável trabalho do grande mundo (que tu publicaste com a eternização perpétua de teu nome) expressou abundantemente vossa boa vontade singular e amor para

Certamente, da carta anterior desse homem muito celebrado fica óbvio o suficiente que minhas opiniões não são novas, mas, ao contrário, são as mais evidentes explicações e mais claras demonstrações dos segredos da Natureza que foram encobertos ou escondidos pelos filósofos antigos sob a aparência de charadas alegóricas e enigmas. Em meu próprio interesse e desse meu livro, eu poderia mencionar muitas outras coisas plenas da mais profunda prudência, conhecimento e julgamento, que, para não oferecer tédio às orelhas e aos olhos de Vossa Majestade, omitirei, visto somente com que estou satisfeito que o brilho da escrita desses outros eruditos mostrará a medida da aprovação dos trabalhos correspondente à boa vontade deles, e deixará claro a Vossa Majestade as suas opiniões sobre meu volume, o *Macrocosmos*, por essa sincera (chamada) declaração.

Analogamente, ó Mais Sereno rei, humildemente confio minha causa à distinta sabedoria e singular bondade de Vossa Majestade, bem como vosso julgamento e justo governo, que estão cheios e adornados com profundo conhecimento. Vossa Majestade, que, pela declaração de evidência proeminente de sua prudência e justiça, certamente informa todos os homens que, apesar de Astréa (aquela casta e virgem deusa da Justiça), ao abandonar a iníqua Terra, ter nascido ao longe em asas sublimes, ascendeu ao palácio portador de estrelas dos céus, portando as balanças da Justiça; todavia, ela, movida por piedade perante nós mortais bretões, deixou para trás sua progênie, descendente, ou por assim dizer, sua própria prole imperial, que sempre julgará corretamente a respeito dos assuntos políticos disputados e governará com bondade; e, de fato, em quem as conspícuas dádivas da sabedoria estão tão firmemente enraizadas, e tão profundamente implantadas, que, exatamente como ele mesmo resplandece com o desejo real de exercer justiça, ele é provido com o instinto da Natureza de dar julgamentos e é assim bem preparado no coração para decidir o que quer que esteja em dúvida, dado que seu estudo e conhecimento o tornaram capaz de qualquer coisa.

---

os tais que são eruditos: então não duvido, mas que tu prontamente favorecerás e ajudarás esses dois jovens eruditos. Cícero diz que é o ato da virtude amar aquelas coisas que não vemos, como acontece contigo entre todos os homens bons. Pois quem não recomenda tua indústria singular na busca e inquisição dos mistérios naturais, observando, que tu recusaste como se saíssem do buraco do inferno aqueles princípios verdadeiros, que Hipócrates, há muito em algumas partes de seus trabalhos, e Paracelso, dos dias mais tardios, lidaram apenas superficialmente; usando aquela modéstia em refutar as opiniões dos outros, que é rara e apenas escassamente encontrada entre outros homens. Vai em frente, então, digno senhor, e não suprimas a descrição do pequeno mundo, cujo título promete coisas que não são vulgares, e por tais meios finaliza o eterno monumento de teu renome que tu podes completar com felicidade – vive feliz".

Ó Mais Sereno rei, dotado de graça inefável e majestade, o inesperado esplendor de sua graça e aparência serena de Vossa Majestade me moveu, vosso servo obediente e mais indigno súdito, e excitou imensa alegria em mim; portanto, humildemente peço que Vossa Majestade, com a mesma graça e grande riqueza de mente, não desista de completar aquele trabalho mais pleno do amor divino, enquanto eu, voltando todos os esforços de minha vida e estudos para o louvor de Deus e honra de Vossa Majestade, não cesso de derramar orações ao Criador para o bem de sua segurança e do reino, e o sucesso em cada empreitada. E, de fato, que haja louvor, honra e glória para sempre para meu rei e meu Criador, que é tanto eterno como necessário para manter a vida.

FIM

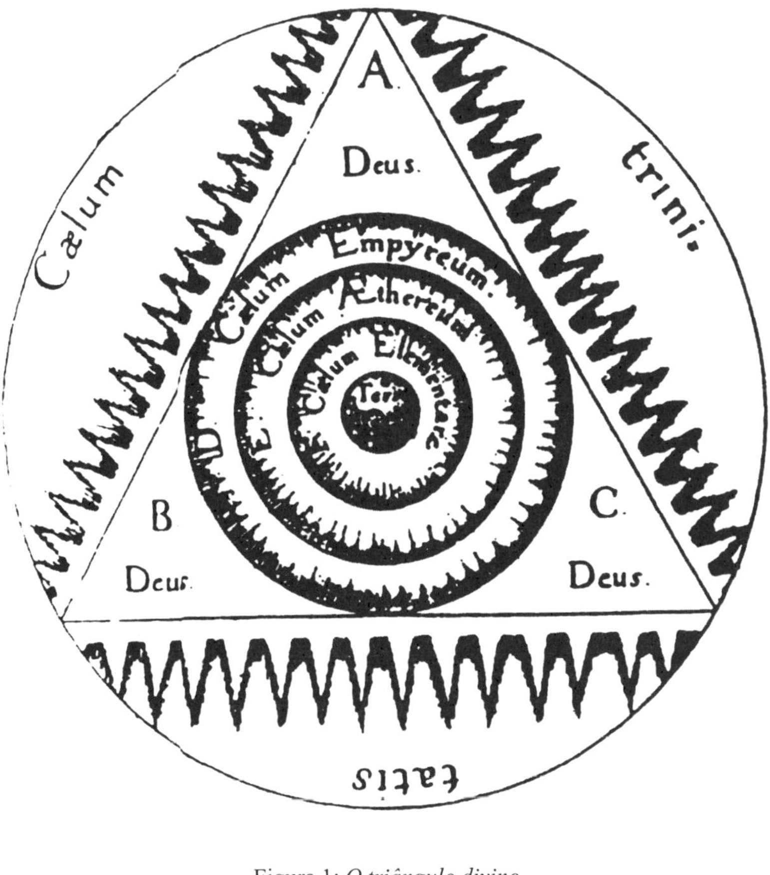

Figura 1: *O triângulo divino.*

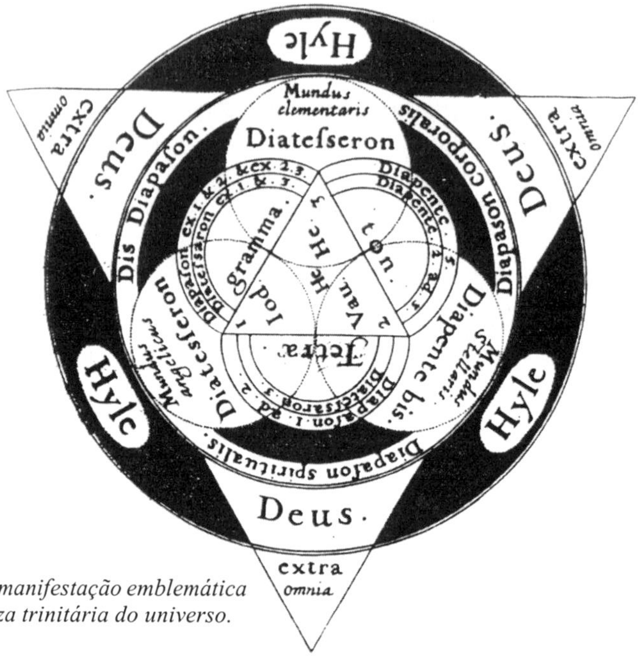

Figura 2: *A manifestação emblemática da natureza trinitária do universo.*

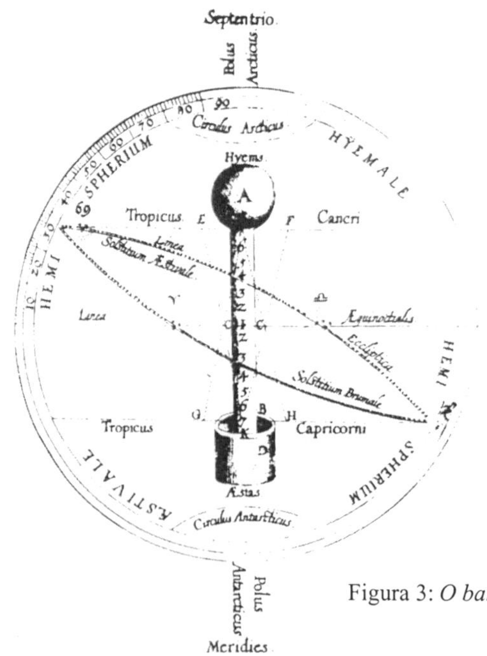

Figura 3: *O barômetro mostrado em relação ao mundo.*

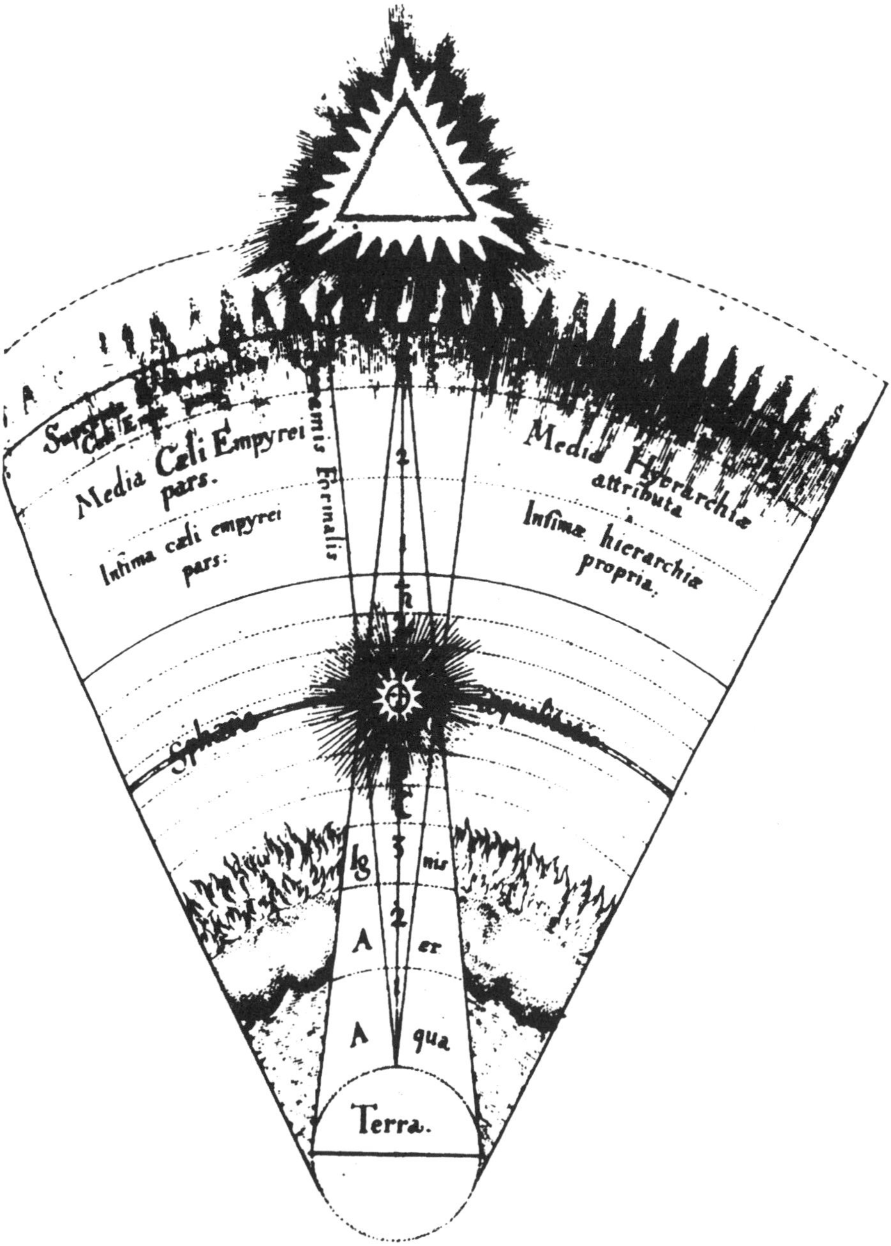

Figura 4: *Os três céus e as pirâmides interpenetrantes da forma e da matéria.*

IV

O CORAÇÃO DA MATÉRIA: "UMA CHAVE FILOSÓFICA"

Para o mais alto e poderoso
Rei, e meu temido Senhor e Soberano,
JAMES, pela graça de Deus
Rei da Grã-Bretanha,
França e Irlanda, etc.,
longa vida, feliz reinado e prosperidade eterna.

Mais alto e poderoso rei, eu, vosso pobre súdito, tendo averiguado a afluência da costumeira generosidade de Vossa Mais Sagrada Majestade ao contemplar-me com o olhar de vossa favorável bondade, que me deixa seguro tanto neste meu tratado experimental em inglês como no meu discurso filosófico em latim, para eleger e escolher Vossa Mais Excelente Majestade (que supera em literatura a escolha de qualquer assunto, excede em justiça e julgamento todos os magistrados desta nossa era e cuja sabedoria não tem paralelo com qualquer príncipe ou potentado a respirar agora) para meu melhor patrono e digníssimo mecenas, para que à sombra de vossa mais real asa (como sendo protegido e coberto por um broquel certo e rocha de defesa) possa me escudar dos talentos das harpias e comportamentos invejosos do mundo. Que eu também presumo ameaçarão muito, pois isso contém (digamos) a chave para destrancar e abrir o significado daquela Filosofia Macrocósmica e Microcósmica, que anteriormente vos dediquei, Majestade. Contente-o, portanto (muito humildemente vos imploro), com vosso costumeiro favor, e enriqueça-o com vossa mais graciosa aceitação, que para sempre viverá e morrerá

Triplamente humilde e mais leal súdito de

Vossa Majestade

Rob:Fludd

AO LEITOR

Estou certo de que não te é desconhecido (cortês leitor), mesmo de tua infância, quão estranha e variadamente os temperamentos dos homens são dispostos, visto que alguns deles são ornados com ambição, outros arraigados em ciúmes, muitos se afligindo na inveja e, acima de tudo, estrangulados pela dissimulação; e, por assim dizer, afogados e sufocados na vaidade da vontade própria, deixando somente poucos para erigir um troféu ou monumento eterno para a virtude e para abraçar a Justiça, trilhando nos passos sinceros e nas partes modestas da Temperança...

E quanto a mim, apesar de ter sentido a mesmíssima influência perniciosa da inveja em muitas das minhas ações, ainda sorri secretamente comigo mesmo e me alegrei em pensar que minha consciência interior... me alivia e conforta, justificando-se como ao mesmo tempo ignorante das tachações injuriosas dos homens e rumores imaginários... mesmo assim respirei em silêncio... Mas, percebendo a colheita da dama Caridade estar mais sufocada pelo joio não proveitoso e infrutíferas tachas... considerei mais conveniente nesse momento quebrar meu costumeiro silêncio, e com minha pena satisfazer às dúvidas dos homens, que são tão rapidamente propensos a acreditar onde nenhuma razão é produzida para o contrário.

E agora os ferimentos frescos e recentes de uma certa tola e pobre apologia minha (escrita contra D. Libavius, bem como para colocar minha ansiosa e inábil perspicácia a julgar que matiz eles portariam no mundo, bem como para insinuar nesses conhecedores de eruditos e famosos teosofistas e filósofos, a Fraternidade Rosacruz, em cuja defesa foi por mim escrita)... daqui procede que, saídas da medula daquele livreto, essas vãs delusões e quimeras da suspeita de fato flutuam entre os homens... Pois a verdade... percebeu que os maiores acusadores de minha apologia foram em sua maioria tais, que menos penetraram na essência e segredo do seu assunto, muito menos censuraram o significado de suas linhas por meio da inquisição devida: pois assim muitos deles (sendo questionados) confessaram ingênua, voluntária e literalmente que nunca a leram ou viram, mas somente ouviram falar. Isso não caracteriza verdadeiramente (justo leitor) uma inveja? Alguns deles por outro lado a leram, mas, não entendendo a décima parte dela (como por justo inquirimento ela foi plenamente verificada), suspeitaram de minha religião; alegando que as passagens da

Escritura produzidas por mim são falsas e erroneamente citadas e estranhamente deturpadas de seu sentido verdadeiro, portanto não têm base que justifique continuadas críticas, que minha filosofia é tão espúria quanto corrupta, bem como também minha teosofia é indireta. Não é esse, digo, um argumento infalível de ignorância maliciosa?

Outro cavalheiro erudito e bem entendido, que, asseverando ter lido minha apologia diversas vezes, não se meteu a afirmar para que eu mesmo ouvisse que absolutamente e sem exceção sustentei as asserções da Fraternidade Rosacruz, até que tivesse produzido para sua vista essas advertências e exceções expressas naquela minha apologia, fol. 6: Esses homens sem dúvida (se forem livres de superstição diabólica, etc.); e fol. 9: Todo motivo de suspeita deve ser eximido deles (se eles falam de boa-fé e como pensam); e fols. 15, 16: Que sendo propriamente considerados, encontramos muitos testemunhos do Espírito Santo nesses confrades (se seus feitos concordam com suas palavras); e muitas outras passagens por toda a lista de meu livro que produzi, que facilmente o satisfizeram e o fizeram reconhecer seu erro.

Então disse a mim mesmo (bom Deus) quão escassamente são a caridade e o amor mantidos entre os homens, quando discórdias das palavras ou escritos de um homem são tão rancorosamente lidos com atenção por outros, que as notas de concórdia e união, que deveriam tornar tudo vertical, são tão cegamente passadas por cima? Por que deveria uma imagem de Deus se alegrar assim com o erro e infortúnio de outrem, tão maliciosamente a ponto de adulterar mediante uma conivência voluntária, aquilo que já é por si bom e justo? Julga, portanto, e testemunha em primeiro lugar teus céus e aquele eterno poder cujo tabernáculo és tu, se alguma vez conheci ou contraí meus votos a qualquer religião, salvo essa reformada, tão felizmente celebrada aqui na Inglaterra!

... Se escrevi teosófica, bem como filosoficamente, em defesa desses renomados filósofos, devo então ser tido como um inovador de religião? Devo conseqüentemente conhecer ou estar familiarizado com eles, porque escrevo condicionalmente em sua defesa? Ou é tolice minha sustentar a verdade e registrar com minha pena a virtude dos homens, que nunca conheci, quando pelos preceitos eruditos e sábio conselho de Cícero somos ensinados a amar aquelas coisas que são virtuosas, apesar de nunca tê-las visto?

Nem meus maiores volumes de cada mundo (quero dizer tanto o microcósmico como o macrocósmico) escaparam dos amargos assaltos e dardos precisos da censura dos seus discursos inclementes, que levantaram contra eles, para melhor abordagem, injustas asserções violentas de ofensa, às quais foram dados sobrenomes nos ouvidos da multidão de inovações, novos princípios e opiniões, filosofia espúria e estranha doutrina nunca ouvida antes...

Pois, em primeiro lugar, para sustentar e confirmar minhas opiniões, eu cito e assevero autoridade, tanto sagrada como filosófica, e portanto sem dúvida elas não foram recém-inventadas por mim. Depois, em segundo lugar, produzi axiomas infalíveis e razões perspícuas com base na filosofia antiga e verdadeira para aprovar e apoiar minhas asserções e, dessa forma, é aparente que minha doutrina não é tão irregular ou irracional como eles a colocariam. Em terceiro lugar, declarei que as fundações de minha filosofia cósmica são todas uma com aquelas do mais alto profeta e teósofo primordial Moisés, quer dizer, escuridão, água e luz; de quem Aristóteles, engenhosamente derivando de seus Princípios, primeiro atribuiu de forma errônea a invenção deles a si, e então (o melhor para mascarar e esconder sua intenção) impôs outros nomes ou títulos a eles, como Primeira Matéria (sob a qual a privação também é compreendida), Segunda Matéria e Forma. E, por último, concluo com o que é, por assim dizer, um obstáculo principal, ou uma barreira negativa para deter e impedir que tanto o caluniador malicioso como o detrator ignorante sigam adiante, pois eu provo e aplano todos os efeitos de minha doutrina filosófica por demonstrações fáceis, familiares e evidentes, pelo próprio dedo da experiência, que é capaz de instruir o rude e o rústico, sim, os próprios tolos mesmo.

E tudo isso nem somente muitos inspetores imparciais de meus trabalhos aqui na Inglaterra, mas também homens singularmente eruditos além dos mares, averiguaram (para meu não pequeno contentamento e conforto) estar tão distante da ficção ociosa e irregularidade corrupta, que os aprazeu atribuir aos meus trabalhos um aplauso melhor, que eu mesmo nunca esperei de suas mãos. Sim, e alguns deles não se impediram de, com o ponto fiel e o dente de uma pena pública e bem afinada, registrar os caracteres da verdade; dando fé e expressando assim seus pensamentos e segredos interiores em demonstrações vulgares e tipos hieroglíficos, para significar e manifestar ao mundo, que em suas concepções meus trabalhos filosóficos contêm, por assim dizer, uma revelação ou produção daqueles mistérios da Natureza à luz, que os filósofos antigos haviam escondido dos olhos do mundo mascarando e obscurecendo-os com sombras enigmáticas, tipos parabólicos e charadas ambíguas, e assim eles poderiam proteger e escondê-los do conhecimento do tolo e ignorante, bem como da pessoa não valorosa...

[Aqui Fludd insere as cartas testemunhais de Gregor Horst e Justus Helt que estão na *Declaratio Brevis.*]

Por tais linhas estou suficientemente notificado de que meus volumes não são desagradáveis aos doutores dos calvinistas entre os quais o impressor vive; nem aos luteranos, que são seus vizinhos de fronteira; não, nem aos papistas, sendo que os próprios jesuítas (que por sua profundidade na filosofia têm sido especialmente respeitados por toda a Europa) os admitiram e aprovaram. Nem os verdadeiros literatos deste nosso país (que examinaram inteiramente minha história cósmica) sufocaram suas boas opiniões a seu respeito, mas confessaram livre e ingenuamente e reconheceram qual é seu julgamento e censura relativos a ele; e, portanto, anularam completamente aqueles relatórios ridículos, que meus detratores invisíveis... zumbiram nos ouvidos de muitos...

Mirando incessantemente nos meus escritos com as flechas de suas línguas difamatórias, eles, induzidos por uma disposição muito contrária, tentam agora, por excessiva atribuição a eles, tirar o mérito de minha honra e reputação... Sua última invenção assim (como fui por muitos crivelmente informado) foi divulgar no exterior que sem dúvida alguma eu tinha familiaridade com alguns da anteriormente especificada Fraternidade Rosacruz: pois (dizem eles) consideramos impossível que ele devesse implorar e escrever sobre tal aprendizado místico (como lhes apetece denominá-lo) e ser versado em tantas ciências, a menos que outras cabeças notáveis estivessem juntas à dele em um negócio tão tedioso. Entre o resto, esse mesmo conceito foi colocado na cabeça de uma honrada pessoa e par deste reino por alguém que se parece com um grande escolástico e doutor. Mas, salvo seu crédito e suas honras, que estão tão prontas e dispostas para a privação de meu pequeno valor a ponto de espalhar no exterior tais fantasias, eu os asseguro, e com eles todo o mundo também, sobre minha fé e reputação, que até agora não emprestei a ajuda de homem algum para erigir quaisquer de meus dois edifícios cósmicos, que parecem tão estranhos àqueles a quem ou a preguiça não os sofrerá a examinar, ou que invejam reconhecer; mas elevaram-se, e ainda assim voam em minhas próprias asas...

Para confirmar assim por uma declaração evidente de que minha filosofia flui somente de minha própria invenção tanto na prática como na especulação, considerei (gentil leitor) muito conveniente e necessário expressar neste presente tratado, para melhor satisfação do mundo, uma certa demonstração ocular ou conclusão experimental... para que assim qualquer um possa melhor entender o que quero dizer, ponderar com tranqüilidade a integridade de meu coração e decifrar... completamente a enfermidade corrosiva de meus detratores e caluniadores.

Além do mais, audaciosamente asseguro ao mundo ciumento perante Sua sagrada presença, que o fez, que minha história macrocósmica tanto natural como artificial foi composta por mim cerca de quatro ou cinco anos antes de o renome e a fama da Fraternidade terem penetrado meus ouvidos, como pelo testemunho de meus valorosos amigos, sr. dr. Andrews, e o mais erudito cavalheiro do Templo Interior sr. Selden, será facilmente justificado.

... se a dita Fraternidade Rosacruz for tão excelentemente informada sobre os mistérios de Deus e da Natureza como a Europa os declara ser, meus trabalhos estão tão distantes da maravilha ou mérito em comparação aos deles (sendo construído apenas no arenoso chão da opinião e experiência exterior) como o céu é distante da terra ou a luz, da escuridão.

Professando também a todos perante o eterno Deus (que conhece as imaginações secretas de cada homem) que a essa hora eu nunca de meu conhecimento vi, conheci ou consultei qualquer um da dita Fraternidade tão admirada no exterior por muitos, nem entendo das suas ordens ou condições mais do que juntei a partir de tais livros públicos que li. Portanto pronuncio meu pesar, abertamente reconhecendo que sinceramente desejei sua sociedade e familiaridade para o bem para melhor construção e exaltação de minha mente no conhecimento dos mistérios tanto divinos como naturais; mas, percebendo agora por tão longo julgamento que minha apologia em sua defesa de forma alguma moveu suas inclinações em minha direção nem teve aquela força magnética para atraí-los ao meu relacionamento e conferência em todo esse espaço, firmemente imagino que eles percebem algum desmerecimento notável em mim para participar de seus altos mistérios, e assim, por dizer, agora, desespero-me para atingir aquilo que tantos milhares além de mim desejaram pública e privadamente, e em conclusão falharam comigo em suas vontades (como por discursos diários e livros pode transparecer).

Isso (eu digo) é a própria causa pela qual me contento com a especulação de minha própria conclusão experimental, fazendo-a servir no lugar de um espelho exterior da Natureza, no qual contemplei por um longo tempo aqueles princípios e mistérios sobre os quais os antigos e sábios teósofos e filósofos se embasaram e plantaram a fundação daquela Pansofia ou Natureza Universal... Pois, apesar de em meu macro e microcosmos eu ter demonstrado as razões de cada mundo por muitas conclusões espirituais e químicas, ainda assim devo confessar que esse assunto, do qual, lido neste presente discurso, tem sido a principal prática perspícua ou espelho no qual observei o mais seguro e continuado progresso na Natureza pelo qual compus toda a fábrica de minha filosofia...

E, apesar de a capacidade exígua e a grande imbecilidade de minha perspicácia terem me adjudicado perante a Fraternidade Rosacruz como indigno de ascender ao altíssimo Parnaso de seu exaltado conhecimento e me barrado da felicidade de saborear o doce e ígneo néctar, que flui na corrente brilhante da fonte de Hélicon, vertendo e jorrando primeiro dos membros suados do Pégaso voador, e de antiguidade consagrada às Musas; ainda assim minha doentia e desesperada afeição está suficientemente refrescada com o esperançoso bálsamo da consolação que assegura meu entendimento de que a Pansofia ou conhecimento universal na Natureza não é em efeito muito dissonante ou discordante daquela especulação que juntei a partir de minha prática em alquimia.

E isso não observei somente a partir de livros publicados por eles a respeito desse assunto, mas também da asserção expressa e confirmação de uma carta que recebi de um doutor erudito da Alemanha, que por seus escritos parece estar familiarizado com a mesma cabalística e secreta Pansofia de que tanto se ouve falar no exterior pela fama da mencionada Fraternidade...

[Fludd aqui insere a mesma parte da carta de Matthias Engelhart, um doutor em Medicina em Anhalt, que incluiu na *Declaratio Brevis*.]

Por cujas linhas bem aparece que esse filósofo abstruso me estima para participar com ele no conhecimento do mais alto mistério da Natureza, pois ele reconhece que meu escrito de fato carrega uma sombra da verdade. E verdadeiramente devo confessar que essa minha conclusão experimental de tal modo limpou a máscara de escuridão de minha costumeira ignorância que... distingo na luz brilhante ou alvorada do dia... que tal mistério e coisa divina estão contidos no gabinete secreto da Natureza e seus quatro elementos, os quais tanto os teosofistas divinos quanto os filósofos profundos têm mencionado tão freqüentemente em seus discursos enigmáticos e trabalhos parabólicos...

A *Nosce te ipsum*:
Ao detrator malicioso ou a visão do caluniador

[Este é um conto alegórico, contado em primeira pessoa e em um estilo florescente, da "visão" de Fludd da criação, como o macrocosmos e o microcosmos se desenvolveram, com o último sendo um perfeito reflexo do anterior, e como eles estão entrelaçados. Esta seleção é da conclusão da seção, na qual ele aconselha os detratores a recordar suas origens divinas e, de fato, a ir continuamente adentro para guiar-se na ação no mundo exterior.]

És tu (eu digo) o perfeito exemplo e padrão daquela Natureza infinita, e é possível que sejas tão falso e traiçoeiro para contigo? Estarás tu ainda cego, e não considerarás que o espírito de cada homem (apesar de incluído em diversos corpos) é feito todo um pela imediata, e primeira emanação ou raio universal de unidade; e que a união na Natureza não pode ser mais separada ou disjunta que a corrente brilhante que sai do centro do Sol; que não obstante busca e visita cada lugar e região do horizonte tanto no céu como na Terra? É possível, tu deves sofrer que tua memória desnatural seja um inimigo tão grande para o repouso de tua alma, a ponto de esquecer e riscar de sua margem a raça celestial e divina da qual tua alma procede? Por que te permites ser tão credulamente cego pelas prestigiosas delusões do Litígio [o filho primogênito do Caos, isto é, o Príncipe das Trevas]... rasgar em facções aquela preciosa unidade de alma e espírito, que nosso Criador ligou juntos pelo gentil e caridoso laço ou nó da amizade?

... assim, portanto, parece claramente que todos os homens são somente unidade na virtude e ação essencial, a qual é assim unida ao primeiro ator na Natureza, que tudo é junto na verdade inseparável e indivisível dele, apesar de os homens e todas as outras coisas se dividirem e ramificarem em diferentes pessoas e formas em respeito aos seus materiais macrocósmicos; por número, distinção, diferença e multidão são a progressão defeituosa da matéria vendada e enganosa... Mas no espírito e forma sutil... é estabilidade, permanência e unidade, da qual apenas a doce consonância de paz e harmonia dos mundos é extraída...

Então quão longe vagas tu (ó afetuoso homem) no vislumbre da escuridão e do erro que baseias tua fé em coisas sujeitas ao sentido externo, que são apenas composições de antipatia e discórdia, e negligencia contemplar com olhos espirituais a verdade central e escondida, em que habita a unidade circundada com jubilosa alegria e pacífica simpatia?

Volta, volta, (eu digo) a ti mesmo, subjuga teu corpo à tua alma racional mergulhando em teu tesouro interior, e então prostra e submete... tua parte mental e espiritual a teu Deus; pois assim tu serás feito um espírito com ele, com a condição de que tu perseveres na humildade e reconheças do teu coração a graça de teu Criador, pela qual tu serás glorificado e exaltado...

Razão pela qual eu cordialmente te aconselho a ascender deste mundo até Deus, isto é, a penetrar bem através de ti, e não apenas interiormente visitar tua mais querida alma, mas também perfurar o próprio centro dela, para ver e contemplar lá teu Criador; que... tu melhor possas... juntar e recordar os raios de teu homem interior das distrações desse mundo exterior, revogá-las das ações externas, para participar com tuas alegrias interiores...

Esta é a vida do homem espiritual: firmemente contemplar Deus e docemente se deliciar e refrescar-se nisso... especulação; sim, verdadeiramente será uma apreensão muito querida e prazerosa meditar n'Ele, amá-Lo, e com admiração adorar e exaltá-Lo no coração. Donde nada pode ser mais notável e excelente a uma vida abençoada do que fechar os sentidos carnais... converter toda afeição exterior no ser interior, e referir cada inclinação e intenção estranha e alienada dos desejosos apetites dos homens mortais a si mesmo, e por tais meios somente conferir, por assim dizer, e conversar com Demogórgon [Deus, o Criador], que habita dentro de *ti*.

Assim, eu digo, saberás tu que cada homem é teu irmão, e que teu irmão é parte de ti mesmo, e todos os homens são apenas uma e a mesma coisa em espécie, que é com efeito a própria unidade... e essência do próprio Deus mascarada da vista dos homens indignos pelo manto material da Natureza.

DA EXCELÊNCIA DO TRIGO

O primeiro livro do trigo e do pão em geral, e da excelência deles

Como a Natureza Universal, única mãe deste grande orbe e de todas as criaturas dentro dele, é em si pura, transparente e invisível, tendo assim nessa região mais baixa do mundo três reinos especiais e notáveis compostos de seus elementos simples para governar e habitar, nos quais ela esconde, como com um manto de obscuridade, seus segredos dos olhos dos indignos. Cada um desses... é distinguido do outro por... sua imperatriz que mora... no centro ou meio deles, onde ela guia com igualdade e rege pela proporção devida cada membro de sua circunferência. [Ela] habita o Sol... e... manda sua virtude cintilante... para baixo, à terra mais inferior, bem como para cima, aos céus mais elevados, de modo que todas as coisas possam ser igualmente... vivificadas por... seus raios. De maneira semelhante ela também rege... o coração no mundo menor [isto é, no homem], distribuindo seus espíritos vitais circularmente, como de um centro virtuoso a sua circunferência pelos veículos correntes dos canais arteriais. Da mesma maneira, eu digo, essa rainha mais sem-par [rege]... essa principesca virgem e empregada do Criador sempre vivo, o fogo invisível de Zoroastro e Heráclito, o ligamento essencial dos elementos... que causa uma união tão completa entre as quatro naturezas dissonantes de cada um dos mencionados reinos no mundo sublunar.

Pensa, portanto, seriamente que ela escolheu para sua mansão mais importante no reino animal o corpo do homem, aquela mais excelente de todas as criaturas sensíveis; em seu império vegetal, ela elegeu o trigo como o mais digno de todos os vegetais... e, em sua natureza mineral, ela se delicia mais e habita principalmente seu palácio dourado [isto é, ouro], lustrando-o com os vapores de sua glória mais brilhante.

Quão excelente aquele artista apareceria além de seus companheiros que, pelo ato mais completo e fogo da Alquimia celestial, poderia primeiro aprender justamente a distinguir as partes espirituais e corporais da morada mais importante... da rainha; pois, assim, pelo exame de suas regiões mais secretas e escondidas ele rapidamente será ensinado em uma visão verdadeira a conhecer-se e discernir o mais alto céu de seu homem interior... Também que felicidade e alegria serão instiladas no operador cheio de fé, cuja boa sorte será verdadeiramente... contemplar e perceber todos os mistérios secretos da Natureza e seus ministros...

E, verdadeiramente, apesar de professar-me ignorante daquela excelente habilidade de entender corretamente aqueles mistérios secretos ou o regimento daquele fogo etéreo pelo qual tais efeitos gloriosos na Natureza podem ser realizados, e, portanto, sou barrado e negado a entrar naquele caminho reto... apesar (eu digo) de que o castigo preciso de Prometeu adicionou terror aos meus pensamentos e privou-me da dureza de roubar qualquer desse excelente fogo do céu; nem minha ignorância e indignidade permitiram-me obtê-lo de cima pela graça...

... ainda assim, com o alquimista comum e espúrio, aquele macaco cercado de brinquedos e imitador supérfluo da Natureza, aqui presumirei mergulhar tão fundo nas partes escondidas... desse rico e pouco estimado vegetal... estando contente com a parte e parcela daquela experiência curiosa que meus próprios trabalhos e buscas industriosas nas naturezas secretas das coisas me ensinaram, na qual (por falta de um agente mais alto) elegi o fogo terrestre e calor elementar mais baixo para prover...

... [o trigo] como é observado pelos maiores estudiosos de Medicina conforma... em si... uma semelhança... na disposição das faculdades naturais e vitais do homem e, portanto, nutre mais essas partes nele que qualquer vegetal terrestre... Cada coisa dentro e por sua... centelha inclusa se multiplica infinitamente; esse é o meio pelo qual todo vegetal, em si corruptível pela multiplicação, se perpetua. E verdadeiramente não posso encontrar em todo o reino vegetal um membro mais requintado e excelente para multiplicação que o grão do trigo...

E aqui parece que o trigo em sua qualidade manifesta é aquoso em razão da abundância de umidade que tem, e quente por causa da abundância de calor natural... Em seguida, perceberemos que um elemento aéreo sutil e límpido se move oculto nesse nosso sujeito, que contém nele muitas faculdades abstrusas e escondidas como em seu devido lugar manifestarei à larga. Depois do que o fecal e fedido elemento do fogo (o agente perfeito para toda corrupção) aparece... E por último aquele glorioso e etéreo espírito... se mostrará deixando sua prisão escura... Observaremos, portanto, e perceberemos após uma inquisição apropriada que esses elementos residem no pão ou trigo, a saber: terra, que foram as últimas fezes na separação; então a água, que apareceu primeiro; em seguida o ar, que mantém o segundo lugar; e após o fogo, que segue o ar, a quem a quintessência ou quinto elemento segue...

Nem eu te informaria aqui que esses são elementos simples em sua natureza, pois assim ele agradou vossa mais excelente e erudita Majestade a objetar-me e muito corretamente... mas, como lhe respondi, assim te digo que esses são chamados elementos por tantos quantos participam da maior parte desse ou daquele elemento, pois nada praticamente em todo o curso da Natureza é encontrado puro e limpo...

Como expressamos antes, com o consentimento e autoridade dos filósofos mais eruditos, que a superfluidez da água nesse vegetal provou-se o instrumento de muitas doenças e inconveniências no corpo do homem... assim também se encontra nele um meio perfeito para a saúde do homem...

O que faz os maus humores serem tão irregulares e violentos no corpo do homem a ponto de causarem doenças, e por esses meios apressar-se a morte prematura se não forem prevenidos, senão um desejo por um laço e nó universal na Natureza, pelo qual os quatro elementos discordantes são pacificamente unidos na massa exterior [isto é, o quinto elemento ou quintessência]; pois, como vemos que um cavalo indisciplinado em um estábulo sendo solto nunca pára de irritar e brigar com o restante de seus companheiros até que sobre como único vitorioso no lugar, assim também um elemento, sentindo o desejo por seu freio ou ligamento quintessencial, escapa de sua posição e nunca deixa de perseguir seu contrário na mesma composição até que todos os hábitos econômicos do palácio do homem possam ser destruídos e a vida do espírito posta em liberdade; e tudo isso podemos perceber que procede da falta daquelas bandas celestes e simpáticas por cuja harmonia e concordância deveriam ser preservadas em toda estrutura corpórea.

E verdadeiramente há um sinal de morte muito seguro em que o ligamento universal da Natureza parece ser violado, mas se em parte seu nó quintessencial for desfeito significa mortificação e privação da vida naquela mesma parte; e se ocorre apenas uma fraqueza ou debilidade dele em uma ou mais porções do corpo, ele então gera uma enfermidade ou doença tanto mais perigosa quanto suas bandas harmônicas são atenuadas ou violadas.

Sendo assim, parece (como imagino) muito evidente que, pela nutrição e refresco daqueles laços da Natureza fracos ou debilitados por seus semelhantes, seus vigores danificados podem ser facilmente reparados e retificados...

Verdadeiramente devo mesmo confessar que, uma vez encontrando-me muito molestado com uma dor e debilidade nas costas de minha própria mão, e estando naquele exato momento ocupado com o mesmo experimento com que lido neste presente tratado, tomei um pouco daquele cru bálsamo quintessencial de trigo e com ele ungi as costas de minha mão, e daquela hora sendo três anos até essa mesma estação, nunca senti aquela dor com a qual eu era ordinariamente afetado anteriormente. E ainda professo (com vergonha, seja dito) tanto a minha negligência como outras ocasiões em que nem antes nem desde então eu fiz qualquer teste adicional de sua propriedade, pois desejei ao máximo em espírito aprender completa e verdadeiramente um caminho para exaltar o sumo efeito de pureza do quinto elemento por meio de filósofos experientes que tenham mais prática e estejam mais familiarizados com suas virtudes secretas e com a sua natureza.

O que é esse bálsamo quintessencial... é o mesmo espírito do céu estrelado repovoado com os raios brilhantes do Sol.

[Fludd então fala da significância mística do trigo na Escritura Sagrada, e continua...]

De dois tipos de pão, dos quais um é terrestre e vulgar; o outro, celestial e imediatamente procedente de Deus [maná do céu]

O que então em respeito a essa sabedoria é que do homem, apenas mera tolice e ignorância autocentrada pela qual nenhum outro efeito verdadeiro que imaginações deludidas é obtido. Abençoado é o homem portanto... sim, que triplamente seja abençoado aquele que possua e corretamente governe esse maná celeste brilhante, bem possa ser enumerado entre os filhos eleitos de Deus que é assim embelezado com a presença e virtude de Cristo, pois eles desfrutam todo o tesouro, tanto da saúde, da riqueza e prosperidade, bem como espiritual e corporal... Nem duvido de que restem tais no mundo, porque as Escrituras Sagradas nos ensinam que a sapiência tem seu maior deleite entre as crianças dos homens...

E, verdadeiramente, se a Fraternidade Rosacruz em cujo favor minha apologia foi escrita, pela qual fui suspeitado sem razão apropriada ou ocasião e levado a algumas questões, se eles (eu digo) foram tão afortunados pela graça a ter iluminado essa amável criatura... como eles próprios fazem com o som como de um trompete professando a todo o mundo, não tenho dúvida alguma de que vós todos, que deveis perfeitamente entender tanto, asseverareis comigo que esses devem ser enumerados entre as fileiras dos quais Salomão fala...

Aquele que obtém sabedoria é abençoado, pois sua aquisição é melhor que a mercadoria de prata ou os rendimentos do ouro... Mas se seus relatos forem somente vento e vaidade... ainda assim não estou errado se penso que há tal essência divina que se comunica com alguns homens, quando me percebo estar sustentado e... escorado em minha opinião pela Bíblia Sagrada. Nem (uma vez que não os conheço) jamais dei fé constantemente de que eles eram assim possuídos divinamente, ou poderiam fazer aquilo que publicaram, mas afirmei em minha apologia que o que eles professaram era possível de ser realizado, tanto por meios naturais como sobrenaturais.

Para concluir... eu digo que esse pão celeste, esse maná celestial, essa rocha espiritual, essa sapiência divina, esse tudo em tudo da vida, Cristo Jesus, é o segundo tipo de pão que difere do pão comum como o céu da terra, ou a luz da escuridão...

O segundo livro contendo os mistérios do trigo ou pão

[Neste livro, Fludd detalha seu experimento com comentário rápido e conexões macrocósmicas-microcósmicas. O procedimento é conseguir que a putrefação quebre o trigo, dividindo-o em seus elementos constituintes, e então observar as diferentes qualidades enquanto ele os "ressuscita" em geração. Para fazer isso, ele imitará os processos naturais da natureza usando, como na fornalha da Terra, quatro graus diferentes de fogo:]

... isto é, por um fogo hiemal, com o qual ele apodrece; e então com um fogo vernal ou de primavera pelo qual cresce e induz seu manto verde; e então com seu calor estival ou de verão pelo qual floresce e coloca uma crista ou capacete de uma cor mais dourada, apressando por esse agente intenso até sua maturidade; por último, ele transforma aquele fogo em uma operação outonal ou de colheita pela qual a marca da maturidade tão almejada por todo o ano é tocada bem na cabeça, de modo que então a corrupção possa começar de novo...

[Começando com um fogo gentil que lembra outono, ele decide "violar por corrupção as bandas daqueles quatro elementos que preservaram aquela forma vegetal até que, de certo modo, eu a privei praticamente de toda forma e reduzi todo o corpo a uma substância lodosa ou gosmenta..."

Tendo conseguido a putrefação, Fludd tem de trabalhar com grande intensidade de calor e em uma ordem diferente da natureza para destruir completamente a substância putrefata e, dessa maneira, separar seus elementos. Assim, o próximo passo é aplicar calor intenso, "muito parecido com aquele do verão tórrido, mas de uma disposição bem menos gentil", que resulta na redução do trigo à "primeira matéria ou princípios originais dos quais ele proveio e como derivou em primeiro lugar". Essa "primeira matéria", ou *prima materia*, corresponde no macrocosmos ao Hile original ou vazio não criado e escuridão da qual Deus criou o Universo.

Pela aplicação de calor intenso, uma nuvem enevoada "com 10 cúbitos de altura" elevou-se condensada em gotículas e então coletada como uma pequena poça d'água. Fludd observou que "era animada em toda a parte e adornada com a tintura brilhante de uma luz espiritual". Isso era análogo à criação na qual o espírito de Deus se movia sobre as águas.

O próximo passo era libertar o espírito aéreo, mudando para três calores diferentes, porém mais gentis, para imitar a "disposição temperada da primavera vaporosa", como em março, quando o Sol entra em Áries; a segunda era ainda mais quente e úmida como quando o Sol entra em Touro; e, por último, mais quente e úmido como quando o Sol entra em Gêmeos. Com o primeiro ele tirou a água mais rala do espírito e então obteve um licor dourado; o segundo deu um resíduo pontuado; e o terceiro resultou em "um espírito cristalino branco puro todo composto (como eu podia supor) de um puro sal volátil". Esse espírito aéreo é o agente de todo crescimento e multiplicação em plantas e animais; é sempre encontrado na água e é análogo ao espírito universal. A chuva causa crescimento porque é rica em espírito aéreo. Mais aquecimento dos cristais resultou em sua conversão a "um milhão de átomos sensíveis voando no ar". (Fludd acredita ser "provável que todas as coisas foram feitas de átomos, como alguns filósofos supuseram".) Fludd mais tarde conclui que "a natureza desse espírito é purificar".

O elemento seguinte, fogo, foi subseqüentemente produzido:]

... o fogo começou a se mostrar na forma de um óleo de tingimento ígneo, bastante diferente da água em natureza, e de outra forma que o ar; era acompanhado de um grande fedor e mau cheiro, e, após sua purificação feita pela circulação ou retificação, ele parecia de uma cor de alto açafrão ou avermelhada, não diferente da chama vermelha de um fogo terrestre comum... percebi, portanto, pela devida contemplação dessa parte, que foi aquele único elemento ativo nessa esfera sublunar mais baixa que produziu especialmente tais alterações estranhas na corrupção do mundo, e que as criaturas foram levadas à putrefação por ele; e que quando ele mais reina no corpo para ser putrificado, então é o mesmo corpo mais apodrecido...

[Em seguida vem o quinto elemento, a quintessência.] Agora ascendemos sobre o céu elementar e entramos na região que os alquimistas chamam quintessência; o filósofo, éter ou *materia simplissima*; os poetas, *ceolum*, *olympus* ou *campus elyseus,* etc. [Esse elemento é] a própria vida pela qual os quatro elementos agem no corpo do homem em virtude do princípio motor central ou interior, pelo qual toda composição subsiste...

[Foi um elemento difícil de extrair, pelo que ele foi forçado] a inventar um calor peculiar que aplicava em um lado do recipiente, por meio do qual recobrei esse humor etéreo e purifiquei-o ao seu maior brilho.

Então, evidentemente, percebi ser ele de uma estranha disposição, pelo que ao menor calor seria líquido e vermelho como sangue, enchendo completamente todo o recipiente de átomos; e imediatamente, pelo frio do ar, ser coagulado em uma substância transparente e perfeito diáfano, como uma pedra preciosa, misturada parcialmente com uma substância clara como cristal, e parcialmente da cor dourada do jacinto, ou como um vidro de cristal a ser todo rachado com centelhas e uma sucessão de estrelas de luz...

[Fludd aqui faz uma distinção entre alma e espírito.] A alma vital é uma luz brilhante de Deus que é carregada como em uma carruagem em um claro espírito em cujas asas voa... o espírito é a fêmea... e a luz é o macho ou agente pelo qual todas as coisas vivem; e por essa razão nós [afirmamos] que a matéria fina, límpida e diáfana como cristal branco é o veículo da alma...

[Essa quintessência é a substância que Fludd colocou nas costas de sua mão para aliviar a dor.]

[Finalmente, o experimento é deixado com o quarto elemento, terra.] Encontramos, após a separação da quintessência, uma massa escura, um *caput mortum* ou uma *terra damnata* à vista do homem, mas não em efeito... nessa nossa terra encontramos um calor central restante que é a própria ação e semente primária de cada planta, mineral e vegetal, nomeadamente um sal fixador... Encontrei todo esse sal vivificante mas fixador em minha massa de terra, e esse sal fixador, de acordo com sua mediocridade ou firmeza na fixação, produziu ou vegetal ou mineral...

[Por sua própria especulação e pelos escritos de Hermes, S. Pedro e Moisés, Fludd conclui:]

... e, portanto, podemos concluir por conseqüência que terra é água grosseira, e água é ar grosseiro, e ar novamente não é nada além de fogo denso e espesso. Isso, pois, sendo provado verdadeiro e certo, por experiência ocular se segue, vice-versa, que fogo por condensação é feito ar, e ar é espessado pela mesma operação em água e, por último, a água é coagulada em terra. Se isso for assim manifesto ao sentido do homem, então também é evidente que todas as coisas são apenas uma, porque todas as coisas são feitas dos quatro elementos, os quais são com efeito apenas aquela única coisa, que S. Pedro nos diz ser água; e Moisés não diz que o Espírito do Senhor foi levado sobre o céu e a terra, mas sobre as águas, por cuja separação os céus e a terra foram posteriormente criados.

Concluímos, portanto, que a substância dos mais altos céus não é de certo modo nada mais que uma exalação mais sutil que consiste na mais fina água; e os médios céus são como uma exalação de uma composição média, que é como se fosse um vapor fino... e os céus mais baixos são como um vapor mais grosseiro, que, quanto mais alto ele tende, mais fino aparece; e a substância fecal de toda essa massa de água é terra. Por isso podemos observar que tudo neste mundo é apenas água grosseira ou sutil, e que toda água é somente espírito espesso ou fino, e, logo, todas as coisas na matéria são somente uma, nomeadamente água...

O frio é o agente principal na condensação e coagulação de diversas substâncias discordantes juntas, assim também o calor é o opositor e resiste àquelas ações geladas do frio; por conseqüência, suas bandas são violadas, derretidas e ao menos bem dissolvidas na natureza móvel da água corrente. Assim, portanto, se procede que, onde o frio (a prole do Caos escuro e da matéria, e portanto um inimigo e contrário do calor, o descendente da luz e de Demogórgon) tem maior domínio, lá reina densidade e espessura na massa geral da água; mas onde o calor, [e] o poderoso arauto do Imperador universal, luz, é mais presente e potente, lá por outro lado o efeito contrário àquele do frio é produzido; onde eles se encontram e são iguais em poder, há aquela esfera de igualdade, ou orbe e círculo da alma do mundo, da qual os platonistas falaram tão obscuramente pela qual (como relatamos em nosso *Macrocosmos*) o Sol glorioso do grande mundo se move; ou no qual (como dito em meu *Microcosmos*) o coração vivificante anda no pequeno mundo... [ver Figura 5, p. 146].

... Dividimos com outros filósofos [a distância do centro escuro da terra ao mais alto céu] em seis naturezas evidentemente diferentes, ascendendo (como pela escala de Jacó) do centro do grande mundo à sua circunferência por essas evidentes escalas ou degraus, a saber: terra; água; ar; fogo [todos os quais fazem o céu ou região inferior ou elementar, o *Caelum Elementare*]; éter (que faz a região média contendo o Sol, a Lua e os planetas, com o Sol no meio, o *Caelum Ætherium*]; *Spiritus Empyreus* [a região superior ou *Caelum Empyreum*, que contém a hierarquia angélica]; e na seqüência acima encontraremos o sétimo ou mais alto, no qual habita o sabá geral de descanso, em que a presença de Deus é permanente... [ver Figuras 6, 7 e 8, pp. 138, 139 e 140-1].

... essa é a razão por que comparei, em minha história macrocósmica, calor e movimento da região formal da luz e aquela da matéria escura em duas figuras piramidais diversas, das quais o cone de material, acumulando para cima, toca a base da pirâmide formal que está acima, e o cone da pirâmide formal contrariamente desce e passa ao centro das bases da pirâmide material... [ver Figura 4, p. 93].

[Esse experimento então se tornou a base para todo o sistema de Fludd, com suas muitas aplicações diferentes e detalhes elaborados.]

V

A INFLUÊNCIA DE IDÉIAS ARQUETÍPICAS NAS TEORIAS CIENTÍFICAS DE KEPLER[51]

WOLFGANG PAULI

6

As opiniões de Kepler sobre harmonia cósmica, essencialmente baseadas em premissas quantitativas matematicamente demonstráveis, eram incompatíveis com o ponto de vista de uma descrição arcaico-mágica da Natureza como

51. Este artigo foi publicado em companhia de um ensaio de Carl Jung, *Synchronicity: An Acausal Connecting Principle*, em *The Interpretation of Nature and the Psyche*, Bollingen Series, vol. 51, New York: Pantheon Books, 1955. Um texto essencial a ser lido na seqüência do ensaio de Pauli é o de Robert S. Westman, *Nature, Art and Psyche: Jung, Pauli, and the Kepler-Fludd polemic*, em *Occult and Scientific Mentalities in the Renaissance*, ed. Brian Vickers, Cambridge: Cambridge University Press, 1984. Westman argumenta que as *picturae* de Fludd vão além de ser ilustrações para seus textos: elas são maneiras de conhecer, demonstrar e lembrar. Elas ajudam quem as vê a se direcionar de volta à unidade com o Criador. A forma humana provê a iconografia que faz a ponte sobre a lacuna entre o teórico e o prático, porque inclui tanto princípios geométricos como simetria. Westman acredita que Albrecht Dürer foi a fonte de Fludd para esse esquema. Fludd se refere aos *Four Books on Human Proportions*,

representada pelo trabalho mais importante de um respeitado médico e rosacruz, Robert Fludd de Oxford: *Utriusque Cosmi Maioris scilicet et Minoris Metaphysica, Physica atque technica Historia* (primeira edição, Oppenheim, 1621). Em um apêndice do Livro V das *Harmonices mundi*, Kepler criticou muito violentamente esse trabalho de Fludd. Este, como representante da alquimia tradicional, publicou em seu tratado *Demonstratio quaedam analytica* uma polêmica detalhada dirigida contra o apêndice de Kepler, sobre a qual o último respondeu com uma *Apologia* que foi seguida por uma *Replicatio* de Fludd.

O "contramundo" intelectual com o qual Kepler colidiu aqui é uma descrição arcaico-mágica da natureza culminando em um mistério de transmutação. É o processo alquímico familiar que, por meio de vários procedimentos químicos, libera da *prima materia* a alma do mundo dormente nela e, assim fazendo, tanto redime a matéria como transforma o adepto. Fludd, diferentemente de Kepler, não tinha idéias originais para proclamar; mesmo suas noções alquímicas são formuladas de maneira muito primitiva. O Universo é dividido em quatro esferas, correspondentes à doutrina antiga dos quatro elementos. A mais alta é a empírea, o mundo dos espíritos, seguida em ordem descendente pelo éter e pelo elo com a esfera dos elementos e coisas sublunares, e, no fundo, pela terra, que também é o assento do demônio. O mundo é a imagem espelhada do Deus Trinitário invisível que Se revela nele.

Os dois princípios polares fundamentais do Universo são *forma* como princípio de luz, vindo de cima, e *matéria* como princípio de trevas, habi-

---

de Dürer, e emprestou diversas ilustrações dele, mais particularmente a chave das proporções harmônicas do homem, o microcosmos. Westman mostra convincentemente que o "verdadeiro tema" dos ensaios de Jung e Pauli é uma tentativa de formular uma resolução para a oposição aparente entre o pensamento quantitativo e a intuição qualitativa, dos quais Fludd e Kepler são exemplos. Ele também revela a descoberta fascinante de que foi a interpretação de Jung para os sonhos de Pauli que Jung usou para formular seu conceito da mandala como o símbolo do próprio ser [*self*]. Os sonhos, por um sujeito previamente desconhecido, foram publicados em *Psychology and Alchemy*, de Jung, no qual eles são acompanhados de muitas ilustrações de textos alquímicos da Renascença. As ilustrações tinham a intenção de mostrar que o simbolismo alquímico reflete os estados psíquicos descritos nos sonhos. A ilustração principal no começo do capítulo intitulado "Os Sonhos Iniciais" (agora sabidos como sendo de Pauli) é de Fludd – *The Mirror of the Whole of Nature and the Image of Art* [O Espelho de toda a Natureza e a Imagem da Arte]. Jung deu-lhe este título: "A *anima mundi*, guia da raça humana, ela própria guiada por Deus". Mais à frente no livro, Jung sustenta que "*A anima mundi* [a ilustração de Fludd é citada] coincide com aquela do inconsciente coletivo, cujo centro é o próprio ser *[self]*"
Finalmente, Westman conclui: "Pauli tem de haver acreditado que as figuras de Fludd representavam símbolos do inconsciente coletivo e o próprio ser, e pelo estudo de Fludd estava ganhando acesso à *sua parte fluddeana*", uma vez que ele estava experimentando esse mesmo conflito de visualização na mecânica quântica. Físicos modernos representantes desse embate podem ser vistos nas formulações matemáticas puras de Heisenberg como opostas às imagens de Schrödinger ou Bohr.

tando a terra. Todos os seres, de anjos a minerais, diferenciam-se somente de acordo com seu conteúdo de mais ou menos luz. Um constante embate se passa entre esses opostos polares: de baixo, a pirâmide material cresce para cima a partir da terra como uma árvore, a matéria tornando-se mais fina em direção ao topo; ao mesmo tempo, a pirâmide formal cresce para baixo com seu ápice na terra espelhando exatamente a pirâmide material [ver Figura 4, p. 93]. Fludd nunca distingue claramente entre um processo real, material, e uma representação simbólica. Por causa da analogia do microcosmos com o macrocosmos, o processo químico é de fato ao mesmo tempo um reflexo de todo o Universo. Os dois movimentos, um para baixo e o outro para cima, são também denominados simpatia e antipatia ou, com referência à Cabala, *voluntas Dei* e *noluntas Dei*. Após a retirada do princípio formal da luz, a matéria permanece atrás do princípio de trevas, apesar de que antes estava presente de forma latente como uma parte de Deus. No meio, a esfera do Sol, na qual esses princípios opostos apenas se contrabalançam, engendrou no mistério do casamento químico o *infans solaris*, que é ao mesmo tempo a alma do mundo liberada. Esse processo é descrito em uma série de figuras (*picturae*) que Fludd também designa como "figuras hieroglíficas" ou *ænigmata* [ver Figura 4, p. 93].

De acordo com as velhas idéias pitagóricas, Fludd desenvolve a música cósmica a partir das proporções das partes dessas pirâmides, na qual os seguintes intervalos musicais simples têm o papel principal.

Disdiapason = Oitava Dupla	*Proportis quadrupla*	4:1
Diapason = Oitava	*Proportia dupla*	2:1
Diapente = Quinta	*Proportio sesquialtera*	3:2
Diatessaron = Quarta	*Proportio sesquitertia*	4:3

Isso é expresso em representação característica na Figura 6, p. 147, como a *monochordus mundanus*. Pode ser destacado que a idéia de música cósmica também aparece nos trabalhos do alquimista Michael Maier.

O ponto de vista geral de Fludd é que a verdadeira compreensão da harmonia do mundo, e por conseqüência também da real astronomia, é impossível sem um conhecimento dos mistérios alquímicos ou rosacrucianos. O que quer que seja produzido sem conhecimento desses mistérios é uma ficção subjetiva, arbitrária. De acordo com Kepler, por outro lado, somente aquilo que é suscetível à prova matemática, quantitativa, pertence à ciência objetiva; o restante é pessoal. Já é aparente a partir das palavras de conclusão do apêndice do Livro V das *Harmonices mundi* que Kepler teve de lutar para poder justificar a adoção de métodos de prova estritamente matemáticos:

> A partir dessa breve discussão, penso estar claro, apesar de que um conhecimento das proporções harmônicas é muito necessário para o

entendimento dos densos mistérios da excessivamente profunda filosofia que Robert [Fludd] ensina, todavia o último, que até estudou todo o meu trabalho, permanecerá, por ora, não menos removido para longe daqueles mistérios perplexos do que essas [proporções] recuaram [para ele] da convicção precisa das demonstrações matemáticas.

A aversão de Fludd a toda medição quantitativa se revela nas seguintes passagens:

O que ele [Kepler] expressou em muitas palavras e em uma longa discussão, eu comprimi em umas poucas palavras e expliquei por meio de figuras hieroglíficas e excessivamente significativas, não, para deixar claro, pela razão de que me delicio em figuras (como ele diz em outras partes), mas porque eu (como um dos que ele parece insinuar estar mais abaixo dos que ele associa com alquimistas e filósofos herméticos) decidi juntar muito em pouco e, à moda dos alquimistas, coletar a essência extraída, rejeitar a substância sedimentária e derramar o que é bom em seu vaso adequado; de modo que, o mistério da ciência tendo sido revelado, aquilo que está escondido possa tornar-se manifesto; e que a natureza interior da coisa, após as vestimentas externas terem sido arrancadas, possa ser encerrada, como uma gema preciosa colocada em um anel de ouro, em uma forma mais adequada à sua natureza – uma figura, isto é, na qual sua essência possa ser contemplada pelo olho e pela mente como em um espelho e sem uma circunlocução de muitas palavras.

Pois é para os matemáticos vulgares ocuparem-se da sombra quantitativa; os alquimistas e filósofos herméticos, contudo, compreendem o verdadeiro centro dos corpos naturais.

Pelos seletos matemáticos que foram estudados nas matemáticas formais, a Natureza é medida e revelada nua; para os espúrios e errôneos, contudo, ela permanece invisível e escondida. Os últimos, isto é, medem as sombras em vez da substância e nutrem-se de opiniões instáveis; enquanto os primeiros, rejeitando a sombra, agarram a substância e se alegram com a visão da verdade.

Mas aqui se esconde toda a dificuldade, porque ele [Kepler] excogita os movimentos exteriores da coisa criada [*res naturata*: o objeto natural existente de fato], enquanto eu contemplo os impulsos internos e essenciais que saem da própria natureza; ele segura o rabo, eu agarro a cabeça; eu percebo a causa, ele, seus efeitos. E mesmo que seus movimentos mais exteriores possam ser (como ele diz) reais, todavia ele atola muito rapidamente no lixo e na lama da impossibilidade de sua doutrina e, perplexo, é unido com demasiada firmeza por amarras escondidas para ser capaz de libertar-se facilmente daquelas

> armadilhas sem dano para sua honra e de resgatar-se do cativeiro sem esforço. E aquele que cava um poço para outros, cairá involuntariamente nele.

Tal rejeição de tudo quantitativo em favor da "forma" (devemos dizer por "forma" símbolo), está claro, é completamente incompatível com o pensamento científico. Kepler responde ao texto anterior como segue:

> Quando qualifico teus enigmas – harmonias, deveria dizer – de obscuros, digo de acordo com meu julgamento e entendimento, e tenho a ti mesmo como uma ajuda nisso, uma vez que negas que teu propósito é suscetível à demonstração matemática, sem a qual sou como um homem cego.

Os disputantes, então, não podem mais nem mesmo concordar em o que chamar luz e o que chamar escuridão. As *picturae* simbólicas de Fludd e os diagramas geométricos de Kepler apresentam uma contradição irreconciliável. É, por exemplo, fácil para Kepler apontar que as dimensões da esfera planetária admitidas na figura da *monochordus mundanus* [ver Figura 6, p. 147] não correspondem às dimensões verdadeiras, empíricas. Quando Fludd refuta que os *sapientes* não estão ajustados como as dimensões definitivas das esferas e que essas não são essencialmente importantes, Kepler ressalta muito pertinentemente que as proporções quantitativas são essenciais quando se diz respeito à música, especialmente no caso da proporção 4:3, que é característica do intervalo de quarta. Kepler naturalmente objetou, além do mais, a suposição de Fludd de que a Terra, e não o Sol, é o centro das esferas planetárias.

A desaprovação de Fludd de tudo o que é quantitativo, que em sua opinião pertence, como toda divisão e toda multiplicidade, ao princípio escuro (matéria, demônio), resultou em uma diferença mais essencial entre as suas opiniões e as de Kepler a respeito da posição da alma na Natureza. A sensibilidade da alma a proporções, tão essencial de acordo com Kepler, é na opinião de Fludd somente o resultado de seu emaranhamento no mundo corpóreo (escuro), razão pela qual suas faculdades imaginativas, que reconhecem unidade, fluem de sua natureza originando o princípio da luz (*forma*). Enquanto Kepler representa o ponto de vista moderno de que a alma é uma parte da natureza, Fludd até protesta contra a aplicação do conceito de "parte" à alma humana, uma vez que a alma, sendo livre das leis do mundo físico, isto é, à medida que pertence ao princípio da luz, é inseparável da alma do mundo *total*.

Kepler é obrigado a rejeitar a "matemática formal" que Fludd opõe à matemática "vulgar":

> Se tu sabes de outra matemática (além daquela vulgar da qual todos aqueles matemáticos celebrados até agora receberam seu nome), isto

> é, uma matemática que é tanto natural como formal, devo confessar que nunca experimentei, a menos que tomemos refúgio na origem mais geral da palavra [ensinamento, doutrina] e desistamos das quantidades. Disso, deves saber, não falo aqui. Tu, Robert, podes guardar para ti sua glória e aquela das provas a serem encontradas nela – e quão precisas e quão certas essas são, que, penso, julgarás por ti mesmo sem mim. *Eu* reflito nos movimentos visíveis determináveis pelos próprios sentidos, *tu podes considerar os impulsos interiores* e se empenhar em distingui-los de acordo com graus. *Seguro o rabo,* mas seguro-o em minha mão; *podes agarrar a cabeça mentalmente*, apesar de somente, temo, em teus sonhos. Estou contente com os efeitos, isto é, os movimentos dos planetas. Se tiveres encontrado nas próprias causas harmonias tão límpidas como são as minhas nos movimentos, então será adequado a mim parabenizar-te por teu dom de invenção e a mim por meu dom de observação – isto é, tão logo eu seja capaz de observar qualquer coisa.

A situação não é, contudo, tão simples como Kepler aqui representa ser. Seu ponto de vista teórico não é, afinal, puramente empírico, mas contém elementos tão essencialmente especulativos como a noção de que o mundo físico é a realização de imagens arquétipas preexistentes. É interessante que esse lado especulativo de Kepler (aqui não reconhecido) é igualado por uma tendência menos obviamente empírica em Fludd. O último de fato tentou apoiar sua filosofia especulativa do princípio de luz e escuridão por meio de experimentos científicos com o chamado "barômetro". Uma vez que essa tentativa lança luz àquilo que nos parece um episódio extremamente bizarro na história do século XVII, eu gostaria de dizer algo mais sobre isso neste ponto, apesar de as passagens relevantes serem encontradas somente em um trabalho posterior de Fludd, a *Philosophia Moysaica* (Gouda, 1637), que apareceu após a morte de Kepler.[52] O barômetro foi construído pela imersão de um vaso de vidro, com a abertura para baixo, em um receptáculo cheio d'água. Tendo sido o ar contido no vaso rarefeito pelo calor, uma coluna de água se erguerá dentro, seu nível determinado pela temperatura e pressão do ar. O último conceito, contudo, não foi conhecido antes de Torricelli, e as variações temporárias no nível da água, causadas em parte pelas variações na pressão do ar, foram interpretadas usualmente como resultantes somente das variações na temperatura. Ao ser aquecida, a coluna de água cai; sendo resfriada, ergue-se, como resultado da expansão ou contração do ar restante acima da coluna de água. O instrumento, um tipo de termômetro e barômetro combinados, comporta-se, é claro, de maneira oposta àquela a que estamos acostumados.

52. Na verdade o barômetro apareceu pela primeira vez no *Integrum Morborum Mysterium* de Fludd em 1631; a *Philosophia Moysaica* foi publicada em 1638. Kepler morreu em 1630.

... citações da *Philosophia Moysaica* tornam aparente o quanto Fludd considera o barômetro como um símbolo do embate entre os princípios de luz e trevas no macrocosmos... [a descrição de Fludd do barômetro é dada no Capítulo oito da *Filosofia mosaica*; ver também Figura 3, p. 92].

É significante para o contraste psicológico entre Kepler e Fludd o fato de que, para Fludd, o número quatro tem um caráter simbólico especial, que, como vimos, não é verdadeiro para Kepler...

Pelo que foi dito anteriormente o leitor ganhou, esperamos, algum entendimento da atmosfera prevalecente da primeira metade do século XVII, quando a então nova maneira de pensar, quantitativa, cientificamente matemática, colidiu com a tradição alquímica expressa em figuras qualitativas, simbólicas...

A atitude de Fludd, contudo, parece-nos um pouco mais fácil de compreender quando é vista na perspectiva de uma diferenciação mais geral entre os dois tipos de mente, uma diferenciação que pode ser traçada por toda a história, um tipo considerando as relações quantitativas das *partes* como essenciais; o outro, a indivisibilidade qualitativa do *todo*. Já encontramos esse contraste, por exemplo, na Antiguidade, nas duas definições correspondentes de beleza: em uma, ela é a própria concordância das partes umas com as outras e com o todo; na outra (voltando a Plotino), não há referência para as partes, mas a beleza é a radiância eterna do "Um" brilhando por meio do fenômeno material. Um contraste análogo também pode ser encontrado mais tarde na bem conhecida querela entre Goethe e Newton a respeito da teoria das cores: Goethe tinha uma aversão similar a "partes" e sempre enfatizava a influência perturbadora de instrumentos nos fenômenos "naturais". Gostaríamos de advogar o ponto de vista de que essas atitudes controversas são realmente ilustrações do contraste psicológico entre os tipos sensitivo, ou intuitivo, e pensador. Goethe e Fludd representam o tipo sensitivo e a aproximação intuitiva; Newton e Kepler, o tipo pensador: até Plotino provavelmente não deve ser chamado de um pensador sistemático, em contraste a Aristóteles e Platão.

Somente porque o escolástico moderno prefere em princípio não atribuir a nenhum desses dois preceitos opostos um grau mais alto de consciência do que a outro, a velha disputa histórica entre Kepler e Fludd pode ainda ser considerada interessante como questão de princípio, mesmo em uma era para a qual as idéias científicas tanto de Fludd como de Kepler sobre música mundial perderam todo o seu significado. Uma indicação adicional disso pode ser vista em particular no fato de que a atitude "quaternária" de Fludd corresponde, em contraste à "trinitária" de Kepler, de um ponto de vista psicológico, a maior *completude de experiência*. Considerando que Kepler concebe a alma quase como um sistema de ressoadores matematicamente descritível, sempre foi a imagem simbólica que tentou expressar, em adição, o imensurável lado da experiência que também inclui os imponderáveis das emoções e avaliações emocionais.

Mesmo à custa da consciência do lado quantitativo da natureza e suas leis, as figuras "hieroglíficas" de Fludd tentam preservar uma *unidade* da experiência interior do "observador" (como deveríamos dizer hoje) e os processos externos da natureza, e assim uma totalidade em sua contemplação – uma totalidade antes contida na idéia da analogia entre microcosmos e macrocosmos, mas aparentemente já faltante em Kepler e, afinal, na visão de mundo da ciência natural clássica.

A física quântica moderna novamente ressalta o fator da perturbação dos fenômenos pela medição, e a psicologia atual utiliza imagens simbólicas como material cru (especialmente aquelas que se originaram espontaneamente de sonhos e fantasias) para reconhecer o processo na psique coletiva ("objetiva"). Assim, Física e Psicologia refletem novamente para o homem moderno o velho contraste entre o quantitativo e o qualitativo. Desde o tempo de Kepler e Fludd, contudo, a possibilidade de estabelecer uma ponte entre esses pólos antitéticos tornou-se menos remota. Por um lado, a idéia de complementaridade na física moderna demonstrou-nos, em um novo tipo de síntese, que a contradição nas aplicações de velhas concepções contrastantes (como partícula e onda) é apenas aparente; por outro lado, a empregabilidade de velhas idéias alquímicas na psicologia de Jung aponta para uma unidade mais profunda de ocorrências físicas e psíquicas. Para nós, diferentemente de Kepler e Fludd, o único ponto aceitável parece ser aquele que reconhece *ambos* os lados da realidade – o quantitativo e o qualitativo, o físico e o psíquico – como compatíveis um com o outro, e podem abraçá-los simultaneamente.

7

Está obviamente fora de questão para o homem moderno reverter ao ponto de vista arcaístico que pagou o preço de sua unidade e completude com uma ignorância inocente da Natureza. Seu forte desejo por uma unificação maior de sua visão de mundo, contudo, impele-o a reconhecer a significância do estágio pré-científico do conhecimento para o desenvolvimento de idéias científicas... suplementando a investigação desse conhecimento, dirigido para dentro. O processo anterior é devotado ao ajuste de nosso conhecimento a objetos externos; o posterior deveria trazer à luz as imagens arquétipas usadas na criação de nossos conceitos científicos. Somente pela combinação dessas duas direções de pesquisa o entendimento completo pode ser obtido.

Entre cientistas em particular, o desejo universal por maior unificação de nossa visão de mundo é intensificado grandemente pelo fato de que, apesar de agora termos as ciências naturais, não mais possuímos um quadro científico total do mundo. Desde a descoberta do quantum de ação, a física gradualmente foi forçada a abdicar de sua orgulhosa asseveração de ser capaz de compreender, em princípio, *todo* o mundo. Essa própria circunstância, contudo, como uma correção da unilateralidade inicial, poderia conter o gérmen do progresso em direção a uma concepção unificada do Cosmos inteiro, do qual as ciências naturais são apenas uma parte.

Devo tentar demonstrar isso por referência ao ainda não resolvido problema da relação entre ocorrências no mundo físico e aquelas na alma... a ciência moderna pode ter nos trazido para mais perto de uma concepção mais satisfatória dessa relação pela disposição, dentro do campo da física, do conceito de *complementaridade*. Seria o mais satisfatório de tudo se a física e a psique pudessem ser vistas como aspectos complementares da mesma realidade. Não sabemos ainda, contudo, se somos aqui confrontados – como conjeturado por Bohr e outros cientistas – com uma relação verdadeiramente complementar, envolvendo exclusão mútua, no sentido de que uma observação exata dos processos fisiológicos resultaria em uma interferência tal com os processos psíquicos que os últimos se tornariam absolutamente inacessíveis para observação... Além disso, se os sistemas filosóficos mais antigos alocaram o psíquico no lado subjetivo da divisão, isto é, no lado do sujeito apreendedor, e o material por outro lado – o lado daquilo que é objetivamente observado –, o ponto de vista moderno é mais liberal a esse respeito: a microfísica mostra que os meios de observação podem também consistir em aparatos que registram automaticamente; a psicologia moderna prova que há, ao lado daquilo que é observado introspectivamente, uma psique inconsciente de realidade objetiva considerável. Assim a presumida ordem da Natureza, por um lado, torna-se relativa com respeito aos não menos indispensáveis meios de observação fora do sistema observado; e, por outro lado, colocados além da distinção entre "físico" e "psíquico".

... em microfísica... as leis naturais são de tal tipo que cada porção do conhecimento ganho de uma medida precisa ser paga com a perda de outros itens complementares de conhecimento. Cada observação, portanto, interfere em uma escala indeterminável tanto com os instrumentos de observação como com o sistema observado e interrompe a conexão causal dos fenômenos precedentes com aqueles que seguem. Essa interação incontrolável entre observador e sistema estudado, acontecendo em cada processo de medição, invalida a concepção determinista dos fenômenos admitida na física clássica: a série de eventos ocorrendo de acordo com regras predeterminadas é interrompida... por uma observação seletiva que... pode ser comparada a uma criação no microcosmos ou ainda a uma transmutação cujos resultados são, contudo, imprevisíveis e além do controle humano.

Dessa maneira, o papel do observador na física moderna é levado em conta satisfatoriamente. A reação do conhecimento adquirido no ganhador daquele saber origina, contudo, uma situação transcendente à ciência natural, uma vez que é necessária para o bem da completude da experiência conectada de modo que deva ter uma força obrigatória para o pesquisador. Temos visto como não apenas a alquimia mas também a idéia heliocêntrica fornecem um exemplo instrutivo da problemática de como o processo de conhecer está conectado com a experiência religiosa de transmutação passada por aquele que adquire conhecimento. Essa conexão pode ser compreendida somente por símbolos que tanto expressam imaginativamente o aspecto emocional da experiência como permanecem em relação vital com a soma total do conhecimento contemporâneo e do atual processo de cognição. Somente porque em nosso tempo a possibilidade de tal simbolismo tornou-se uma idéia alienígena, pode-se considerar especialmente interessante examinar outra era para a qual os conceitos do que agora é chamado mecânica científica clássica eram estranhos, mas que nos permite provar a existência de um símbolo que tinha, simultaneamente, uma função religiosa e científica.

APÊNDICE I

A REJEIÇÃO DE FLUDD DA PROPOSIÇÃO DE QUE A ALMA DO HOMEM É UMA PARTE DA NATUREZA

Replicatio na Apolog. ad Anal. XII (Frankfurt, 1622), pp. 20 f.

A PARTIR DESSAS FUNDAÇÕES de tuas *Harmonices* surgem, parece, multifárias questões e dúvidas nada fáceis de resolver, a saber:

1. Se a alma humana é uma parte da Natureza?
2. Se o círculo, com suas divisões pelos polígonos regulares, é refletido na alma porque ela [a alma] é uma imagem de Deus?
3. Se os determinantes das harmonias intelectuais na Mente Divina são estabelecidos na base da divisão do círculo que acontece na essência da própria alma, como Johannes Kepler diria (p. 21), cujo modelo aqui é a mente humana, que reteve de seu arquétipo a impressão dos dados geométricos desde o princípio do homem?
4. Se o sentido da audição é uma parte da Natureza e testemunha os sons e suas qualidades como representados [ao intelecto] pelo *sensus communis*?

5. Admitindo que (com base no mencionado) a proporção é refletida na mente a partir de sua origem, se então os sons devem ser considerados harmoniosos e se prazer pode ser derivado deles ou não?
6. Se o triângulo é uma parte da natureza das coisas inteligíveis, como o quadrado e qualquer outra coisa que divida o círculo em partes que por sua quantidade ou tamanho determinam qualquer proporção harmoniosa, e se todos os outros fatores naturais presentes em canção artificial seguem o valor numérico, assim estabelecido, das consonâncias?

Sobre os pontos principais dessas questões, meu Johannes, devo começar a falar em ordem, sem pretensão de contradizer-te de qualquer forma ou de causar qualquer dano às tuas *Harmonices,* mas somente pelo bem da discussão e como um filósofo estimulado por outro filósofo a resolver algumas questões, bastante distantes de sua própria opinião:

Se a alma humana é uma parte da natureza?

Essa questão eu devo responder na negativa, contrariamente ao que esperas.

1. Porque a Natureza, em sua capacidade de alma universal, contém a fórmula do todo e não é nem divisível em suas partes essenciais, como Platão testifica.
2. Hermes Trismegisto diz que a alma, ou mente humana (que ele não hesitou chamar de natureza de Deus), pode ser separada ou dividida de Deus tanto quanto um raio de Sol.
3. Platão, bem como Aristóteles, parece afirmar que o Criador de todas as coisas possuía como alma alguma coisa inteira [total] antes de qualquer divisão. E Platão chama essa alma de natureza universal.
4. Platão diz que a alma, quando separada das leis corpóreas, não é um número com uma quantidade definida e não pode ser dividida em partes ou multiplicada, mas é de *uma* forma [um *continuum*].
5. E Jâmbico parece sustentar que a alma, apesar de que parece ter dentro de si todas as ordens e categorias, é, todavia, sempre determinada de acordo com alguma unidade.
6. Finalmente, Pitágoras e todos os outros filósofos que foram dotados com algum toque do divino reconheceram que Deus é um e indivisível. Por isso, podemos argumentar silogisticamente como segue:

A. *Que o que era um todo antes de qualquer divisão não é uma parte de algo.*

B. *Agora, a alma era um todo antes de qualquer divisão.*

C. *Portanto, ela não pode ser uma parte da Natureza.*

B é provado pelo terceiro axioma mencionado acima. Mas se tu dizes, em objeção a *A*, que o filósofo quis dizer a alma mundial ou alma universal, onde tu quiseste dizer alma humana, eu respondo com o quarto axioma, que a alma separada das leis corpóreas não é um número e não é divisível. Agora aquela alma mundial, que na opinião de Platão, de acordo com o axioma 3, é a própria natureza, é separada das leis corpóreas. Conseqüentemente, a alma humana também não pode ser considerada uma parte da anterior, uma vez que é indivisível (como é provado pelos axiomas 2, 3 e 4). Ou posso lidar contigo de outra maneira, tomando meu argumento de tua própria boca:

A. *A imagem de Deus não é parte de nada.*

B. *Agora, com base no que foi concedido, a alma humana é a imagem de Deus.*

C. *Portanto, não é uma parte da Natureza.*

A está claro porque Deus é o Um e Indivisível, de acordo com o axioma 6. *B* é tua própria asserção, como é citado na segunda questão e como o discurso de Hermes Trismegisto sobre a extensão da mente declara, de acordo com o axioma 2.

Agora devemos seguir à segunda questão: *Se o círculo, com suas divisões pelos polígonos regulares, é refletido na alma porque a última é a imagem de Deus?*

Não devo hesitar em responder a essa questão também na negativa, apoiado pelos mais fortes e encorajadores argumentos dos filósofos. Nomeadamente, porque:

1. Platão, em primeiro lugar, diz que a alma, separada das leis corpóreas, não é um número tendo quantidade, nem é divisível nem multiplicável. Mas é uniforme, revolvendo em si, racional, e ultrapassa todas as coisas corpóreas e materiais.
2. Aristóteles e Platão dizem que o Criador sustentava a alma como uma totalidade antes de qualquer divisão, e Pitágoras a coloca como "um em si" e diz que ela tem sua unidade no intelecto.
3. Pitágoras, em sua carta a Eusébio, reconhece que Deus é uma unidade e indivisível e diz que a dualidade é o Demônio e o mal, porque nela repousam a multiplicidade e a materialidade. E Platão sustenta que todo bem existe como Um; mas o mal, ele diz, vem da multiplicidade caótica.
4. Cícero diz que não seria possível para a perfeita ordem existir em todas as partes do mundo, a menos que elas fossem unidas por um único espírito divino e contínuo.
5. Deus não pode nem ser limitado [definido] nem dividido nem composto (de acordo com Franciscus Georgius).
6. Os filósofos platônicos dizem que Deus está presente [*lit.* derramado] em todas as coisas. [Ele é chamado] a alma mundial (que, eles

dizem, contém a fórmula do todo) à medida que Ele, universalmente difundido, preenche e aviva todas as coisas.

7. Deus não pode ser determinado nem de acordo com a essência nem conforme a quantidade, à medida que nenhuma predicação pode compreendê-Lo (Scotus).
8. Os pitagóricos e os platonistas têm a alma mundial como sendo encerrada dentro das sete esferas planetárias e dizem que dentro da primeira esfera ela descansa na mente mais alta; e, então, dizem, se tornou idêntica a ela.
9. Como todos os números estão no Um, como todos os raios do círculo estão no centro e como os poderes de todos os membros estão na alma, assim, diz-se, Deus está em todas as coisas e todas as coisas estão em Deus. *Ars chymica.*
10. Hermes Trismegisto diz que Deus é o centro de qualquer coisa – um centro cuja periferia não está em lugar algum.

Com a ajuda desses axiomas dos filósofos eu, portanto, argumento assim contra suas asserções.

ARGUMENTO I

A. *Aquilo que em e de si não é um número nem tem quantidade não é capaz de receber em si qualquer figura (como o círculo) quantitativa* [mensurável].

B. *Agora a alma, que é livre das leis corpóreas, não é um número e não tem quantidade.*

C. *Portanto, a alma não recebe em si desde o princípio uma figura mensurável (como o círculo); e conseqüentemente um círculo nem de longe se reflete nela.*

A está claro porque um não-*quantum* [uma magnitude não quantitativa] não pode receber em si quaisquer quantidades, como o Um não admite a multiplicidade, e conseqüentemente não é um número.

B é confirmado pelo primeiro axioma e similarmente pelo segundo e pelo terceiro, de acordo com o que é provado que a alma é um. Mas se tu responderes que a alma, como a concebes, não é separada das leis físicas uma vez que é a alma humana, então eu digo que tu quiseste dizer a essência da alma, como é aparente em tuas palavras subseqüentes; e no homem, como ele existe, essa essência não é diferente daquela alma do macrocosmos de que o axioma 1 fala na segunda questão, e de acordo com o axioma 2 da primeira questão, no qual é mostrado que a essência da alma não pode ser separada de Deus.

Ou também assim:

A. *Se a alma é uma imagem de Deus, não é nem uma quantidade nem um número.*

B. *Agora ela é, como tu mesmo admites, a imagem de Deus.*

C. *Portanto, não é um número nem admite quantidade.*

A está estabelecido porque Deus, de acordo com o axioma 7, não pode ser determinado de acordo com a essência nem conforme a qualidade ou quantidade, dado que Ele permanece fora de e acima de qualquer predicação.

À medida que a confirmação de tua declaração (demonstrando que a alma é a imagem de Deus) diz respeito, contudo, isso também é provado pelo axioma 7, que testifica o fato de que a alma descansa em todos os tempos em Deus e torna-se um com Ele na esfera mais alta e final de Seu Ser. E [também é provado] pelo axioma 2 na primeira questão, de acordo com a qual a mente não é dividida de Deus.

A. *Se o círculo, com suas divisões pelos polígonos regulares, é (como dizes) refletido na alma desde o princípio, então a alma é divisível e multiplicável.*

B. *Agora a alma não é divisível nem multiplicável.*

C. *Portanto...*

A é evidente porque, se o círculo a preenchesse [a alma] completamente (por isso ela também é designada como um círculo pelos filósofos platonistas, apesar de falando apenas metaforicamente), e se esse círculo fosse divisível em partes pelos polígonos regulares, segue que a alma também pode ser dividida pelas divisões daquele círculo.

B é confirmado pelo axioma 1; além disso, é mostrado claramente pelo axioma 2 que o Criador sustentava a alma como uma totalidade antes de qualquer divisão, portanto do próprio princípio o círculo não era refletido nela nem ela admitia as divisões do círculo pelos polígonos regulares. Mas isso pode ser colocado ainda mais lucidamente no argumento seguinte:

A. *A alma humana é (até em tua asserção) uma imagem de Deus.*

B. *Agora Deus não pode ser dividido nem composto.*

C. *Portanto, a alma humana também não pode.*

REPLICATIO, P. 34:

... Tu sustentas, então, que a alma humana é uma parte da Natureza e que na alma o círculo é refletido com suas divisões pelos polígonos regulares por causa do fato de a alma ser a imagem de Deus. Mas eu digo que a alma, pelo menos acerca de essência, não pode ser dividida da Natureza como uma parte pode ser dividida do todo, de acordo com aquela declaração de Hermes Trismegisto (*Pimandro* 12): A mente não é de modo algum dividida da essência de Deus. Ao contrário, ela é unida com Ele como é a luz com o corpo do Sol. Pois vemos que os raios solares são unidos com o corpo do Sol e não podem de modo algum ser realmente divididos em partes; mas naturalmente, com respeito a nós que habitamos em multiplicidade, dizemos que a alma de um homem difere daquela de outro em número e gênero, apesar de na verdade todas as almas terem uma relação contínua com a *única* alma mundial ou o *Metattron*, como tem a luz do Sol com o Sol. Conseqüentemente, a multiplicidade realmente repousa na matéria e não na forma, que não é nada além de uma emanação contínua de Deus, ou a Palavra de Deus, conferindo vida e ser a todas as criaturas. Quando é retirada [revogada], a vida é destruída, como é dito no Salmo 104...

REPLICATIO, P. 35

Eu, portanto, concluo que, como a essência de Deus é indivisível, também a própria Natureza, que é Sua emanação no mundo, é em todos os aspectos *uma única forma* e indivisível em si. E [somente] à extensão de que Deus – e, disso, as funções e qualidades produzidas para aperfeiçoar o mundo – é divisível em três Pessoas, [somente] à medida que se diz que a alma, também, pode ser dividida em várias partes, de modo que é algumas vezes os sentidos, ora memória, ora imaginação, então razão, intelecto, mente, e assim por diante.

Aqueles, então, que buscam considerar a alma como inerente às coisas perecíveis observarão com seus olhos físicos, isto é, pode ser distinguida do corpo e suas propriedades. Mas aquele que, voltando-se a si e a seu centro e negligenciando o mundo externo como uma sombra enganadora, penetra em seus portões interiores, perceberá com seus olhos espirituais que não há divisibilidade nem quantidade na alma e que nem números nem figuras geométricas podem ser descobertos em Deus (Que está acima de quantidade e qualidade, Que tem uma essência contínua da alma)...

Mas a alma mundial não é nessa conta um círculo nem tem um círculo dentro dela; mas, ao contrário, por seu próprio movimento circular, abrange e contém o Universo como na figura de maior capacidade, e também divide-a das trevas da matéria. O círculo e suas divisões imaginárias existem, portanto, no espírito passivo criado, e não na alma criadora.

APÊNDICE II

FLUDD SOBRE O QUATERNÁRIO

DEMONSTRATIO QUADAM ANALYTICA (DISCURSUS ANALYTICUS) (FRANKFURT, 1621), ANÁLISE DO TEXTO XXI, P. 31

AQUI, A DIGNIDADE DO NÚMERO quaternário será discutida e eu a defenderei com força e vigor tanto quanto meu fraco intelecto permitir, esporado pela insolência do autor [Kepler]. Não somente a Teologia sagrada exaltou a superioridade predominante desse número sobre os outros, e por tal razão eu me sinta movido a considerar e reconhecê-lo como divino; mas também a própria Natureza, a ama da cabeça de Deus, e as mais nobres das ciências matemáticas, quer dizer, Aritmética, Geometria, Música e Astronomia, demonstraram seus maravilhosos efeitos. Disso, quando examinamos totalmente seu louvor na Teologia, devemos perceber, em primeiro lugar, que esse número quadrático é aproximado de Deus, o Pai, em quem o mistério de toda a sagrada Trindade é compreendido. Pois a primeira e simples proporção do quaternário, aquela de 1:1, denota o símbolo da mônada, a essência supersubstancial do Pai, procedente da qual a segunda mônada engendra o Filho como a Si própria, e essa segunda progressão também é simples, como de 1 para 1. A proporção de 2:2, que é a segunda proporção dos números simples, denota o Espírito Santo, procedente de dois, nomeadamente do Pai e do Filho. Essas progressões no quaternário são lucidamente expressas pelo inefável nome [*Jahweh*]: em que o duplo He ou [h] significa a progressão de Jod, o Pai, e de Vau, o Filho; portanto, esse nome [que] expressa sozinho a essência de Deus, e nenhum outro, é conhecido como *Tetragrammaton*. E essa é a razão por que esse número é chamado pelos sábios de *origem e fonte de toda a cabeça de Deus*. A própria Natureza, derivando sua origem da cabeça de Deus, também clama esse número como seu princípio fundamental. E essa é a mesma coisa que os pitagóricos proclamaram, que chamaram esse número de *a eterna fonte primordial da Natureza*, como parece dos versos seguintes que os pitagóricos estavam acostumados a pronunciar quando faziam um juramento:

Puro no coração eu te juro pelo sagrado Quatro,
a fonte da eterna Natureza, o procriador da alma.

E, enquanto estou discutindo esse assunto, devo dizer o seguinte: os pitagóricos não consideravam a dualidade um número, mas uma mistura das unidades. Conseqüentemente, eles declararam seu quadrado ser o primeiro número par, e não sem razão; pois, uma vez que a primeira unidade significa a forma divina ou *actus*, a segunda unidade, contudo, a *potentia* divina ou matéria: *potentia* precisa emergir da escuridão pela virtude do *actus*. Dessas unidades, agora, a primeira foi criada pela ação ligante da unidade tripla, da substância geral [não especificada] do mundo de acordo com a natureza da Trindade sagrada. Mas porque o primeiro quadrado foi baseado no número 2, a progressão da natureza procedeu àquele número 4, cuja proporção para o número 2 é 2:1, e que é também o quadrado do número 2. E dessa forma a substância geral, aquosa, do mundo foi dividida em quatro elementos distintos um do outro. Desse número [4] há na ordem das coisas uma progressão igual à primeira, nomeadamente, ao primeiro cubo que é o número 8 ou 2 x 4; isso denota as composições dos elementos exatamente como os próprios elementos, como o quadrado procedeu do número 2, que denota matéria simples e forma simples como distintas uma da outra. Disso, então, se originaram os quatro graus da natureza que são relacionados aos quatro elementos, nomeadamente: ser, vida, percepção sensorial e inteligência; os quatro pontos cardeais do Universo; as quatro tríades no firmamento [quer dizer, uma das estações]; as quatro qualidades primárias atrás do firmamento; e as quatro estações. De fato, toda a Natureza pode ser compreendida em termos de quatro conceitos: substância, qualidade, quantidade e movimento. *In fine*, uma ordem quádrupla constantemente permeia a Natureza inteira, nomeadamente: força seminal, crescimento natural, forma que amadurece e o composto. Por isso, podemos claramente demonstrar que esse número 4 deveria ser escolhido para distinguir e dividir a matéria úmida [primordial], em vez do 3 ou do 5.

A Aritmética também demonstra a superioridade desse número sobre todos os outros. Pois essa ciência explica bem não somente sua proporção dupla (primeiro, aquela de 1:2; segundo, aquela de 2:4) e nascida de uma progressão e proporção duplas, nomeadamente, de 1 para 1 e de 2 para 2. O número 4 assim começa com a unidade e termina na quaternidade. E, de fato, nesse número todos os outros estão contidos, pois 1 + 1 = 2, e 1 + 2 = 3, e 3 + 1 = 4. Assim, então, são estabelecidos 1, 2, 3 e 4, nos quais os mistérios de todo o mundo e da própria Natureza e a extensão da aritmética estão contidos; pois por 3 e 4 é produzido o número 7 que, *formaliter* [simbolicamente] considerado, é absolutamente místico e cheio de segredos. Da adição de 2 e 3 resulta o número 5; de 1 + 2 + 3, o número 6; de 1 + 3 + 4, o número 8; de 2 + 3 + 4, o número 9; e, finalmente, da soma da progressão natural inteira 1 + 2 + 3 + 4 surge o número 10, além da designação do qual não pode haver mais progresso. Dessas progressões surgem todas as proporções de Geometria e Música, como 1, 2, 4, 6, 8, 10 e 1, 3, 6, 9 e 1, 4, 8. E, para aquele que compreende apropriadamente o uso dessa progressão natural 1, 2, 3, 4 na especulação formal [simbólica], não estará escondido o mistério dos sete dias da criação; e por que o Sol foi criado no quarto dia; e como 3 + 4 constituem tanto o 7 ou o 10 ou o 4 entre os números racionais; e por que o 4 é o número do dia do Sabá, isto é, descanso; e por que o número 4 é o dia do Sol; similarmente, como na verdadeira operação da Natureza, a tríade denota e estabelece a hêxade e traz seis dias no trabalho da criação, ele também será capaz de trabalhar as fórmulas dos dias críticos e dos anos climáticos. Quando ele considerar o 4 como uma unidade, ele verá, com olhos abertos, por assim dizer, a criação dos sete planetas no mundo e muitas outras maravilhas.

Em Geometria, seu poder é infinito, à medida que compreende essa parte da matemática em quatro conceitos: ponto, linha, superfície e corpo. Dele [o número 4] vemos também emergir da parte mais interior aquele cubo geométrico aborígine, do qual nosso autor Kepler prolongou todo o justo como os quatro elementos a partir do ventre do Caos; pois o cubo, que ele próprio reconhece como primordial e contendo a fórmula de tudo, resulta da multiplicação do quadrado. Uma vez que isso é assim, fui obrigado a escolher em minhas divisões o número 4, no qual o cubo pode ser resolvido como em seus elementos primários – nomeadamente, quadrados –, dos quais, por sua própria admissão, o triângulo e o pentágono são obtidos. Conseqüentemente, uma coisa natural composta, relacionada como é ao cubo, deveria ser dividida em quartos, isto é, quadrados, em vez de em três terços ou cinco quintos. Pois no ato da decomposição acontece a dissolução do composto, quer dizer, o cubo, em quatro elementos, quer dizer, no quadrado; exatamente como, de modo inverso, no ato da geração há uma progressão natural do quadrado para o cubo.

Finalmente, o poder desse número é revelado tão claramente quanto possível na ciência da Música, à medida que compreende nele mesmo toda a harmonia musical. Pois na dupla [proporção], como 1:2, fica a oitava; na sesquiáltera, isto é, 3:4, a quarta. Além disso, do número 4 e sua raiz lá resultam todas as proporções das consonâncias compostas [acordes]. A oitava, por exemplo, fica em relação à quinta na tripla [proporção], isto é, como 2, 4, 6. Pois entre 2 e 6 uma proporção tripla reunida da dupla, nomeadamente 2 + 4, e a sesquiáltera, isto é, 4:6. A oitava dupla é encontrada na quádrupla [proporção], como 2, 4, 8; a quarta, todavia, mais a quinta fazem uma oitava, como 2, 3, 4. Disso pode ser visto que todas as proporções musicais recebem suas propriedades do quaternário e sua raiz, ou se resolvem em suas medidas ou surgem delas.

E, finalmente, se consideramos a Astronomia mística, devemos de fato perceber nela todo o poder do quaternário, e isso muito claramente; pois todo seu segredo repousa na mônada hieroglífica que exibe os símbolos do Sol, da Lua, dos elementos e do Fogo, quer dizer, aqueles quatro que estão ativa e passivamente a trabalho no Universo para produzir dentro dele as mudanças perpétuas pelas quais a corrupção e a geração acontecem [ver Figuras 4 a 8, pp. 82, 137 a 141].

Em sua imagem simbólica vemos, em primeiro lugar, uma indicação do quaternário na cruz, quatro linhas sendo arranjadas de forma a se encontrar em um ponto comum. Junto com o número 3, que denota a Lua, o Sol e o Fogo, esse [quaternário] produzirá o 7, que também pode ser demonstrado pelos quatro elementos. E ainda esse número 7, em si próprio não é outro que o quaternário considerado formalmente.

Além disso, até os praticantes da Astronomia ordinária estimaram essa matéria como de grande momento: no estabelecimento do zodíaco, eles o dividiram em quatro tríades. Concluímos, portanto, que os sábios chamaram esse número de *Tetraktys* e deram precedência a ele sobre todos os outros números porque, como foi dito, ele é a fundação e raiz dos outros números. Disso todas as fundamentais, tanto nas coisas naturais como artificiais, e mesmo no reino divino, são quadrados, como foi explicado anteriormente. Segue, portanto, que a divisão de uma coisa natural pelo número 4, que, na ordem da própria natureza, é preferível a uma divisão por 3 ou 5, que são por natureza derivados da raiz do quaternário e conseqüentemente subordinados a ele. Finalmente, na divisão da terra em quatro partes, a água em três, o ar em dois e o fogo em um, alguém poderia não entender essa distribuição que o autor [Kepler] faz, como foi exposto, mas com respeito à proporção formal nesses elementos. Pois eu me empenho em mostrar que a natureza da terra, uma vez que é a base e, digamos, a fonte e o cubo da matéria, tem pouco ou nada da forma ou luz vivificante em si; é, por assim dizer, o vaso ou matriz da natureza e o receptáculo das influências celestiais, de modo que a luz que tem pertence a ela mais por acidente que por natureza, à medida que ela [a terra] é muito remota da fonte de luz e é o mais frio de todos os elementos, e isso no quarto grau; a água também é fria, mas em um grau menor. Por essa razão, ela [a terra] admite apenas um grau de luz sobre si e também no caso dos outros. Os sábios deviam portanto entender corretamente antes de condenar precipitadamente.

VI

A EFICÁCIA DA ALQUIMIA: "O RASTELO DOURADO DA VERDADE"[53]

Truth's golden Harrow
Framed and fashioned by a loyal (and
faithful)[54] servant of Virgin
Alchemy
To break and prepare those gross
clods of Error (and to correct
those furrow balks) wch the
blunt Plowshare of a mis-
Believer in the material
Elixir hath left im-
perfect in his Till-
age of Light.
Latent adhuc Lilium et Rosa
inter spinas.
Experientia Veritatis sigilum.[55]

53. Extraído de JOSTEN, C. H., *Truth's Golden Harrow: An Unpublished Alchemical Treatise of Robert Fludd in The Bodleian Library* em *Ambix* 3, nos 3 e 4, abril de 1949, pp. 91-152.

54. As palavras entre parênteses aparecem no manuscrito.

55. O Rastelo dourado da verdadeEstruturado e ajustado por um leal (e fiel)[54] servo da virgem Alquimiapara quebrar e preparar aqueles orrões grosseiros de erro(e corrigir aquelas faixas de terra não aradas) que o arado cego de um descrente no Elixir material deixou imperfeitos em sua lavoura de Luz.*Latent adhuc Lilium et Rosa inter spinas. Experientia Veritatis sigilum.*

Gentil leitor,

Se nosso último lavrador de luz rudemente passou por cima e apenas de leve realizou o pesado encargo e a importante tarefa que com tão grande exibição e demonstração de coragem e suficiência suportou, em minha opinião, ele não deve ser de todo condenado por [ser] insuficiente, apesar de que, por outro lado, não deve ser desculpado por sua omissão e negligência em deixar atrás dele muitas faixas irregulares não aradas de erro não retificado e diversos torrões de confusão intocados e mal preparados. Mas sua confissão, página 32, de certo modo abrandou tal ofensa, na qual ele reconhece que seu arado... [apenas] sucintamente passou por cima do extenso campo do Elixir dos filósofos. Agora a pressa, tu sabes, é inimiga da perfeição: *Festina lente,* diz o filósofo, e *Lente lente et omnia bene.* Passar sobre um campo tão grande como aquele do Elixir filosófico com tão pequena e insignificante aragem deve ou produzir uma lavoura muito superficial ou tornar um solo áspero e mal adubado.

Eis que, portanto, imaginei uma coisa muito conveniente: prover um rastelo estruturado do ouro filosófico, para corrigir essas terras mal lavradas e desníveis que o arado fez nessa colheita, para que o chão possa se tornar mais apto a receber o grão da realidade e da verdade, antes apenas coberto com as semente[s] aparentes da moralidade que são maravilhosamente perturbadas pelos espinhosos cardos da contradição e misturados com o não lucrativo joio da obscuridade. Isso, eu digo, é tudo, e isso tudo livremente recomendo à tua sábia e imparcial censura para ser completamente definido.

Adeus

[Fludd sumariza os pontos de Scot e os divide em 12 "sulcos", que ele por sua vez "desterra".]

O PRIMEIRO SULCO

[Scot sustenta que deseja prevenir os outros da não lucrativa busca de uma não-entidade, a Pedra Filosofal, ou elixir, ou ouro, ou luz artificial incorporado pela arte. A resposta de Fludd é como segue:]

Ai, quantos pretendentes teve esse Elixir dourado, os quais por seus melhores esforços trabalharam e labutaram para adquirir apenas uma visão de seu conteúdo brilhante e desfrutar apenas o peso de um grão de mostarda de sua graça e perfeição; todos que, percebendo-se afinal negligenciados ou ainda rejeitados por ela como sendo muito indignos de seus favores, apostataram, e no lugar de suas desejadas recomendações contaminaram sua pureza virgem e simplicidade sobrenatural com mentiras abomináveis, marcaram-no irreligiosamente na testa com os ferros da desgraça e da ignomínia, proclamando-o uma prostituta sofisticada, um quimérico e imaginário *non ens*, uma fumaça sem substância, um personagem vazio que é nomeado mas não tem essência, afirmando portanto que ele não existe porque não se dignará a revelar-se senão a uns muito poucos, e esses devem provar-se dignos de suas graças e favores. Para tais, portanto, e a tais ele foi enviado do céu, com eles se delicia e habita, uns poucos abraça e visita amiúde com conforto; um milhão rejeita como estranhos, e assim lança a seus olhos uma nuvem de escuridão e erro para que não apareça a eles, mas que tenham olhos e não vejam, e assim possam viver em trevas perpétuas.

Para concluir, suspeito que esse nosso lavrador de luz se provará apenas um falsificador e alguém que, após longa corte, foi rejeitado e recusado por essa dama sem-par, o virgem Elixir dos filósofos, que, porque foi e continua tão cego de sua brilhante presença, imagina que ela não é [para] ser encontrada *in rerum natura*, pois parece que ele presume tão grande seu próprio mérito e valor que deveria representar uma posição já concedida, que da necessidade ela deve se revelar a ele se existisse tal coisa, enquanto, ao contrário, os filósofos de mente humilde confessam que há mais mistérios escondidos do sentido do homem que coisas que são reveladas a ele.

Mas penso que nosso rastelo, estando preparado para concluir a preparação desse sulco, topa... com uma certa porção de contradição. Pois, na caridosa afeição de nossos agricultores para com os pobres alquimistas aflitos, compartilhando um sentimento na miserável dilapidação de seus meios e fortunas [na busca por] um Elixir imaginário, parece variar completamente das regras e preceitos da doutrina daqueles filósofos que ele ensina tão sinceramente: ele diz e alega que os filósofos por sua colocação tão pontual de um Elixir aparentemente real tinham uma boa intenção, sendo (como ele supõe) exercitar espíritos curiosos a fim de que não se precipitem sobre rochas mais perigosas de mistérios proibidos mais altos ou se tornem completamente ociosos...

Agora os filósofos sabiam que era impossível praticar a feitura do Elixir segundo sua doutrina enigmática e parabólica sem muito custo e responsabilidade... os filósofos antigos de fato nos ensinam que... homens pobres não deveriam empregar-se no negócio da alquimia; então os mais sábios e francos entre eles ingenuamente concluem que *quicquid facis tolle manum a marsupio*: O que quer que faças (eles dizem), não ponhas tua mão em tua bolsa, pois nossa arte não consiste em multidão de gastos.

Mas suponhas que, pela prática dessa ciência, os homens foram levados à pobreza e necessidade: nosso autor confessa que tais eram as vidas e condições dos filósofos cujo costume era condenar o ouro com a intenção de que, pela pobreza, eles poderiam atingir com maior facilidade o *summum bonum* dos sábios, o principal alvo a que miravam. Eu me pergunto, portanto, por que tal amor extremo dos pobres alquimistas aflitos deveria mover nosso lavrador de luz a retirá-los daquilo que o filósofo mais sábio (como ele pensa) inventou com o propósito estabelecido de manter e afastá-los de vícios maiores. Ou por que ele deveria aconselhar homens a preservar tão desgastantemente suas riquezas e posses contra as quais ele então exclama, dizendo: Ó enganadoras riquezas, quão falsamente sois chamadas bens, riquezas e ouro, eu digo, que os sábios filósofos tanto condenaram e rejeitaram, como ele mesmo infere...

O SEGUNDO SULCO

[Scot exclama que] Esse ouro artificial, Elixir imaginário... é uma pílula venenosa enfeitada com sofisticada curiosidade, vil cobiça ou transgressão, astúcia, êmulos estranhos e inimigos irreconciliáveis à filosofia.

[Fludd responde] Se a Pedra Filosofal [é] uma coisa tão mascarada, sofisticada e prestigiosa como ele a coloca, então, sem dúvida alguma, com efeito se mostrará em suas cores como um inimigo aberto da filosofia.

Confesso que os filósofos conjuntamente concordam que ela é tão venenosa como uma víbora ou serpente no trabalho, e, portanto, somos prevenidos a tomar cuidado com a sua respiração, mas similarmente todos eles nos asseguram que, na conclusão... ela se torna um perfeito remédio da vida, e a perfeita *aurum potabile* que cura a lepra e protege o corpo de doenças, sim, e retifica o espírito do homem...

Também devo reconhecer, com os filósofos, que essa pílula é enfeitada com sofisticada curiosidade para os olhos dos tolos e tais que são ignorantes, mas para a pessoa sábia e compreensiva ela se prova um verdadeiro Elixir da vida...

De maneira semelhante aos que saem à sua procura... que estão despreparados com a suja pretensão de lucro e ouro somente, a tais pessoas ela deixa o título de vileza, e não será encontrada facilmente por tais, mas aqueles que zelosamente a perseguem e com verdadeira intenção, e pela bênção de Deus a obtêm, facilmente perceberão que o ouro é a posse mais medíocre e a que deve ser menos estimada dos 10 mil outros mistérios que ela traz, e essa era a razão pela qual os filósofos estimavam o ouro, mas pouco, sendo que era a menos digna florescência de uma planta tão divina e preciosa.

Finalmente, onde diz que é um êmulo estranho e inimigo irreconciliável da filosofia, eu confiaria um pouco nele se ela fosse apenas uma quimera ou *non ens* (como ele nos diz), mas ele destrói sua astúcia para prová-lo, sendo que temos autores mais autênticos para confirmar a realidade dela, pois percebemos que tanto a filosofia como a divindade concordam com a existência essencial do *summum bonum*, essa luz multiplicadora, esse cupido da Natureza, esse *Metattron* cabalístico ou a platonista alma universal do mundo, pelo qual o efeito dessa palavra criadora, *Crescite e multiplicamini*, é produzido no ato de cada criatura, de qualquer tipo que seja.

O TERCEIRO SULCO

[Scot afirma que o elixir é um inimigo da filosofia.]

[Fludd: E]sse Elixir é o verdadeiro templo da sabedoria, o impregnável castelo de Cupido, aquele poderoso deus do amor, a beata e brilhante cidade dos sábios, o verdadeiro padrão da Jerusalém celestial, a marca da perfeição à qual todos espíritos imperfeitos tendem como ao porto de sua felicidade final, a balança da Justiça, o dominador e extintor do vício, e o complemento e exaltação finais da forma, e o ser exato. E, portanto, aquele que não é um verdadeiro crente e amante dessa excelente obra-prima, está afogado em trevas e tem um portão de ferro ante seus olhos de entendimento, pois esse é o espelho da verdade, o claro Tumim dos antigos judeus em cujo centro habita seu Urim brilhante como uma alma divina em um corpo não poluído e casto e virgem, o ouro de Deus, o ouro que é para ser comprado de Cristo, o guia das ações dos homens, a casa da sabedoria sustentada por sete pilares.

E, para concluir, em vez de ser um inimigo da filosofia, é o melhor amigo que ela tem; pois a única dama que serve, como o corpo à alma, é a sabedoria, que é o *summum bonum* dos filósofos e assunto principal da filosofia que tem sua denominação do seu amor [à] sabedoria. Agora o Elixir é o templo da sabedoria, ou o Sol terreno dos filósofos que é também o tabernáculo tanto da emanação divina como da celestial. A terra abrirá e trará um salvador. A luz está nas trevas e as trevas não a compreendem.

O QUARTO SULCO

[Scot assevera que na Escrita Sagrada a sabedoria foi dada em mistérios, parábolas, alegorias e analogias, mas que não é garantido dizer que elas se aplicavam a um elixir material.]

[Fludd:] Nas Escrituras Sagradas, encontramos essa alegoria mencionada: "A prata certamente tem seu veio, e o ouro seu lugar de onde o tomam, o ferro é tirado do pó, e o bronze é moldado da pedra. Deus põe um fim à escuridão e refina a perfeição de todas as coisas. Ele estabelece um limite para a escuridão e a sombra da morte. Da mesma terra vem o pão [na margem: Jó 28] e, sob ela, por assim dizer, fogo é aceso; as pedras dela são um lugar de safiras e o seu pó é ouro".

Uma descrição mais excelente do Elixir material não pode ser feita pelo alquimista mais sábio ou filósofo mais profundo, pois o agente nesse trabalho saindo da escuridão (que é a Terra) é o fogo ou Sol central; o paciente é a substância elementar aparecendo fora da dita escuridão e pela purificação e rotação do elemento reduzido a uma rocha espiritual ou safira pura transparente; o efeito é ouro rápido; a forma ou alma divina é a luz saindo da escuridão; a matéria é a terra; o espírito intermediário, a rocha de um azul-cobalto ou cor celestial que demonstra o espírito quintessencial;

novamente, o corpo é a terra refinada no pó do ouro vivo, para cuja perfeição toda a Terra é reduzida nos últimos dias, como nos é garantido pelas Escrituras, em que encontramos dizer de um novo céu e uma nova Terra, e novamente *Ecce omnia nove sunt facta*: "Eis que faço todas as coisas novas". Ezequiel fala de um fogo saído da nuvem negra que veio do norte, e do meio do fogo saiu, por assim dizer, a semelhança do âmbar, e a similaridade do firmamento era como cristal: *Venit aurum ab aquilone*: de tal aparição também fala o Apocalipse [na margem: Ap cap. 4].

De modo que podemos discernir na passagem de Jó anteriormente mencionada tanto o natural [na] geração de metais como o que é feito sobrenatural pela administração da arte. Pois a arte é ordenada nesse mistério com a intenção de que, pela adaptação dos tipos corretamente, a luz possa sair da escuridão pela violação das bandas de lá, que, tendo liberdade de ação, trabalha na substância deformada e não a deixa até que a tenha reduzido ao mais alto período ou exaltação do ato e suprema perfeição, pois ela não deixa sua operação até que da dualidade tenha feito unidade, de modo que de uma fonte de luz duas foram lançadas e compostas, a saber, matéria e forma, então pela progressão em trindade, a dualidade (autora da discórdia) possa novamente ser reduzida à unidade. Isso é, portanto, o verdadeiro tipo pelo qual podemos ser persuadidos de que, pelo Salvador que saiu da terra escura, com a conquista da morte e das trevas, também poderemos (como Jó nos ensina), nesse mesmo corpo, sendo pela luz primeiro purificado, ter uma completa ressurreição do corpo e da alma na eternidade...

Não podemos negar apenas que Cristo, o autor da salvação (cuja imagem e padrão é esse nosso mistério), ergueu-se em corpo e alma e assim dos dois unidos juntos em perfeição fez uma unidade, transmutou trevas em luz, mortalidade em imortalidade, e assim fez sua passagem do *unum,* que é o começo, ao *bonum* ou felicidade, que é o fim; e esses são conversíveis a uma única coisa pela conexão e unidade de um espírito que é todo um com ambos. O que devemos então imaginá-lo não ser porque [ele] não é material, ou não devemos tê-lo como material porque espiritual, quando cada forma confere uma matéria, seja corporal ou espiritual? Admite, portanto, que o Elixir seja de uma substância espiritual, [e que] [não] exclua sua... materialidade, quando corporalidade e espiritualidade não variam senão no refinamento e purificação, pois... como Hermes diz e S. Paulo testemunha [na margem: Ad Hb 11]: Todas as coisas visíveis foram feitas daquelas coisas que eram invisíveis pela palavra de Deus.

E S. Pedro [na margem: 2Pe 3] concorda com eles nesse ponto, dizendo: "Os céus e a terra eram da água e pela água pela palavra de Deus"; e Moisés diz que o espírito do Senhor se movia sobre as águas. Agora é certo que essa palavra e o espírito de Deus são aquela sabedoria primeiro adquirida que habita nas águas universais deste mundo, como no úmido tabernáculo da Natureza criada, e, conseqüentemente, onde quer que o raio brilhante da sabedoria apareça manifestamente, lá o tabernáculo aquoso precisa ser pura[mente] espiritual e virginal, que, todavia, como é moldado da água, do grau de refinamento que seja, precisa ser material, e em respeito à sua perfeição na maturidade é corretamente denominado Elixir, como Tumim entre os hebreus significa perfeição, em cujo centro aquela sobrenatural e suprema perfeita luz Urim habita como a forma do âmbar brilhante fez nas entranhas ou meio do fogo que apareceu a Ezequiel saída da nuvem [na margem: Ez cap.1].

Devemos, portanto, dessas bases concluir que, se todos os mistérios, parábolas e oráculos da Escrita Sagrada aludiram a tal sabedoria como a rocha espiritual... que Cristo levantou novamente, [e é] composto de um espírito divino e um corpo espiritual, do qual o verdadeiro Elixir dos filósofos é dito ser o tipo ou padrão, não devemos nem podemos afirmar justamente que essa pedra divina e espiritual pode ser excluída da materialidade... Ela consiste em um divino e supremo perfeito espírito e um corpo exaltado da corporeidade em uma existência pura e espiritual, da mortalidade à imortalidade, e, tendo o padrão de Cristo levantado novamente, ela precisa ter o poder de multiplicar infinitamente, de acordo com aquele dito de Cristo: Quando eu for exaltado, atrairei todos os corpos a mim.

Nem deixes parecer estranho a qualquer homem que tal poder é dado a essa luz, sendo que é uma ramificação da emanação universal da fonte de luz que estava... presente com Deus quando Ele fez todas as coisas; e nisso Orfeu, Demócrito e muitos dos pitagóricos imaginaram que todas as coisas eram repletas de deuses, para cada particular das quais eles observaram diversas venerações, orações e sacrifícios, e ainda, todavia, tal era seu respeito à fonte de todas essas luzes insignificantes que eles tinham ainda mais sua relação principal a um monarca ou único Júpiter. Pela mesma razão, os platonistas também reconheceram uma alma peculiar ou raio de luz a estar em toda criatura particular e individual, mas a alma universal do mundo era a cabeça e fonte a que eles referiam todas aquelas luzes singulares como todos os raios de luz celeste partem e pertencem a um Apolo, um Sol. Suas opiniões não pulam e se encontram em um ponto com essa asserção das Sagradas Escrituras: *Spiritus Dei incorruptibilis est in omni re*: "O espírito incorruptível de Deus está em tudo".

Essa sabedoria ou natureza primeiro criada... parece ser aquele fogo invisível de Zoroastro e Heráclito, do qual todas as coisas foram geradas; e diz-se ser o espírito do Senhor que foi levado na face das águas, que para eles estava no lugar da alma para um corpo; a esse espírito ígneo, Santo Agostinho chama *amorem igneum*, o amor ígneo que dava um vigor e força vivificante e vegetativo às águas gerais ou espírito do mundo, sendo que, sem calor natural, nenhuma geração ou procriação poderia ser tida em *rerum natura*; pois Deus, quando disse na criação: "Crescei e multiplicai", inspirou em toda criatura um certo espírito germinante e vegetativo ou verdor pelo qual todas as coisas multiplicaram e aumentaram suas espécies. E esse espírito multiplicativo foi depositado tanto em minerais como em animais e vegetais...

... Eu te referirei ao sentido do 17º hino do reverendo bispo Synesius... Agora os homens divinos ou alma brilhante e raio mental [só se relacionam a] o mundo intelectual, e dessa disposição a alma e o espírito racional do homem são derivados. Mas esse raio mental, sendo a cria dos parentes imortais e divinos descendo na Hile escura ou caos, muito pequena em substância e ainda, entretanto, sendo toda e uma, dispersa por toda a parte no mundo; vira-se por seu poder e virtude a vasta e ampla cavidade dos céus, e preserva-os da ruína e corrupção por sua presença, pois ela está presente em toda a parte, mudando e moldando-se em diversas formas, pois parte dela é empregada em dar movimento e vida às estrelas, parte institui a ordem dos anjos, e novamente parte [imbui a] forma elementar e terrena que abraça reciprocamente, com um laço pesaroso ou nó, de modo que ela, sendo separada de seus pais imortais... sorve em escuro esquecimento, e assim se esquecendo, ela admira a desprazerosa terra, respeita-a com um cuidado e solicitude cegos, e por esses meios está propensa a afetar coisas corporais e a inclinar-se a afazeres humanos.

Mas é manifesto que aqueles espíritos assim descendidos e incluídos têm neles uma virtude que é capaz de chamá-los de volta ao céu, de modo que depois, por sua virtude, eles tenham escapado das ondas penosas desta vida e vão àquela passagem sagrada que os direciona a seus pais régios. Feliz é ele que, evitando as mandíbulas devoradoras do hilídeo [que] sai da escuridão e, com um leve salto, dirige seu caminho a Deus. Feliz é ele que, após a morte, após trabalhos e cuidados amargos da terra, com a entrada nos caminhos do raio mental, vê a altitude das coisas brilhando e reluzindo com a luz divina. Até aqui passa o discurso desse bispo no qual ele parece nos aconselhar pelo tipo dessa progressão sobrenatural na criação, da descensão e ressurreição final não somente do homem, mas de todas as outras criaturas em que essa perfeição da luz original é semeada.

São Paulo não fez o grão de trigo seu padrão de ressurreição ao céu da perfeição ou efeito mais alto da multiplicação? Agora esse raio ou espírito brilhante de luz habita esse grão ou então ele não poderia erguer-se de novo, nem poderia aquele lampejo ter sido colocado em liberdade a não ser pela adaptação do agricultor, e o efeito de uma natureza externa trabalhando na composição da putrefação, que dessa maneira sendo as bandas dos elementos assim violadas, o lampejo de luz incluso poderia ser colocado em liberdade e conseqüentemente ter o melhor escopo para trabalhar por seu apetite, que tende a uma perfeição que é como ele próprio. Por isso, parece que há uma substância material que pertence a esse lampejo instilado de sabedoria.

Novamente pela Escrita Sagrada nos é garantido que a essência de Deus... preenche tudo no céu e na terra... [e é] vestida em uma roupa natural ou material... pois no mais alto céu Ele é dotado... com luz, bem como com uma vestimenta, e nessa luz habita centralmente; então no médio céu se diz que Ele plantou Seu tabernáculo no Sol, de onde liberalmente dispersa para toda a parte Suas graças multiplicadoras; além disso, no céu elementar fez das nuvens escuras Sua habitação. Na terra viva do homem Ele erigiu Seu templo espiritual [na margem: Sap. (Sab.) 1. Sl 139:7; Sl 104:2; Sap. 12:1].

Para concluir, seu espírito incorruptível está em tudo. Tudo o que, sendo confirmado manifestamente pelas Escrituras Sagradas, por que deveríamos duvidar, muito menos negar, que o espírito da sabedoria (que é o Espírito e a Palavra de Deus) está alojado nas criaturas visíveis e materiais, e conseqüentemente por que Ele não deveria ser a alma e vida multiplicadora da exaltada matéria do Elixir, sendo que, onde esse espírito brilhante encontra uma matéria aptamente disposta, e dignificada no mais alto grau de acordo com a nobreza de Sua forma divina e essência, terá domínio sobre as trevas e brilhará como o faz a partir do puro corpo do Sol celeste, e concederá Suas graças a partir do pequeno mundo aqui na Terra entre os homens, como faz a partir do Sol do céu no grande mundo? Isso é o que Platão quer dizer por essa sua máxima: De acordo com o mérito da matéria, uma forma mais ou menos perfeita é concedida a ela do alto.

Deus é chamado na Escrita Sagrada um fogo consumidor, e vemos que Seu fogo é multiplicativo *in infinitum*, por razão de aqueles espíritos ígneos atuarem dentro Dele, e ainda percebemos que a chama difere de acordo com a pureza da matéria. Pois o fogo do carvão difere daquele da madeira; e aquele, novamente da vela; e aquele da vela, da terpina; e aquele, novamente do enxofre, e todos esses daqueles que no espírito do vinho que por razão de sua pureza... Inferimos portanto... que é... de pouco efeito... que por causa dos hieróglifos dos filósofos e mistérios dos teosofistas e parábolas principalmente apontarem à sabedoria... eles não deveriam respeitar qualquer elixir material. Como quem poderia dizer, porque a Bíblia Sagrada se referia a Deus, portanto eles não respeitavam o arbusto flamejante do qual Ele apareceu a Moisés...

Em uma palavra, porque Jeová foi o guia dos israelitas no deserto, portanto Ele não fez uso de instrumentos materiais, como um pilar de nuvem e fogo, pois naquele pilar está escrito que Jeová, ou o anjo no qual Seu grande nome estava escrito, servia como uma alma brilhante a um corpo espiritual, mas material. Por isso, é evidente que, apesar de a sabedoria ser a marca a que filósofos e teosofistas almejam, entretanto eles a consideram como em uma natureza criada tanto sujeita ao sentido como [o] invisível, e conseqüentemente material, pois falar de Deus e Seu espírito como estando fora de todas as coisas e dentro de nada era uma grande tolice no homem, sendo que a perspicácia do homem nunca poderia discerni-Lo *a priori,* mas pelos efeitos de Suas mais queridas criaturas. Apesar de Moisés ter visto Seus posteriores, ainda assim ele nunca contemplou Sua face essencial ou Ser; pelo que os cabalistas confessam ter ele atingido o 49º portão da inteligência, mas o 50º sua composição humana nunca poderia atingir. Assim, temos nossas provas de um Elixir material da perfeição a partir da Escrita Sagrada.

Vejamos agora como os sábios cabalistas concordam com essa doutrina da Bíblia Sagrada. Escutemos qual é a opinião deles a respeito dessa luz criada primeiro, que Moisés denominou o trabalho *Fiat* ou o Espírito do Senhor que andou sobre as águas pelas quais todas as coisas foram feitas. E São Pedro afirma [na margem: 2Pe 3] que o céu e a terra foram feitos das águas e pelas águas pela palavra de Deus, de forma que Ele faz das águas a matéria ou paciente e da palavra brilhante a forma ou agente que realizou e trouxe à perfeição o mundo constituído de céu e terra. E Moisés disse em sentido parecido, o Espírito do Senhor se movia sobre as águas. E Santo Agostinho diz que o amor ígneo deu um vigor vivificante e multiplicador a eles. E Aristóteles reconhece que uma forma primária, que ele chamou de primeiro ato, formou universalmente toda a matéria. E Platão a chama de alma do mundo, que ele mede por 999; pois três vezes 9, totalizando 27, fazem o cubo da raiz 3, que é o número mais perfeito e, portanto, atribuído à alma ou primeiro ato em toda criatura. Como o 2, que é o número da confusão (como diz Pitágoras), é a raiz da matéria cujo quadrado é 4 e o seu [cubo] é 8. Esse 999 de Platão, pela adição do Aleph cabalístico que significa 1 em Aritmética, faz 1.000, além do que não há denominação; e portanto como Aleph era um, e conseqüentemente o início, assim também é aquele um que é o fim de todas as coisas...

Podemos observar... que são requeridas [para] os Elixires perfeição, matéria e forma. A matéria é a substância material ou passiva que serve [como] um veículo para carregar e possuir a forma. Mas quanto mais pura a forma é, assim também ela requer uma substância mais pura ou matéria sobre a qual trabalhar, assim é mais aptamente para ser concebido que a mais perfeita e mais alta luz formal requeira um espírito para habitar como ela mesma. E, portanto, como o raio externo de ouro é feito confortável para a matéria fixada e purificada no qual ele habita, e por conseguinte aspira à perfeição comum repartida com o ouro em sua criação, assim, se o espírito material sutil que habita naquela matéria fixada mais grosseira pudesse ser tido, nele encontraríamos aquela excelente luz formal em sua atividade mais grandiosa que, estando dessa forma em liberdade e em um espírito obediente à sua vontade, trabalhará de si sem nenhuma outra aplicação manual, o espírito que a inclui para a suprema perfeição de si e assim provoca a ressurreição após o espírito passivo ser feito todo um com seu agente, de modo que essa matéria será transmutada na natureza da incorruptibilidade e imortalidade, a qual é capaz de levantar outros corpos por exaltação, de acordo com aquele dito: Quando sou exaltado, atraio todos os corpos a mim.

Mas entenderás tu em uma fileira mais sucinta de discurso o que esse veículo espiritual, do raio mental, ou esse templo material do espírito incorruptível da sabedoria é, que tanto a Teologia como a Filosofia mencionam tão freqüentemente em seus discursos. Escuta um pouco e primeiro descreverei a ti essa casa de sabedoria, e então depois te mostrarei brevemente o que é a própria sabedoria...

Definimos o Elixir externo, portanto, como um corpo espiritual tornado digno pela ação da Natureza e assistência da Arte para receber uma forma ou luz formal tão excelente ou sobrenatural como é o lampejo ou raio de sabedoria. E esse corpo exaltado é o verdadeiro padrão do corpo perfeito e espiritualizado de Adão em sua inocência, no qual nenhuma escuridão era encontrada, mas somente absoluta simplicidade na matéria, mesmo uma substância tal como esperamos ter quando tivermos adentrado o portão da felicidade. É, pois, o palácio de cristal do ígneo Cupido ou sabedoria divina que é construído nos sete pilares, como Salomão nos ensina, o castelo encantado de luz e perfeição no qual devemos encontrar uma entrada, se formos andar nos caminhos da luz... É o arbusto flamejante de Moisés e Esdras do qual Deus fala a eles, não os permitindo aproximar-se dele até que tenham tirado seus sapatos, dizendo que pisavam em solo abençoado, o que significa que eles deveriam se purificar. Foi o fogo de Ezequiel que saiu da nuvem escura, em cujo meio apareceu a semelhança do âmbar. É a Jerusalém celestial cujos muros são feitos de pedras preciosas e cujos portões são 12 em número, em qual cidade gloriosa diz que o Cordeiro Brilhante habita e dá uma luz maior que o Sol ou a Lua ou as estrelas, sobre um padrão que a sobrepeliz de Aarão estabeleceu com 12 gemas preciosas, assemelhando-se aos 12 portões da Jerusalém celestial no meio da qual Urim e Tumim ou luz e perfeição foram colocados, assemelhando-se ao Cordeiro e Seu brilho no meio da mencionada cidade. E sobre esse mistério [George] Ripley aludiu quimicamente [em] seu [*Book of the*] *12 Gates* [Livro dos 12 portões], e *Scala philosophorum*, os 12 degraus de sua escada que é uma imagem daquela do patriarca Jacó. É o Sol central no qual o espírito divino da sabedoria colocou seu tabernáculo. É a Bíblia espiritual fechada com sete selos ou fechos [dos] quais, sendo uma vez aberta, uma luz incorruptível presentemente brilhará. E a isso os verdadeiros alquimistas aludem o trabalho de sete dias da criação, o período que é o Sabá ou dia de descanso, o dia do Sol, também suas sete inibições ou sete destilações...

É, portanto, o místico Livro da Lei, que sendo fechado e trancado traz morte, mas sendo aberto... oferece vida... diz S. Paulo, a letra mata, mas o espírito vivifica, e Moisés disse às pessoas na entrega das tábuas nas quais a lei foi escrita: "Eu chamo Deus para testemunhar que neste dia propus vida e morte para vós, *escolhei que possais viver*". Esse livro, portanto, primeiro era uma pedra transparente e espiritual formada e gravada com o dedo de Deus, mas, pela disposição rebelde, idólatra e teimosa dos israelitas quebrou-se, e uma pedra obscura foi apresentada a eles em lugar de uma clara e transparente, de modo que, após o tempo em que a tábua brilhante foi quebrada, Moisés tinha um véu diante de sua face, e, enquanto seu véu estava sobre seu brilho, seu discurso era uma coberta sobre a verdade dos mistérios de Deus.

Também foi aquela mesma pedra em que Jacó deitou sua cabeça [na margem: Gn 27] quando dormiu e teve a visão, da qual ele disse quando acordou: "Certamente o Senhor esteve neste lugar e eu não estava atento. Quão temeroso é este lugar. Este não é outro que a casa de Deus, e este é o portão do céu". E ele pegou a pedra que tinha colocado sob sua cabeça e a estabeleceu como um pilar e jogou óleo nela, e nomeou o lugar de Betel, que é o mesmo que dizer a casa de Deus. Então concluiu assim: "E essa pedra (disse ele) que eu estabeleci a nós, será a casa de Deus". Segue-se, portanto, se a casa de Deus então é conseqüentemente a Igreja mística, a esposa de Cristo com ele é sua alma, da qual Salomão presta tão grande testemunho em sua canção, que se chamou a rosa do campo e o lírio do vale, segundo o padrão pelo qual os alquimistas formaram seu Elixir, ou pedra, vermelho e branco.

Essa pedra, portanto, de Jacó também está de acordo com a Jerusalém celestial que é como se fosse o corpo, casa ou cidade do Cordeiro espiritual, que serve para governar e iluminá-la, como o raio mental da alma do homem é direcionado para guiar seu corpo. Assim também foi a pedra de Jacó a casa ou corpo cujo senhor e alma era Deus, pois ele a chama de casa e morada de Deus... É, portanto, a pedra branca mencionada no Apocalipse... É a rocha espiritual que alimentava os israelitas com carne e bebida, aquela rocha real e material (eu digo) que Moisés golpeou com seu cajado no deserto...

Por isso eu demonstro que o Elixir (que entre os químicos tem sua denominação da perfeição da maturidade como o Tumim dos hebreus da perfeição da luz) é um material, sim, e uma substância terrestre, mas de uma natureza exaltada por uma purificação suprema... pois, quando há uma mutação de elementos por uma completa rotação deles, em que a terra se torna água; a água, ar invisível e este, fogo, então o fogo conclui tudo com uma terra dourada brilhante e espiritual, celestial, que é o tabernáculo em que a luz da sabedoria, tão mencionada pelo rei sábio [na margem: Sap: 19:17], abunda, plena de vida e multiplicação...

Mas agora que eu te contei o que esse corpo espiritual, ou templo ou rocha, é e provei-o ser material, procederei brevemente ao incorruptível e brilhante espírito ou alma que habita dentro dele, pelo ato e virtude de que é exaltado a uma imortalidade metafísica e suprema perfeição pela qual todas as coisas multiplicam na excelência tanto da quantidade e corpo como na qualidade e virtude do espírito, pois o corpo, sendo exaltado, atrai seus semelhantes magneticamente, como o sal do Tártaro (que era ar primeiro condensado em sal) sorve o ar cru e multiplica sua quantidade, que, antes de ter sido libertado do corpo do Tártaro e limpo de suas impurezas, não servia...

Esse brilho interior e central é o raio dourado da perfeição formal, a semente reluzente da verdadeira e simples luz filosófica e teológica, semeada na clara e transparente virgem terra ou vaso de pureza. É a simples emanação sem qualquer respeito à criatura, saindo da fonte de luz. É o centro ou circunferência essencial ou formal, o começo e o fim, o tudo em tudo, a vida e luz não criada do mundo, a alma média e central do Sol, a vida ou alma dos elementos, o sopro incorruptível, espírito e ser de todas as coisas, compostas ou formadas por ele, o esmagador da confusão, o justo espírito da reforma, a cabeça, o autor e o ato da propagação multiplicativa. É o deus dos pagãos, seu Demogórgon, seu Júpiter, seu poderoso Cupido ou deus do amor, seu brilhante Apolo, o original interno do qual seus sábios e eruditos clérigos têm, sob tipos, hieróglifos e alegorias enigmáticas, derivado a descendência de seus deuses, em que o cego e ignorante descrente fez a fundação de sua idolatria por não entender o significado espiritual e sentido dos sábios, e assim tomou e adorou as criaturas nas quais essa luz divina habitava, em vez da própria luz que está no centro de cada alma... é o Grande Deus dos judeus Jeová, Elohim, Adonai, seu Hochma ou sabedoria. É o Messias dos cristãos, sua palavra assegurada de Deus, sua luz do mundo, seu Cristo espiritual, seu Jesus, seu Senhor e Salvador, de quem e por quem eles esperam salvação tanto do corpo como da mente. É o *Aleph lucidum* dos cabalistas, ou Aleph brilhante, sua primeira emanação da fonte de luz ou unidade brilhante, sua segunda numeração da *Sefirot* chamada Hochma, seu anjo *Metattron*, o verdadeiro sabá ou marca de descanso. É o ser ou princípio central e formal dos filósofos naturais, seu *Actus primus*, ou primeiro ato, ou agente, sua *natura naturans e infinita*, ou Natureza criadora e infinita, o *summum bonum a quo omnia bona* dos moralistas, sua marca ou meta de felicidade, o fim de todo apetite material, o *Ens, unum* e *bonum* metafísico, a pedra formal de suprema perfeição dos verdadeiros alquimistas, a alma (eu digo) de seu Elixir material descrito anteriormente, o brilho central e inacessível de seu ouro espiritual, à cuja exposição toda imperfeição é exilada e banida, sim, e o próprio Príncipe das Trevas (... não sendo capaz de suportar o brilho) é obrigado a desvanecer da presença dele. Os hebreus místicos denominam-no seu Urim, ou luz habitando em Tumim, que é perfeição... É a mais verdadeira *aurum potabile* dos médicos, seu perfeito *elixir vitae*, e mais certo antídoto para curar todas as doenças venenosas... É sabedoria, a qual é o remédio infalível que tão longe ultrapassa as invenções de Hipócrates ou Galeno quanto a luz em beleza excede a escuridão. É o Alfa e Ômega dos gramáticos, alma da harmonia espiritual e congruência de seu discurso, a eloqüência e graça dos retóricos que é o início de todo número, e os hebreus a fazem seu Aleph final ou pontual que significa 1, e seu grande Aleph que implica 1.000, além do que Aristóteles afirma que não há denominação... de modo que vemos que Aleph significa Alfa e Ômega, o começo e o fim, e, portanto, também é sua trindade em perfeição, pois 3 parece retornar da confusão binária à unidade da qual veio, e, portanto, 3 é a raiz da progressão de toda perfeição formal: é seu número, do qual toda a numeração sai. É o uníssono dos músicos em si, que é a fonte da qual todos os outros acordes sinfônicos fluem, como cada número da unidade; e é seu diapasão que é todo um com o fim desejado dos filósofos ou *summum bonum*, pois essa é a corda ou consoante da mais alta perfeição em música, e mais completa proporção que opera no amplo espírito do mundo, pela harmonia do qual todas as coisas são exaltadas ao mais alto tom de perfeição... e a harmonia média pela qual o número binário vive e subsiste no mundo... é o acorde do corpo na composição... e o corpo é variado de acordo com o tom inconstante... e assim é construída e afinada a fábrica inteira de todas as coisas neste mundo com um acorde maior ou menor em perfeição, conforme a ordenação do uníssono que multiplica mais ou menos graus de perfeição em suas criaturas...

Agora, a respeito do próprio homem, que é por razão de sua perfeição chamado *omnis creatura*: é seu raio mental, pela presença do qual ele é exaltado acima de todas as outras criaturas em razão e entendimento... Ele soprou em Adão o espírito da vida e fez o homem à Sua imagem, e tu és o templo do Espírito Santo... está em toda a parte; pois Salomão diz que o Espírito do Senhor preenche a terra... Para concluir, é tudo em tudo e singularmente em tudo... Mas a experiência ensinou aos filósofos mais sábios que esse espírito excelente e mais brilhante é encontrado mais copiosamente em algumas coisas do que em outras, e, portanto, eles escolheram aquela coisa que é mais rica e copiosa na presença desse espírito benigno e brilhante, para fazer sua luz oculta sair da escuridão; e ainda, todavia, essa luz é tão sagrada e divina que aparecerá somente àqueles que são dignos de sua presença; nem eles devem encontrá-la ou ter uma visão real em seu palácio espiritual, ou observá-la aparecer fora de sua nuvem escura, exceto (como nosso sábio nos ensina) aqueles que buscam podem encontrar, nem deverá ser aberta a eles, exceto aos que baterem...

É evidente que uma operação manual e ação mental são cooperadores nesse magistério divino e, portanto, a Arte é muito necessária na adaptação de tipo a tipo, que é a principal façanha nesse negócio. Mas a verdadeira operação desse mistério difere tanto do artífice tórrido e vulcaniano dos alquimistas espúrios como branco do preto ou luz das trevas. É uma bênção em nossa arte (que deve ser lenta e humilde) que cobicemos a Ele que é o único provedor de sabedoria, pois... o homem propõe (como a velha frase diz), mas Deus dispõe...

Pois arte apenas prepara e separa o puro do impuro pela adaptação das coisas que não estão fora de tipo. Como, por exemplo, devemos preparar e purificar nossos corações, para assim fazê-los vasos adequados a receber essas bênçãos de sabedoria, não por uma disciplina moral, mas por um refinamento espiritual, pois sabedoria, que é pura e simples, precisa ter a pureza semelhante para recebê-la e não [ser] imaginária e suposta, nem aquilo que não é o que aparenta vulgarmente ser; pois fogo estranho e esquisito não é aceitável a Deus (como é aparente do erro dos filhos de Aarão pelo qual pagaram devidamente): é a fumaça do fogo de Deus, é o brilho de seu ouro ígneo, cujos odores são aceitáveis nas narinas da sabedoria, e para o ato de nenhum outro sacrifício ela se condescenderá a inclinar...

Concluo, portanto, esse ponto e digo que, como isso é um ato divino ou forma do mais alto grau de exaltação, assim requer uma matéria para trabalhar como a si em proporção, a matéria tal que portanto possa ser uma terra espiritual e dignificada feita adequada dentro e fora para receber uma influência tão divina, pois esse espírito incorruptível não ansiará por um quarto que não é digno de sua presença, de modo que essa terra espiritual ou celeste precisa ser uma virgem pura e um vaso claro transparente no qual ela concede revelar-se aos homens... Eu poderia trazer uma companhia infinita de... testemunhos para demonstrar que a intenção do filósofo era produzir um material e que para tal fim eles preparam e refinam uma certa matéria elementar ou passiva a tal perfeição de modo que ela possa ser digna de receber uma forma ou ato tão excelente e divino quanto o raio da sabedoria é, cujo tabernáculo é um fogo espiritual ou aéreo...

Mas eu te mostrarei aqui o que é o poder daquela sabedoria escondida que habita, como se diz, cada criatura mais ou menos, e por quanto mais ela abunda em quaisquer deles, tanto mais nobres e dignificados são perante Deus, pois a sabedoria se delicia em habitar vasos limpos e corações puros... Santo Agostinho, em seu comentário sobre o Gênesis: "Por quanto mais (ele diz) a criatura abunda em luz, tanto mais ela participa da divindade". E o preceito de Platão Divino com Apuleio era: "Não fales de Deus sem luz". Foi o sopro de Deus que dignificou o homem somente (entre todas as criaturas) com o raio mental da razão e entendimento, pelo que ele obteve a preeminência sobre todas as criaturas da Terra. Foi a excelência e benignidade multiplicativa do refresco e nutrição que fizeram nosso Salvador escolher pão ou trigo, para aludir a Seu precioso corpo. É a perfeição de Deus entre os minerais que as próprias Escrituras Sagradas têm em tão alta estima, em razão de Sua perfeição e exaltação no brilho mineral e luz... E todas essas perfeições procedem daqueles grãos da primeira excelência formal, que Deus designou ao ouro na sua criação.

O homem, portanto, sendo o príncipe do reino animal, tendo um espírito sobrenatural designado a ele, brandindo, apesar de ocultamente... o fogo divino, tem o dom, se ele se entender corretamente, de abundar em geração espiritual e propagação, o que é casto e sagrado perante Deus e o homem... E essa multiplicação é um padrão para aquele do Elixir dos filósofos ou o Elixir, o tipo dele quando é multiplicado na forma ou qualidade essencial da luz, e não em quantidade de substância. Podemos observar que o homem gera e propaga à maneira e condição das bestas; mas esse tipo de multiplicação não é espiritual, porém está corporalmente para o homem grosseiro bestial carnal ou exterior como o casto e espiritual gerando emissões do homem interior.

O trigo no reino vegetal também se multiplica, mas esse tipo de multiplicação... é após a morte por uma devida ressurreição... As bandas dos quatro elementos estão tão fortemente apertadas na composição original do trigo antes de uma corrupção natural, que o lampejo brilhante da multiplicação vegetativa... é mantido, e não pode de outra forma se dilatar, mas persiste somente para manter o grão e seus anexos na forma e existência verdadeira de sua primeira criação... A pequena porção de luz ou vida no grão habita seu centro, sendo por putrefação e morte colocada em liberdade; atrai para si uma multidão de fogo invisível e formal de sua própria semelhança em essência que se move invisivelmente no ar, após o que eles descendem por influência do céu, ao fim do que, por assistência e ajuda de suas asas brilhantes, ele poderia com a maior claridade sublimar para fora do corpo morto e putrefeito, que, sendo livre da gosma da massa dissolvida de elementos, poderia voar a seu país nativo, o reino da luz e perfeição, nomeadamente ao céu que é a casa natural de cada substância quintessencial.

Mas eis que em seu assento ela é tão amada do elemento fogo; que por uma contigüidade natural e concatenação desafia o próximo lugar para o espírito etéreo, que ela não pode ascender sem esse elemento, e a consangüinidade próxima desafia o elemento do ar [com] aquele do fogo, e novamente a água [com] aquele do ar, e por último a terra, mantendo sua mesma proporção e ordem com a água como esta tinha com o ar, não sendo capaz, por razão de sua inclinação natural e ponderação, de escalar mais alto, segura e amarra os outros elementos pretendentes e voadores, que já em sua viagem em direção ao céu atingiram o topo da elevada haste ou caule do trigo, que ela confirma com fortes raízes dentro de seu seio.

Daqui, portanto, sai que o lampejo ou grão formal de trigo, tendo no pequeno espaço de sua liberdade atraído muitas vezes sua própria quantidade de sua natureza semelhante para fora dos mundos do espírito universal (operando segundo o padrão deste dito: "Quando for exaltado, atrairei todos os espíritos a mim"); e sendo colado nas cercanias pela gosma sutil dos quatro elementos inferiores, que servem para multiplicar em substância quantitativa ou matéria como a semente ígnea faz em qualidade, a forma específica a faz partilhar uma porção de sua abundância com outras parcelas dos elementos finos e ávidos, que concorrem para uma formação múltipla de muitos outros grãos parecidos, de acordo com a natureza e hábito do espírito vegetal que é o vaso do trigo. Esse tanto podemos seguramente dizer como tendo provado por uma demonstração ocular... Assim, expressamos brevemente a mais importante e original causa ou ato central da multiplicação do trigo, o principal dos vegetais, e todas as outras criaturas inferiores do seu tipo, que possamos com a melhor apreensão do leitor conceber a maneira secreta de uma multiplicação dupla no príncipe dos minerais, que é o ouro.

Não é desconhecido aos verdadeiros filósofos que não somente o ouro tem seu grão brilhante e fixo em si, mas também todos os outros metais; todavia, sucede que em alguns deles a ação desses grãos ou movimentos para o complemento da perfeição é impedida pela impureza de um enxofre heterogêneo que é juntado ao seu puro mercúrio, e por essa razão o chumbo é chamado *aurum leprosum*, um ouro leproso, pois, apesar de seu apetite para a perfeição ser completo, ainda a impureza de seu enxofre é uma barra ou obstáculo principal para a progressão à sua marca desejada... Roger Bacon, em seu *Mirror of Alchemy* [Espelho da alquimia] [na margem: *Specul. Alchemiae* c. 3], nos aconselha a eleger tal matéria que tenha nela uma pura, clara, branca e vermelha *argentum vivum* ou mercúrio que ainda não é produzido à perfeição, mas continua em sua composição natural igual e proporcionalmente misturado, isto é, por justa medida com puro enxofre de sua natureza semelhante, e coagulado em uma massa sólida, que por nossa perspicácia e discrição, e com a ajuda de nosso fogo artificial, podemos reduzi-lo à sua completa pureza e fazê-lo uma coisa tal que, após seu complemento, possa ser mil vezes mais forte e perfeito que aqueles corpos simples que são apenas ligados por calor natural.

Hebraeus... diz: "A pedra ou remédio que buscas pulula e multiplica como o grão do trigo após ser mortificado em bom solo". Ele conclui lá também que o único motor ou agente na Natureza é um espírito vegetal que é o fogo apropriado da Natureza, que é quente e úmido e, portanto, os filósofos denominam o Elixir sua pedra vegetal. *Novum lumen* instrui-nos à larga que minerais têm suas sementes, bem como animais e vegetais, por meio das quais se multiplicam quando sua matéria grosseira é separada deles e todos os obstáculos impuros são retirados... mas... [a] matéria deveria ser reduzida pelo fogo da Natureza à mais alta perfeição de uma natureza mineral antes de poder trabalhar seu efeito de transmutação no reino mineral...

Concluo, pois, essa longa jornada, que o rastelo dourado da verdade tão fielmente traçou por esse sulco penoso, com esta asserção: que aqui está um Elixir material espiritualmente exaltado até como nossos corpos serão após a perfeita ressurreição, que é o palácio dentro do qual o espírito incorruptível ou brilhante e essência beatífica ou forma habita, a que os hieróglifos, morais, mistérios, parábolas, alegorias e oráculos, tanto das Escrituras Sagradas como da filosofia divina, principalmente miram.

Finalmente, observemos que vegetais são transmutados na substância do animal, nomeadamente, em carne e sangue, e também somos testemunhas oculares que serpentes, conchas de ostras, ossos de baleias e outras partes animais parecidas transformaram-se em pedras duras e rochosas, como no gabinete do rei da França no Louvre em Paris e [em] Huntingtonshire vi. Também é comumente conhecido que [as] madeiras e raízes das árvores sofreram transformação mineral parecida. Segue reciprocamente que minerais podem ser transformados em vegetais e estes, novamente em animais, e, portanto, minerais podem ter o mesmo dom por redução para multiplicar (como Artéfio testemunhou em seu livro chamado *Clavis major Sapientiae*) [como] aqueles [dos] animais ou vegetais.

O DÉCIMO PRIMEIRO SULCO

[Scot assevera que era contra a doutrina dos filósofos encobrir seu conhecimento.]

[Fludd:] É a glória de Deus esconder a coisa [na margem: Prov 12]; e em outro lugar, o homem sutil esconde sua ciência. E Cristo nos aconselha que sejamos tão sutis quanto [a] serpente. E Ele não queria que pérolas fossem atiradas aos porcos, e para esse fim mandou seus discípulos falarem em alegorias; Hermes Trismegisto chama seu silêncio a frutífera propagação da bondade; Platão diz que essas coisas que são sagradas nos mistérios não são para se divulgar; Pitágoras e Porfiro ordenaram seus discípulos com silêncio religioso. Orfeu precisou um juramento, com uma certa terrível autoridade de religião, daqueles que eram candidatos na cerimônia dos mistérios divinos a manter silêncio para que os segredos da religião não chegassem a orelhas profanas... Apuleio, em seus segredos místicos, diz: "Eu o declararia se fosse da lei"... também Paulo viu coisas que não são para serem reveladas. No grande Rosário dos Filósofos, lemos que... [ele está] em grande perigo de morte, ou uma apoplexia, que revela esse mistério indignamente. Picus Mirand [na margem: *In Proem*: *lib.* 2] testemunha que o costume dos antigos era, na escrita das grandes coisas físicas e divinas, fazê-la escondida e figurativamente, por causa da rudeza dos ouvintes que não podiam suportar o esplendor de Moisés e sua doutrina; devia ter uma doutrina e palavras com uma face velada, para que os que eram para ser iluminados não fossem cegados com demasiada luz...

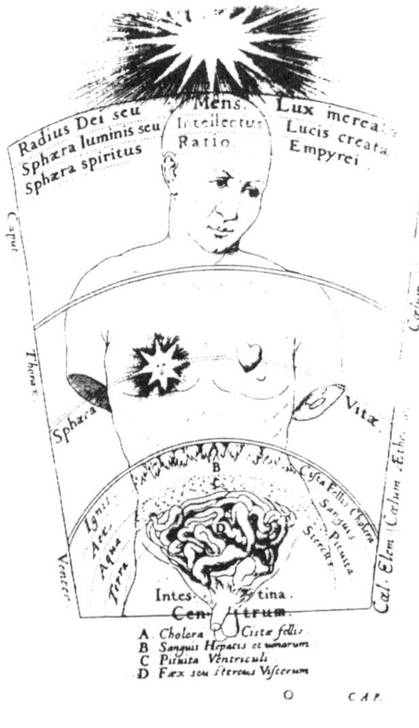

Figura 5: *A correspondência microcosmos-macrocosmos relacionada aos três céus.*

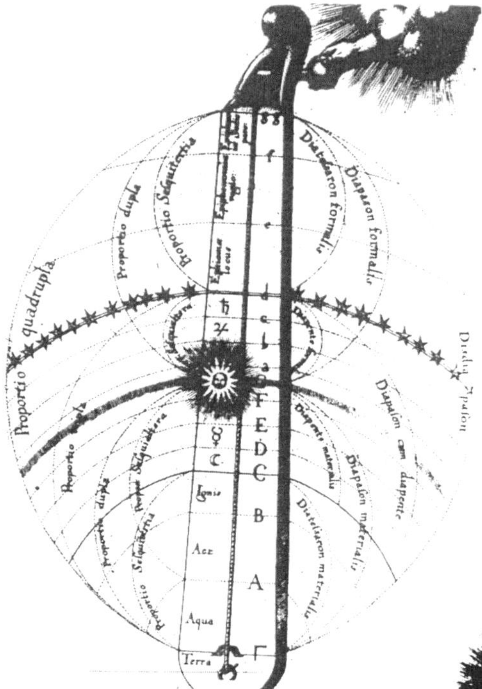

Figura 6: *A monocorda celestial.*

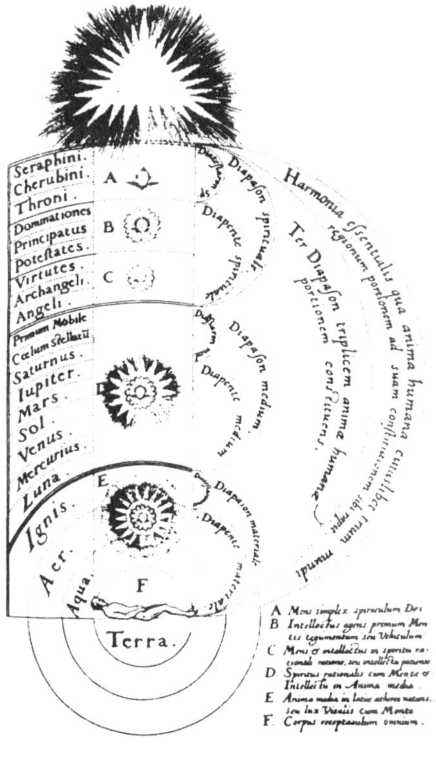

Figura 7: *A harmonia da alma humana com o Universo.*

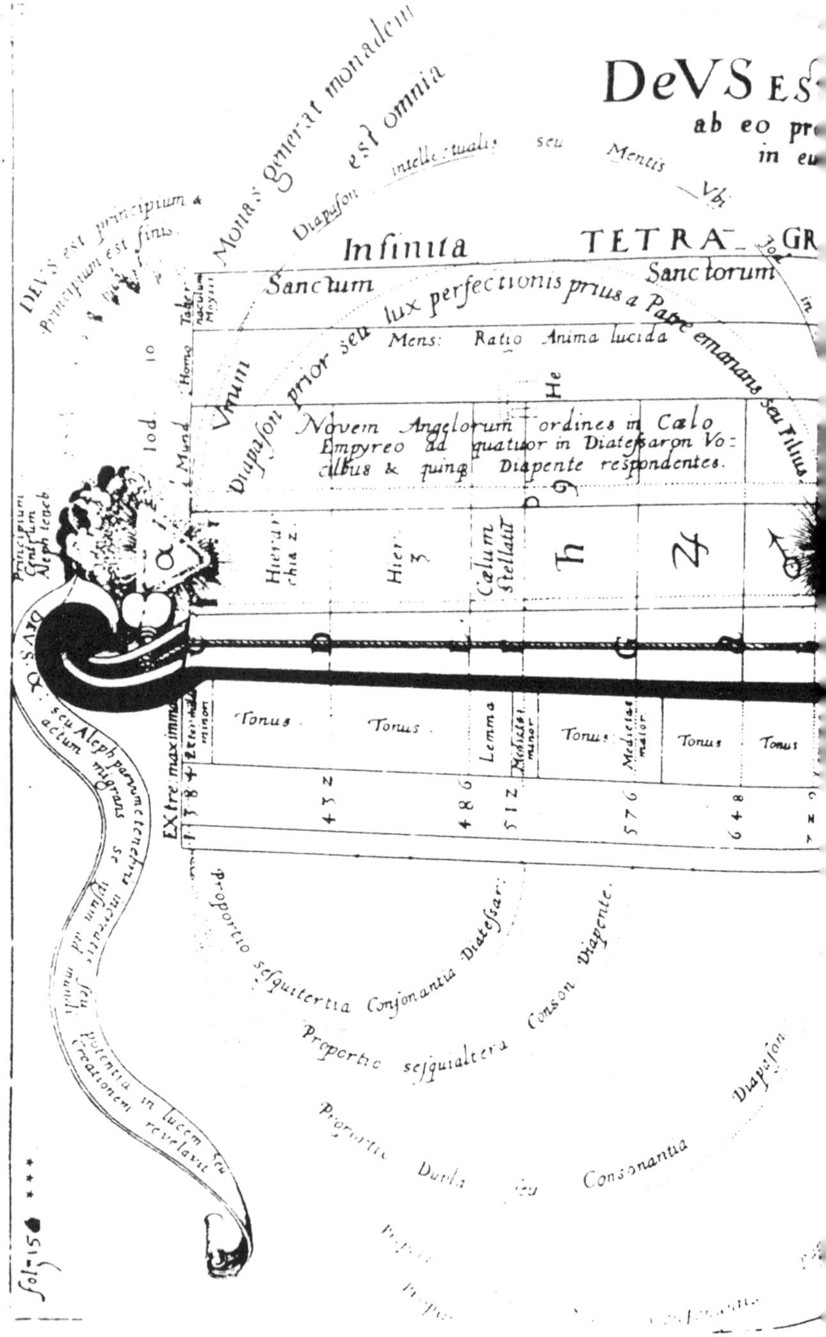
DeVS ES
ab eo pr
in eu
Monas generat monadem
est omnia
Diapason intellectualis seu Mentis
DEVS est principium &
Principium est finis
Infinita
TETRA
GR
Sanctum
Sanctorum
lux perfectionis prius a Patre emanans seu Filius
Diapason prior seu
Mens: Ratio Anima lucida
Novem Angelorum ordines in Cælo Empyreo ad quatuor in Diatessaron Vocibus & quinque Diapente respondentes.
Iod.
He
Hierarchia
Cælum Stellatum
Principium
Aleph tenebr.
DEVS. seu Aleph per umbras tenebrosas migrans se in actum seu potentia in lucem seu creationem mundi revelavit
Tonus
Lemma
Medietas minor
Medietas maior
EXtre. maxima
432
486
512
576
648
Proportio sesquitertia Consonantia Diatessar.
Proportio sesquialtera Conson. Diapente.
Proportio Dupla seu Consonantia Diapason
fol. 154

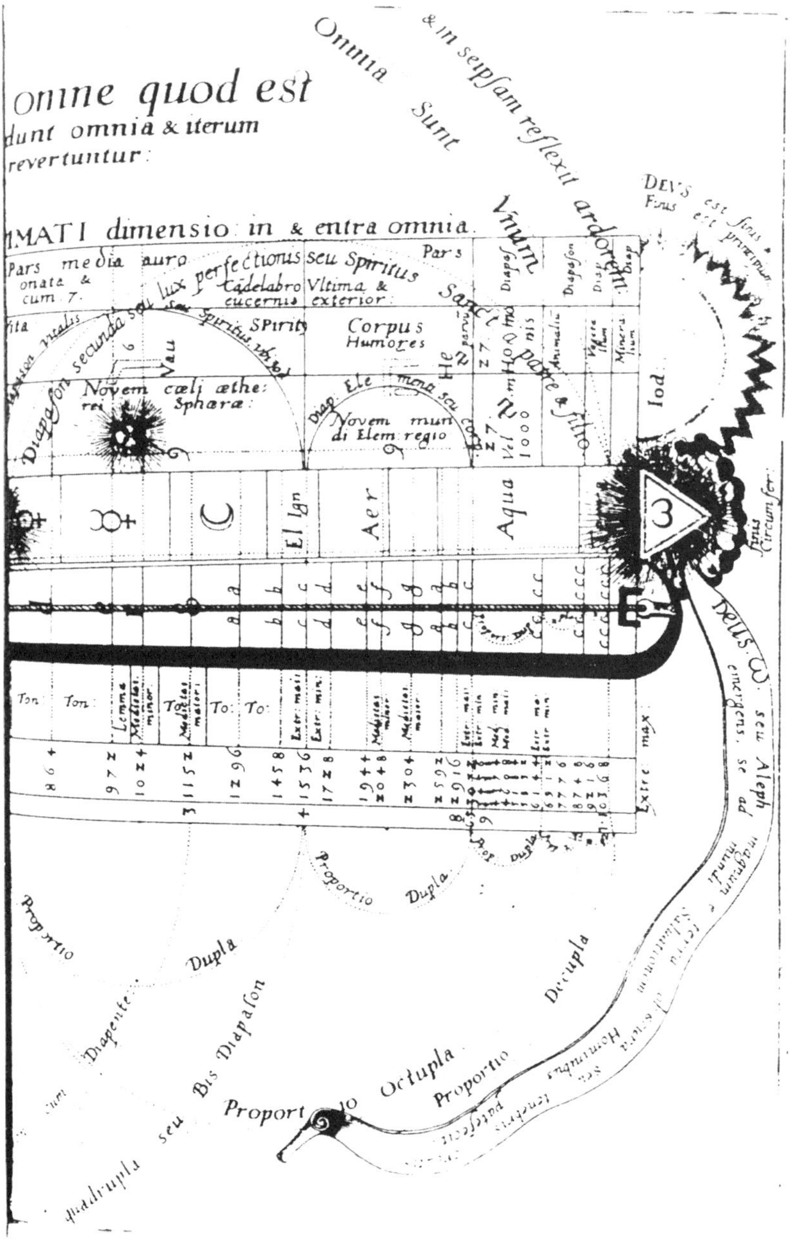

Figura 8: *A monocorda universal.*

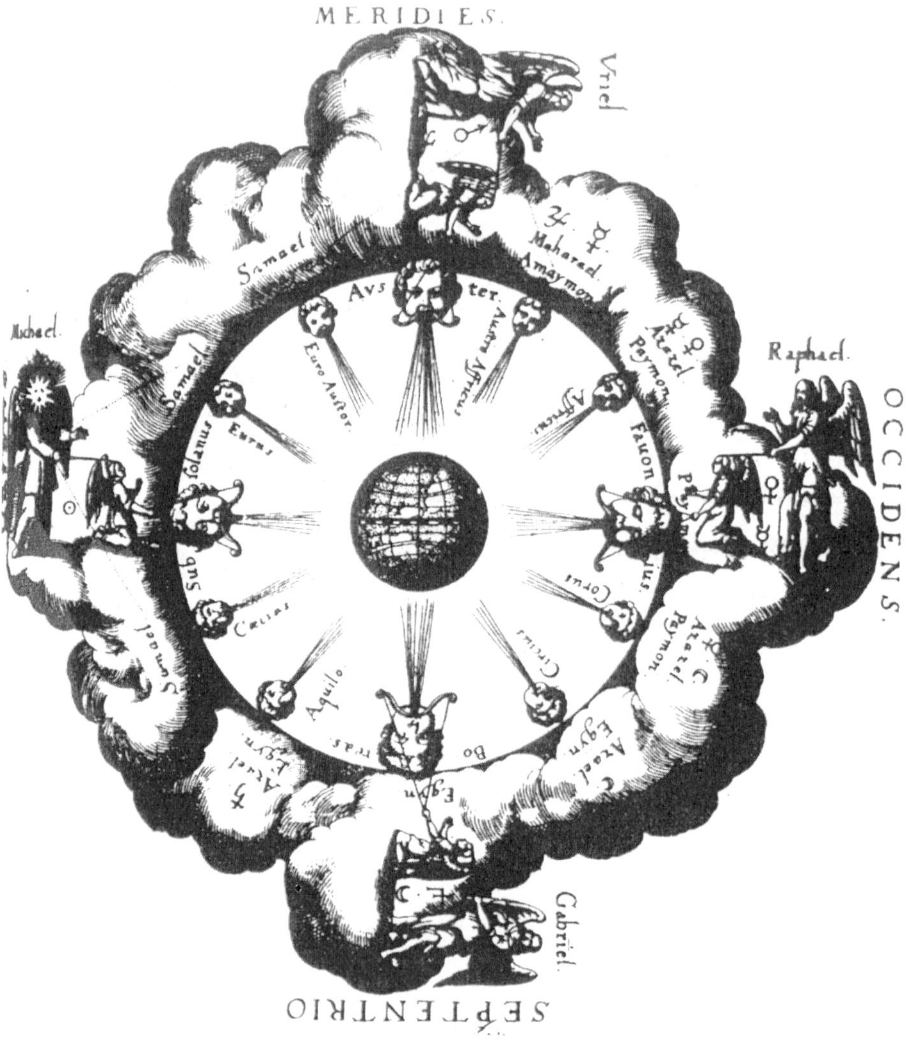

Figura 9*: Os ventos direcionados pelos anjos.*

VII

RESPOSTA DO DR. FLUDD A M. FOSTER OU O APERTO DA ESPONJA DO PÁROCO FOSTER, ORDENADA POR ELE PARA A LIMPEZA DO BÁLSAMO-DE-ARMA

Na qual a imodesta postura dos portadores da esponja e o comportamento deles para com seus irmãos são detectados; as chamas amargas de seus relatos caluniosos são corrigidas pelo preciso vinagre da Verdade e suficientemente extintos; e, finalmente, a validade virtuosa de sua esponja, em limpar o bálsamo-de-arma, é destruída e abolida de maneira limpa.

SALMO 92:7

Bilis acutissima aceto correcta acerrimo red ditur dulcior.Opera Dei, vir brutus e stultus non intelligit.

A asserção do pároco Foster e sua facção ou conspiração é esta:

A maneira maravilhosa da cura pelo bálsamo-de-arma é diabólica ou efetuada somente pela invenção e poder do Demônio; mas o salmista real [é] guiado pelo espírito de Deus, diz o Salmo 71:18.

Abençoado seja o Senhor Deus de Israel, que somente faz maravilhas. Portanto, o profeta aponta assim, a esses e a semelhantes inimigos da Verdade. Is 5:20. Ai daqueles que falam bem do mal, e mal do bem; que fazem da escuridão luz, e da luz, escuridão; que fazem do amargo doce e do doce, amargo; Ai daqueles que são sábios aos seus próprios olhos, e prudentes à sua própria vista.

Londres
Impresso para Nathanael Butter, 1631

Os conteúdos deste tratado

1. Toma e anula completa e totalmente aqueles relatos escandalosos que o mestre Foster muito falsa e irreligiosamente divulgou por sua escrita e expôs ao mundo; é inadmissível para um homem de sua vocação acusar e censurar seu irmão injustamente.

Este pequeno tratado é dividido em três Membros, dos quais o segundo é dividido em três partes ou capítulos: dos quais

Um responde particularmente a cada objeção que o mestre Foster faz em uma generalidade para a abolição do uso dos bálsamos-de-arma.

Outro sustenta teologicamente que a cura do bálsamo-de-arma é boa e lícita, e prova pela autoridade da Escrita Sagrada ser uma dádiva de Deus, e não do Demônio.

Finalmente, demonstra o mistério da cura dos bálsamos-de-arma por um discurso teofilosófico e mostra como é enxertado ou plantado por Deus no tesouro da Natureza.

Por último, responde a cada objeção em particular, que nosso esponjoso adversário faz contra um certo tratado, expresso por mim em *Anatomia mística*, para prova e sustentação de que a cura pelo bálsamo-de-arma é natural, e de forma alguma cacomágica.

Ao leitor imparcial e esclarecido

Não pensei (cortês e erudito leitor) ter revolvido a poça lamacenta do turbulento espírito desse meu adversário, por uma razão tripla, da qual a primeira é sua insuficiência em se submeter a uma tarefa de tão alta natureza e tão além de seu alcance ou capacidade, a saber: mergulhar nesse profundo mistério da cura pelo bálsamo-de-arma; e então porque meus amigos eruditos, observando sua inclinação à imoralidade e a malícia (como de fato ele parece mais habilidoso em caluniar e sofismar do que resolver com gratificação uma controvérsia tão pesada), aconselharam-me a ter paciência e a responder tais modos de um homem com o silêncio; e, finalmente, em razão daquela reverência que presto à sua vocação, a saber, como ele é um ministro da palavra de Deus, professo ao mundo que preferiria suportar em vez de ter a menor oposição a qualquer um daquela profissão. Mas, uma vez que verifiquei sua indiscreta importunação em estendê-la tão longe a ponto de me impelir além dos limites da paciência, por colocar à noite dois dos frontispícios ou títulos de seu livro, como desafio, um em cada poste de minha porta, e entendendo suas muitas outras ações indecentes, tanto por ouvir dizer como em seus escritos públicos, nos quais desdenhosa e vergonhosamente colocou assuntos ignominiosos em meu encargo, fui forçado, contra minha vontade, a tomar a pessoa (com o maior respeito colocando de lado o pároco e seu hábito) em minha melhor consideração, e a examinar neste pequeno panfleto as más condutas de seu livro intitulado *A Esponja para Limpar o Bálsamo-de-Arma,* que expressa tanto a sua doutrina errônea no tocante ao assunto principal daquele modo de cura como seu rude e impróprio comportamento para com os irmãos, para que assim eu possa limpar-me de tão imodestas e injustas atribuições, as quais com uma má consciência ele jogou sobre mim, e que também expressa a frivolidade da pessoa nesse negócio que ele tão vangloriosamente empreendeu.

Não duvido que há muitos que podem em todos os graus discernir uma diferença evidente entre mim e esse cavalheiro satírico, porque sei haver muitos diferenciados do tipo comum de pessoas, que em seu zelo sem entendimento estão mais aptos a conceber e julgar defeituosamente do que em sua caridade ponderar a verdade do negócio; estou disposto a enfrentar esse detestável filósofo, que percebo (e, não tenho dúvida, provarei) mais cheio de verbosidade vazia do que de filosofia sólida, ou qualquer outra coisa que seja embasada sobre razão firme.

O que devo dizer ao homem que, segundo a minha melhor recordação, eu nunca vi nem conheci, salvo apenas por uma fumaça fanfarrona de rumor, que me pronunciou... [de] longc um anátcma? O trovão quc muito se abafou na lúgubre nuvem do relato agora escapou; a chama de seu relâmpago investe contra mim. O que é então mais conveniente e requisitado que o pungente vinagre para apagá-la? Sim, ele o perceberá tão agudo e penetrante (apesar de não com um fio tão caluniador e repreensivo, de acordo com seu amargo costume, mas reservando-se dentro dos limites da modéstia cristã), que sua esponja não será capaz de absorver ou limpá-lo. Acabará com o insaciável apetite de sua esponja devoradora de bálsamo, e a apertará ou esmagará tanto que será obrigada a vomitar novamente aquela criança inteira da Natureza e gentil amiga da raça humana (quero dizer o bálsamo-de-arma) que ele bebeu ou sorveu, e deixá-la em seu habitual esplendor e reputação entre os homens.

E, finalmente, examinará a quintessência da presunçosa perspicácia dos portadores de esponja e dirá a eles que o que às vezes parece grande não é sempre o que aparenta, mas, ao contrário, uma sombra ou rajada de ar vazio. Isso é tudo (judicioso leitor) que direi neste momento; quanto ao resto, refiro à prova por cuja ponderação eu muito sinceramente peço-te que, deixando toda parcialidade ou afeição peculiar de lado, tenhas prazer em julgar fielmente essa nossa controvérsia e pesar cada passagem dela na justa e equânime balança de tua melhor discrição.

Teu servo em um assunto maior,
Rob. Fludd

O PRIMEIRO MEMBRO

CAPÍTULO I

Não avalies como indiscrição de minha parte primeiro abolir e tirar todas as atribuições reprováveis que foram erroneamente colocadas em meu encargo, que com maior coragem a mim mesmo, e melhor aceitação e satisfação a meus compatriotas, eu possa proceder ao assunto ou questão principal que é proposto por esse meu adversário.

A ele, portanto, devo em primeiro lugar voltar a ponta de minha pena e linha de discurso, pois que, esquecendo que sou seu irmão em Cristo, e seu compatriota, sim, e não diferindo dele em religião, negligenciou os preceitos do profeta Davi, nosso Salvador Cristo, seu mestre espiritual, e seus seguidores apostólicos, injuriosamente e destituído de modéstia cristã (maior requisito de uma pessoa de sua ocupação divina), ao publicar para o mundo (salvo fosse merecidamente, muito menos contra as bases da Verdade e regras da Justiça) a fraqueza e imperfeição de seu irmão.

O rei Davi assim diz: *Tu dás tua boca ao mal, e com tua língua forjas engano, tu falas contra teu irmão, e objetas injúria a ele, portanto tu estás na escuridão porque odeias teu irmão...* também o apóstolo Tiago... diferencia aquela sabedoria que é do alto e aquela que é de baixo, nestas palavras: *Se tendes amarga inveja e conflito em vossos corações, não vos alegreis: nem por mentirosos contra a Verdade, pois essa sabedoria não vem de cima, mas é terrena, sensual e demoníaca; pois onde inveja e conflito estão, há sedição e toda forma de trabalhos malignos. Mas a sabedoria que é do alto, é primeiro pura, depois pacífica, gentil, fácil de ser rogada, não julga e não tem hipocrisia, etc...*

Assim falei com a boca dos profetas, nosso Salvador, e seus apóstolos. Mas meu adversário responderá e dirá que o doutor Fludd é um mago, e sustenta que uma ação diabólica e maldita, nomeadamente, a cura pelo bálsamo-de-arma, é boa e lícita, e, portanto, por garantia da Escritura deve ser-lhe precisamente dito, etc.

Respondo que dessa objeção pode surgir uma dupla questão, da qual a primeira é: Se a asserção de nosso adversário é verdadeira ou falsa? E então, se for uma parte fraterna, primeiro divulgá-la, apesar de ser de fato verdadeira, aos ouvidos das pessoas, antes de ter alertado seu irmão em particular sobre seu erro.

No tocante..., primeiro, se... sou um mago ou não, será inteiramente discutido no terceiro capítulo... no qual eu... provo a toda pessoa esclarecida (e isso ao fardo da consciência de meu áspero acusador, se tiver alguma) que ele está justamente enfileirado e numerado entre aqueles a quem o profeta Davi, nosso Salvador Cristo, e o apóstolo Tiago se referiram nas passagens mencionadas anteriormente.

Sobre o segundo, nosso Senhor Jesus resolve nestas palavras: *Se teu irmão trespassou contra ti, vai e conta a ele sua falha entre ti e ele sozinhos...* pela qual é aparente que meu adversário não lidou comigo como um cristão deveria lidar com outro, portanto violou os preceitos de seu mestre Jesus Cristo nesse ponto, e assim esse seu mau comportamento não pode de forma alguma ser desculpado...

CAPÍTULO II

Minha reputação de fato me impele um pouco a responder certas passagens extravagantes que nosso autor portador da esponja faz contra mim, como, por exemplo:

O doutor Fludd (diz ele) escreveu em defesa do bálsamo-de-arma, bem ele pode, sendo chamado, por Franciscus Lanovius, medico-miles, *um médico-soldado, e sendo um doutor portador de arma, pode bem ensinar o remédio arma-curadora, especialmente colocando o* armiger *antes do doutor, a pistola antes da beca, a lança antes da pena.*

(Bom leitor) observa esse chiste injustificável; em vez de suprir, o cavalheiro pegará palhas ou brincará com uma pena. O quê? Nem uma palavra com razão, nem ainda qualquer sílaba em boa rima, mas tudo sobre as letras G e P*? Um excelente argumento de uma perspicácia simples...

* N. T.: No original, *the Gun before the Gown, the Pike before the Pen*, traduzido aqui por a pistola antes da beca, a lança antes da pena..

Ele parecia me ensinar que o *armiger* ou escudeiro deveria ser colocado após o doutor, sendo que aí há uma questão, se um cavaleiro ou um doutor deveria desafiar em primeiro lugar, e, portanto (diz ele), o escudeiro foi mal colocado antes do doutor, sendo que o doutor é um homem melhor; verdadeiramente penso que não deveria ser assim, e ainda, todavia, é certo que agora um razoável escudeiro pensa muito em ceder lugar a um doutor. Mas essa não é nossa questão. Ele parece me acusar porque digo: *Robertus Fluddus Armiger e in Medicina Doctor: Robert Fludd escudeiro e doutor em Medicina*...

E agora expressarei a causa pela qual coloquei o escudeiro antes do doutor. É por duas considerações: primeiro, porque eu era um escudeiro e prestei armas antes de ser um doutor, sendo um filho de cavaleiro; depois porque, apesar de um doutor adicionar fidalguia à pessoa que por descendência é ignóbil, ainda assim é da opinião da maioria dos homens, e especialmente dos mensageiros, que um cavalheiro de antiguidade é preferível a qualquer um de primeira cabeça ou grau. E verdadeiramente de minha própria parte eu preferiria não ter grau algum na universidade do que perder a honra [que] foi deixada a mim por meus ancestrais. Assim, considerei adequado satisfazer o cavalheiro em seu humor, pensando em nada além de por que ele deveria deixar o assunto principal para rosnar à minha fidalguia. Consideraria ele decente da minha parte ultrajá-lo por sua baixeza de nascimento ou ignobilidade? Pois sei o que ele é [mas] Deus proíba tal absurdo de sair de minha pena, muito menos censurá-lo por sua fidalguia, se ele fosse um cavalheiro de fato.

Em outro lugar, ele invectiva amargamente contra mim desta maneira:

O doutor, que impiamente atribui composição a Deus, atreve-se a atribuir corporalidade a demônios; o contrário do que, que eles não têm corpos, é o princípio da Igreja.

Vejo que nosso mestre em artes é escasso nessa matéria que suas Artes mestreiam: ele fala com Mersennus, o frade, sua língua, e portanto é apenas o papagaio de Mersennus; assim como respondi a ele em latim, então parcialmente no mesmo sentido satisfarei esse importuno autor em inglês, não com termos ímpios, como de acordo com seu costume, mas modestamente...

[Fludd cita de Sabedoria 12:1 e Jó 10:9]

Para concluir: respondi a esse ponto mais extensamente na réplica que fiz a Gassendus sobre sua exposição de minha filosofia, na qual provo que a virtude de Deus está em todas as coisas, como compõe todas as coisas...

---

* N. T.: Aqui *esquire*, título de nobreza imediatamente inferior a *knight* (cavaleiro), é traduzido por escudeiro. No latim aparece como *armiger*.

CAPÍTULO III

O que, portanto, posso esperar de sua pena violenta, além de calúnias de feitiçaria, magia e abominações parecidas?... Seus textos escandalosos são estes:

O doutor Fludd teve a mesma censura passada a ele, e foi escrito contra ele que é um mago, e eu suponho ser essa uma causa de ele ter imprimido seu livro além dos mares. Nossa universidade e bispos são cautelosos demais (Deus seja louvado) para permitir a impressão de livros de magia aqui.

Certamente a própria defesa do bálsamo-de-arma pelo dr. Fludd é suficiente para o tornar suspeito, ele mesmo sendo acusado de mago por Marinus Mersennus, com espanto que o rei James (de abençoada memória) tenha permitido tal homem viver e escrever em seu reino...

Em primeiro lugar... para melhor satisfação de meus compatriotas e amigos, expressarei a causa por que eu toquei a supersticiosa *magia* dos antigos pagãos. Meu escopo foi e tem sido escrever tanto o discurso natural do grande mundo e pequeno mundo, que chamamos de homem, como também tocar ao modo de uma enciclopédia ou epítome de todas as Artes, tanto lícitas, que elogiei, como aquelas tidas como ilícitas, que condenei completamente, como supersticiosas e desprovidas de qualquer probabilidade; entre o resto do que vim a falar das Artes, que pertencem ao pequeno mundo ou homem, menciono a ciência da genetliologia, que trata do julgamento das natividades, pela qual produzo a grande disputa que se ergueu entre os dois famosos filósofos Porfírio e Jâmbico, dos quais o primeiro sustentou que um homem poderia chegar ao conhecimento de seu próprio gênio ou bom anjo pela arte da Astrologia, a saber, descobrindo o planeta e a natureza de seu espírito, que era senhor da décima primeira casa, a qual foi por essa causa chamada pelos astrólogos de *bonus daemon* ou bom anjo. Mas a opinião de Jâmbico era que um homem tinha necessidade da assistência e do conhecimento de um espírito mais elevado do que quaisquer daqueles que eram governantes da Fatalidade, nomeadamente, de tais inteligências como foram atribuídas para a regência e direção dos sete planetas; de modo que por isso expressei a superstição dos antigos com a sua impossibilidade, de modo que, portanto, eu possa mais bem depreciá-la e fazê-la mais ridícula aos homens sábios...

Agora julgueis (todos vós que sois imparciais e verdadeiramente eruditos) que imensa ofensa estava aqui, decidir de acordo com meu poder aquela grande controvérsia desses dois notáveis e eminentes filósofos, que atolou e não foi decidida até os dias de hoje, sendo que na conclusão atribuí toda a glória àquele único e só Espírito, que é o Príncipe e Senhor dos anjos e espíritos. Professei escrever geralmente de tudo, mas, conforme andei, distingui o bem do mal, para que os homens possam mais bem atentar, e recusar um, e escolher o outro. Agora, portanto, que eu expressei a vós a base pela qual essa nossa crítica e seu cínico mestre, o frei Mersennus, caluniaram-me com o título de mago, procederei à resposta de cada membro de suas frívolas objeções.

A defesa do bálsamo-de-arma pelo doutor Fludd é suficiente para torná-lo suspeito.

E por quê, eu vos pergunto?

Porque ele próprio é acusado de mago por Marinus Mersennus.

A conclusão é muito parecida com a capacidade de quem conclui: o doutor Fludd é suspeito de ser um mago *ergo,* o purgante de Rubarb que ele prescreve, ou, ao contrário, qualquer ponto em Filosofia ou Medicina, por ele sustentado nos escritos, é mágico. *Non sequitur argumentum...*

M. Foster, se seus olhos fossem tão favoráveis e sua vontade tão caridosa para ter considerado minha resposta a Mersennus na defesa desse ponto, antes de ter julgado, ele sem dúvida, bem como centenas de outros homens e muitos doutores em Medicina de excelente erudição, daria fé que o dr. Fludd respondera a Mersennus tão completamente, bem como naquela acusação, como todos os outros pontos colocados por ele a seu encargo, que ele não poderia ser capaz de modo algum de responder contra ela. E é bem sabido aqui na Inglaterra, a tais que foram versados além dos mares, que a suficiência de minha resposta satisfez assim os eruditos, na Alemanha como na França, que ele foi por eles muito condenado por sua escrita difamatória e tido apenas como maldoso por sua pequena erudição e indiscrição.

Agora, a base de sua malícia para comigo foi por ter ele escrito da harmonia do mundo e, percebendo que um livro daquele assunto feito por mim era muito aceitável a seus compatriotas, inventou essa calúnia contra mim e minha harmonia para que assim ele pudesse levar a sua a uma reputação melhor. Mas o que eu disse? Que ele foi acusado e condenado por essa sua difamação por alguns na França, sim, verdadeiramente seu mais querido companheiro, que, por razão de sua insuficiência, foi facilmente persuadido a tomar sua causa em mãos e a responder por ele, quero dizer, Peter Gassendus, seu amigo e campeão, repreende Mersennus por seus tais relatos incivis e escandalosos nestas mesmas palavras:

E apesar (meu Mersennus) do zelo pelo qual és movido contra Fludd ser elogiável, todavia não podes ser ignorante, quão vil e intolerável é a qualquer homem que vive no mundo cristão ser chamado de bruxo, ou mago maligno, ou mago herege, ou um professor ou divulgador da faltosa e horrível magia, e que tal professor não deve ficar sem castigo, também a provocar o rei ou príncipe a puni-lo, e além disso toda essa ameaça a ele; dizendo que por essa causa ele deveria ser afogado ou encharcado no lago eterno, e assim por diante.

Além do ateísmo e da heresia, a que também objetas e dos quais acusas Fludd, verdadeiramente, essas são coisas que revolveriam a paciência de Rufino ou S. Jerônimo, do qual aquele, quando requer paciência em outras coisas, ainda conclui que aquele que pode suportar ou dissimular a ofensa de uma heresia, ele afirma que tal homem não é cristão. O outro diz não tolerar que qualquer homem deva ser paciente com a suspeita de heresia, muito menos ser acusado ou suspeito de ateísmo ou magia maligna.

Em que palavras nosso mundo inglês pode discernir, primeiro, como esse meu adversário estrangeiro que lida com a honestidade e a moral repreende seu amigo incivil, cujo papel ele agüenta, por sua imodéstia e indiscrição; e, em seguida, ensina ao meu adversário nacional bastante sobre maneiras ou comportamento ao escrever contra um adversário, a saber, não debater com linguagem escandalosa e faltosa, mas com argumentos precisos, e aqueles com propósito, armados com a mais verdadeira razão da filosofia.

O mestre Foster não se enrubesce agora ao ver seu poderoso e magnânimo autor Marinus Mersennus repreendido pelo amigo judicioso, que ele mesmo elegeu como árbitro e porfiador de sua causa? Sim, e um campeão mais importante para defendê-la, por chamar-me injustamente de mago e outros nomes inapropriados? Sim, não está ele envergonhado, se tem alguma [vergonha], por escolher um autor falso e mentiroso para a propagação da difamação de seus irmãos? Se isso não é assim, pergunte a Gassendus...

Ao qual, para sua melhor satisfação, retiro esta outra passagem da Réplica de Gassendus contra mim, com respeito a seu amigo Mersennus:

Para o primeiro capítulo do terceiro livro, no qual Fludd é absolvido da suspeita de ateísmo, heresia e, especialmente, de magia demoníaca:

[Gassendi diz a Mersenne:]

Resta agora a suspeita de magia maligna, da qual especialmente a questão é colocada, mas esse é um argumento evidente para mim, que ele não é tal mago, porque não acredita (ou pelo menos faz o semblante de não acreditar) que há demônios tais como imaginamos serem familiares das bruxas.

Que o mestre Foster, portanto, veja sobre que fundação instável ele dispôs a difamação falsa e maléfica de mago maligno sobre mim. Mas, ai!, farejo um rato (pois usarei sua própria frase perspicaz): ele não se importa como desgraçará qualquer um, para que possa assim mais bem servir ao seu próprio propósito. Porque produzi em minha *Anatomia mística* uma razão natural para o bálsamo-de-arma, que ele não pode, nem por todas as pobres razões expressas em seu livro, ser capaz de repassar; portanto, deveras, eu devo ser enumerado entre os magos.

E de onde? Bem, porque Mersennus fez a mesma censura a mim. E quem é Mersennus? Um balbuciante satírico reclamão, incapaz de fazer uma réplica em sua própria defesa; e, portanto, sendo colocado em um *Non plus*, ele foi, como um segundo Jó, em seu maior vexame, pedir conselho aos doutores eruditos em Paris. E, por último disso tudo, ele, temendo sua causa e percebendo-se insuficiente, procurou por muito inquerimento seu amigo Peter Gassendus para lhe ajudar e chamou outro de seus amigos à sua assistência, e um que professa muito em sua carta judiciária, mas pouco faz.

E de boa-fé posso firmemente dizer que, por três ruidosos, vangloriosos e inexperientes pseudofilósofos, não posso fazer paralelo com ninguém na Europa, que seja de condição parecida, como são Mersennus, Lanovius e Foster: todos os três excedendo terrivelmente em suas toscas palavras de ataque, imaginando dominar e subjugar aos seus desafios trovejantes os mais sólidos escolásticos da Europa, se estes se importassem com eles e os estimassem mais do que a bichos-papões para afastar corvos ou assustar criancinhas.

Quanto a Peter Gassendus, percebo-o um bom filósofo e um cavalheiro honesto e bem condicionado, tanto ao seu adversário como amigo, não ultrapassando os limites da modéstia cristã, mas acertando no alvo com seus argumentos filosóficos, quando vê a ocasião...

Marinus Mersennus (diz mestre Foster) *se pergunta se o rei James, de abençoada memória, permitiria tal homem viver e escrever em seu reino.*

A isso respondo que o rei James, de memória eterna por sua justiça, piedade e grande erudição, foi por algumas pessoas invejosas movido contra mim, tocando o mesmo assunto; mas quando fui a ele, e ele em sua grande sabedoria examinou a verdade e circunstância de cada ponto, no tocante a esse relato escandaloso, que irregular e inverdadeiramente foi feito sobre mim, ele considerou tão clara minha resposta, e eu tão régia a erudição e graça dele, e tão excelente e sutil em suas objeções inquisitivas, bem como tocando outros pontos como esse, que em vez de uma repreensão (agradeço a meu Deus) obtive muita graça e honra dele, e recebi daquele momento em diante muitos graciosos favores dele. E o tive como patrono justo e real por todos os dias da sua vida.

E preciso agora, após tão régio julgamento, ter um inquisidor tão arrogante como é mestre Foster, a julgar e censurar-me novamente, e que pela ridícula autoridade de um frei ignorante, cujo amigo justamente o condena, e o repreende por suas calúnias, e me livra de todos os crimes tais que ele objeta contra mim?

Então ele faz uma objeção muito sagaz, dizendo: *Porque Mersennus escreveu acusando o doutor Fludd de ser um mago, portanto suponho que essa é a causa por que ele imprimiu seus livros além dos mares, nossas universidades e bispos reverendos, etc.*

Apesar de não precisar responder, nesse ponto, a um homem de condição tão invejosa, ainda assim, pelo bem da caridade, que pede que eu não ofenda meu irmão, nesse momento o satisfarei. Enviei-os além dos mares porque nossos impressores nacionais demandaram de mim 500 libras para imprimir o primeiro volume e fazer as gravuras em cobre; mas, além dos mares, foi impresso sem custo para mim e como desejava. E me foram enviadas 16 cópias com 40 libras de ouro, como uma inesperada gratificação por tanto. Como então, mestre Foster, não te dei uma resposta lícita?

Quanto à universidade: penso se meus trabalhos são tão malvistos nela, quando são registrados em duas de suas bibliotecas. E, certamente, se minha consciência tivesse me persuadido de que havia qualquer coisa neles que tenha sido tão hedionda ou desagradável, seja para a Majestade Real ou para os reverendos bispos, eu não teria presumido fazer, primeiro, nosso último rei James, de abençoada memória e, em seguida, três dos reverendos bispos da terra, os patronos deles; sendo que, elegendo-os meus patronos, preciso apresentá-los às primeiras frutas e, portanto, saber que se alguma coisa tivesse acontecido incorretamente neles, não poderia ser escondido deles, a quem em verdade eu temia desagradar, sendo tais como com meu coração reverencio.

[Foster:] *Seu amigo Joachimus Frizius (ou ao contrário sua própria pessoa, como credita Lanovius, em um livro chamado* Summum Bonum*) exime Roger Bacon, Tritêmio, Cornélio Agrippa, Marsilio Ficino e* Fratres Roseæ Crucis *de serem cacomagos espanto-me de que o próprio Belzebu não estava enumerado.*

Um conceito diabólico singular!

Pois, primeiro, seja aquele livro meu ou não, satisfiz Gassendus, cujo único macaco é Lanovius. Pois ele não objeta nada, mas o que ele toma do livro de Gassendus... somente isto direi sobre Joachimus Frizius: que ele produziu de seus próprios trabalhos, em sua própria defesa, desculpou-os e acusou tais caluniadores como é o mestre Foster, que estão tão aptos a condenar uma pessoa de quem são completamente ignorantes. Deixe os leitores observarem as provas no livro de Frizius para se esclarecerem; e então, se qualquer um posteriormente as acusar, deverei tê-los como parciais.

Mas devemos notar a propósito que nosso portador de esponja precisa considerar os jesuítas (como em sua epístola confessa), freis e seminaristas como instrutores e professores, a responder contra o bálsamo-de-arma e a mim, quando sabe que eles são tais que não podem proporcionar a ele nem a mim (sendo tido entre eles como herege) uma boa palavra. Não, eu direi a eles, para sua grande vergonha, que seu único cuspe em mim é porque eles discernem meus trabalhos como sendo tão estimados no mundo afora, eu mesmo sendo (como exorbitante à sua Igreja) tido por eles como herege. Tudo o que o maior adversário que tenho quer, até o próprio Marinus Mersennus coloca, é que mude minha religião e que me ganhe para seu lado, e para esse intento ele me promete, se eu deixar a minha heresia (como ele a denomina), muitas recompensas e cortesias. Mas encontro aqui em casa, mesmo entre a nossa própria religião, alguns homens menos amistosos e maiores inimigos de mim e meus honestos esforços no exterior.

As palavras de Mersennus são estas, após ter pensado me apavorar com grandes termos:

Mas se tu, Robert Fludd, deixares tua heresia, eu com meu amigo te abraçarei de coração, e falarei contigo ou face a face, ou por cartas conferenciarei contigo sobre certas ciências, e eu desejarei que ele não escreva contra ti; mas que ele possa ser recebido pela graça do poder divino entre os filhos da Igreja Católica, que tu junto conosco possas eternamente celebrar os louvores divinos no lugar de beatitude; se não, tu serás atormentado com chamas eternas, como é certo que os hereges serão, e aqueles que deixam a religião católica, que teus ancestrais abraçaram: especialmente tais, que persistem obstinadamente em suas heresias, estarão certamente danados. Pois a Palavra de Deus é verdadeira e infalível, portanto examina seriamente tua consciência.

Em outra passagem, ele deseja que, deixando minha heresia, eu me juntasse a eles na correção das artes, contando-me o aplauso que eu teria por assim fazer, de todo o Estado.

Isso eu digo para a vergonha de alguns dos meus compatriotas que, em vez de me encorajarem em meus trabalhos (como fui por cartas de muitos vindas da Polônia, Suévia [Suábia], Prússia, Alemanha, Transilvânia, França e Itália), me perseguem com malícia e discursos doentios, dos quais alguns eruditos alemães, ouvindo falar, lembraram-me em suas cartas desse dizer de nosso Salvador Cristo: *Nenhum homem é um profeta em seu próprio país*. Não foi por nada que os sábios disseram: *Aquele que se dedica à ciência contrai para si muita dor e vexação...*

O SEGUNDO MEMBRO

CAPÍTULO I

O escopo principal de todo o assunto está contido nesta questão, que ele assim propõe:

Se a cura dos ferimentos pelo bálsamo-de-arma é bruxaria, e de uso ilícito?...

Seus argumentos principais em seu primeiro artigo:

Todos os remédios lícitos produzem seus efeitos ou por instituição divina, como Naamã se lavando no rio Jordão para curar sua lepra [ou] o Poço de Betesdas curando tais que entravam nele após os anjos o mexerem; ou então por operação natural, de acordo com tais virtudes como Deus na Criação imbuiu tais criaturas, das quais os mesmos remédios são compostos, como o cacho de figos para curar o apostema do rei Ezequias, como o vinho e óleo, com os quais o homem ferido foi curado pelo samaritano.

Mas esse bálsamo-de-arma não funciona de nenhuma dessas maneiras ergo *as curas feitas por ele não são lícitas, mas prestigiosas, mágicas e diabólicas.*

O menor é negado...

À tua primeira razão, respondo que ela não procede porque não está registrada em nenhuma parte da Escritura e portanto não é de instituição divina: o que, porque figos, vinho e óleo, sim, e argila temperada com saliva são notados na Escritura, para remédios externos portanto o uso de cáusticos, vesicatórios, curativos, fluxíveis e outros remédios externos parecidos usados diariamente por médicos cristãos, devem ser reconhecidos como ilícitos, mágicos e diabólicos porque não são registrados na Escritura? Ou nada é instituído por Deus, apenas o que a Escritura menciona: como então pode ser verdadeiro aquele dizer do apóstolo, de que *Deus opera tudo e em tudo*? Se tudo e em tudo, então opera também em todos os atos e operações, tanto ocultas e místicas, como aquelas que são manifestas e aparentes ao sentido: e, portanto, todos os atos são instituídos por Deus...

À tua segunda, digo que não é de mais validade que a primeira. O principal axioma dos filósofos vulgares, sobre os quais tu baseias tua prova para a exclusão desse bálsamo da lista da Natureza, é este: *Nullum agens agit ad distans.* Sobre isso tu estruturas esse argumento.

[Foster:] *O que quer que aja naturalmente, age por contato corporal ou virtual. Mas isso não age nem de uma maneira nem de outra:* Ergo *não age naturalmente.*

Primeiro, a respeito daquele axioma filosófico, eu sei e posso provar por experiência que é falso. Pois o fogo aquece *ad distans.* O relâmpago sai da nuvem *ad distans*... O Sol e o fogo agem iluminando *ad distans*... O ímã opera sobre o ferro *ad distans.* A praga, a disenteria, a varíola infeccionam *ad distans*... todavia... afirmo, e é evidente para a capacidade de todos os homens, que esse remédio cura por contato virtual, nomeadamente, por uma propriedade simpática, que opera *inter terminum a quo* e *illum ad quem*, entre o começo e o fim magnética e oculta ou misticamente...

Novamente, negamos que é a composição artificial feita com as mãos do homem que cura, mas sim os ingredientes naturais da composição, que Deus originalmente imbuiu com tal virtude oculta e mística de cura...

Eis, como ele [Foster] concorda com seu grande inimigo, aquele maldito mago Paracelso (como ele o denomina) que afirmou que era *Donum Dei.* Quanto aos autores que ele cita contra o bálsamo, não os estimo: há muitos para tanto de uma melhor autoridade ou julgamento. Pois eles não são teus colegas, que lidam apenas com a filosofia imaginária especulativa; nem Joannes Roberti, o jesuíta, e fantásticos teóricos parecidos; mas médicos eruditos, grandes filósofos, tanto teórica como praticamente profundos nos mistérios da Natureza, e, portanto, as pessoas mais adequadas para discutir um assunto dessa natureza física.

Entre os quais eu nomeio, em primeiro lugar, o bispo Anselm, que, por sua integridade, profunda erudição e santidade de vida, é canonizado como santo, e então entre os filósofos e médicos profundos, que foram versados nos mistérios de Deus e da Natureza, Teofrasto Paracelso, que denomina justamente *Donum Dei,* Cardano, Joannes Baptista Porta, Oswaldo Collio, Joannes Baptista ab Helmont e muitos outros excelentes e bem experientes filósofos e médicos, que bem pela prática arte da Alquimia (não há outra ciência no mundo que revele mais ocularmente os mistérios escondidos da Natureza) como outras observações assíduas baseadas em provas, e não em contemplação imaginária somente, como verdadeiros filósofos mergulharam nesse mistério da cura: homens (eu digo) que têm sido sutis o bastante para evitar, prudentes para prever a obra do Demônio, sim, e para distinguir seu ato do de Deus na Natureza... E, apesar de alguns médicos supersticiosos deste reino (tais homens como são mais aptos a julgar asperamente esse assunto do que ponderar com a devida consideração) parecerem ser adversos ao bálsamo-de-arma, ainda assim eles não podem escolher, mas apenas saber que há muitos milhares de coisas mais que estão escondidas no gabinete secreto da Natureza do que comumente o homem sabe; ou pode discernir a princípio...

CAPÍTULO II

E se Deus opera tudo em tudo, então o Demônio não opera nada; mas a cura é uma operação e, portanto, um trabalho somente de Deus...

E essa operação de Deus, tanto por si mesma como em seus órgãos criados, se estende; mas também ao arcano ou escondido; sim, e para tais que são milagrosos e maravilhosos, mesmo como essa cura pelo bálsamo-de-arma parece ser às fantasias dos homens mundanos, fazendo-os admirar e maravilhar, como uma companhia de pássaros faz a uma coruja em um arbusto de hera, censurando a sabedoria deste mundo diversamente e de acordo com a imaginação de cada homem. Alguns firme e presunçosamente a proclamam... ser o trabalho do demônio; alguns afirmam ser ela uma afetação principal e imaginação vã em pessoas muito crédulas que, por terem apenas uma boa opinião da coisa, são curadas; alguns a condenam, como maneira supersticiosa e abominável de curar, pois tanto quanto a escolha de ingredientes precisa ser feita por uma observação astrológica; e outros, aproximando-se mais da verdade, a denominam Magia Natural, ou um ato secreto ou magnético da Natureza; e alguns mais essencialmente embasados, e religiosamente observando a ordem prescrita de Escrita Sagrada, referem (como verdadeiros cristãos devem fazer) esse miraculoso e maravilhoso ato de cura, e outros trabalhos maravilhosos além desse, àquele glorioso Deus, que fez o céu e a terra, como designados a eles por seu espírito, bem como aquelas virtudes que trabalham nos olhos mundanos milagrosa ou maravilhosamente, como outros que parecem mais familiares ao seu sentido...

E conseqüentemente nenhum demônio, nem anjo, nem homem, nem remédio, mas somente Deus, a realiza: por aquele dom espiritual de cura que Ele conferiu ao homem e suas criaturas em Sua criação e neles o manteve de geração em geração...

CAPÍTULO III

... somos ensinados que a vida, forma e natureza de cada criatura essencialmente nascem e procedem de Deus, e, portanto, qual dádiva de cura é admitida proceder de remédios simples ou compostos, sejam angélicos, celestiais, elementais ou de uma composição animal, vegetal ou mineral, ela procede do Criador, tendo sido concedidos a elas em sua Criação por aquele propósito salutar, ou ainda miraculosamente e além do curso comum da Natureza conferido a algumas criaturas efetuar. E, portanto, o homem não deve condenar asperamente um remédio porque funciona de maneira diferente da vulgar, pois Deus alocou em alguns remédios propriedades ocultas e escondidas; e portanto eles não funcionam por uma qualidade externa e evidente...

De maneira semelhante, nenhum homem pode expressar qualquer razão natural que é manifesta pela atração do ferro pelo ímã, da palha pelo âmbar, ou por que o ímã olha para o norte, ou por que o salgueiro previne dos ataques de relâmpagos e trovões, de modo parecido como essa cura é efetuada diretamente, etc. As causas dessas coisas são ocultas e escondidas do filósofo comum...

É aparente, então, que o Espírito incorruptível está em todas as coisas, porém mais abundantemente (próximo ao grande mundo) no pequeno mundo chamado homem: pois como no grande mundo *Jerônimo* corretamente em suas traduções disse que Deus (deixando a corrupção de outros) *colocou Seu tabernáculo no Sol*, de modo que por um movimento perpétuo e inextinguível Ele manda vida e multiplicação para cada membro e criatura do grande mundo, e pela agilidade de seu Espírito [ver Figura 5, p. 146]... ele move e dá vida a todo o Espírito do mundo... o espírito do Sol anima e dá movimento, vida e espírito ao espírito aéreo do mundo inteiro...

Também, de maneira muito parecida, o mesmo espírito incorruptível preenche o pequeno mundo (*é o Templo do Espírito Santo*) e coloca seu tabernáculo no coração do homem, no qual ele move, como nesse Sol macrocósmico propriamente dito, em sístole e diástole, nomeadamente, por contração e dilatação sem cessar, e manda seus raios de vida sobre toda a estrutura do homem, para iluminar, dar vida e circular movimento em seu espírito... também como esse espírito abstruso proporciona calor ao grande mundo por sua atividade e movimento essencial, o mesmo efetua no pequeno mundo, e todas as outras coisas, quando ele não... descansa ou retira seu próprio ato dentro de si...

Como esse motor principal e central no espírito de cada mundo sozinho age radicalmente e move essencialmente em e sobre tudo, nomeadamente, do centro para a circunferência, seu *Primum mobile*, ou primeira região movida no grande mundo, é a principal região etérea ou esfera, pela circunrotação da qual o Sol (que, como diz Davi, é um vaso cheio da glória de Deus) flutua ao redor da Terra em 24 horas, de modo que todo o espírito do mundo pode ser recriado com vida, vegetação e multiplicação.

E, portanto, essa primeira e mais digna esfera de espíritos, na qual ele centralmente se move, é a quintessência ou espírito etéreo da vida, que por sua presença é vivificado e animado; e sendo esse espírito etéreo o veículo imediato daquele incorruptível espírito da vida, é levado no ar elementar ou sublunar mais grosseiro, por meio do qual penetra em corpos animais, vegetais e minerais por inspiração ou expiração; em animais, parcialmente oculto, como pelos poros do corpo; e parcialmente manifesto, como pelos pulmões e nos vegetais e minerais ocultamente, e percebido somente com olhos intelectuais e, assim, dá vida e multiplicação a todas as coisas...

Para concluir: como para criar, vivificar e sustentar cada criatura, Ele pôs todas as coisas, assim Ele diz: *Spiritus incorruptibilis in est omnibus*; e novamente, *Spiritus Dei implet omnia*: pelo que é evidente que esse espírito divino e incorruptível, pelo qual vivemos, movemo-nos e temos nosso ser, está no homem, pois sem ele morre, é uma fungada, um nada: seu lugar, portanto, ou o céu no qual se move, é nosso éter, ou espírito celestial, que atua invisivelmente em nosso veículo aéreo: do qual a parte mais grosseira e ordinária é o sangue, tanto vital ou arterial como natural e venal.

Daí vieram aquelas ordenações especiais ou preceitos legais, que foram dados por Deus, tocantes ao sangue não só do homem, mas também das bestas... porque o sangue é o assento da alma ou espírito vital, que é inspirado por Deus... Aqui, portanto, observo que o espírito da vida é de Deus, que vivifica todas as coisas: a vida do sangue e gordura está nesse Espírito e procede desse Espírito, por conseguinte está escrito em outra passagem: *Tu de forma alguma comerás o sangue e a gordura, pois a vida da carne está no sangue* [nota marginal: Lv 3; At 17:24]. É fácil, pois, discernir, que uma concatenação aqui é dos membros em sucessão, que deriva suas vidas de uma e mesma essência radical ou espírito, e por isso são levadas a simpatizar com uma e a mesma harmonia na composição das criaturas; sendo que Ele fez de um sangue toda a raça humana... e conseqüentemente sendo toda carne e ossos feitos de um sangue, tem de haver uma grande relação entre eles e o sangue do homem em geral, e conseqüentemente entre o sangue e o ungüento que é feito deles.

Essas coisas sendo, portanto, corretamente ponderadas como bases infalíveis, concluímos assim: na questão proposta, devemos observar esses cinco objetos, a saber: primeiro, o ferimento; em segundo lugar, o sangue que sai do ferimento; terceiro, a maneira de transmissão do ungüento para o ferimento a uma distância razoável; quarto, a natureza do ungüento; e, finalmente, o modo da operação pela qual a cura é efetuada.

Primeiro, portanto, a respeito do ferimento, é uma violação do trabalho que o Espírito da vida efetuou, a saber, uma efusão de sangue; no qual o espírito da vida é levado e movido, um obstáculo e desvio do curso dos humores naturais, uma divisão e solução da gordura, carne e outras partes parecidas de sua integridade e continuidade, uma ofensa àquele ato pacífico de vida, efetuado por aquele incorruptível espírito de Deus, que por essa Sua propriedade, ou atributo, está apto a vivificar tudo em tudo. Pois essa causa, portanto, é esse espírito radical, atuante, interessado nesse negócio, ou ação não natural; encontrando seu trabalho impedido e sua ação essencial perturbada pelo ferimento ou violência oferecida. Pois, como o sangue é o seu veículo, e seu ato vivificante era circular no sangue orgânico e causar a sua transmutação em carne, e outras partes pelo bem da vegetação e multiplicação, e para preservação do *individuum*; agora é o mesmo sangue barrado na boca do ferimento, e tornado inútil e sem efeito algum: o corpo (pela animação do qual esse espírito secreto é sempre diligentemente inclinado) é debilitado e levado a se inclinar. Portanto, como a Natureza incorruptível e vivificante tinha a intenção de retificar seu espírito humano por sua atividade viva, assim ela está verdadeiramente preparada para se opor a toda violência oferecida e para corrigir e reparar novamente tudo o que a irrupção violenta causou...

Em segundo lugar, o sangue, como é o veículo do espírito da vida, apesar de se esvair pelo ferimento, ainda assim retém nele esse espírito da vida em outra propriedade: pois agora ele não atua na vida, quer dizer, não manda seu raio do centro para a circunferência para causar vida; ao contrário, sendo como se fosse incomodado com a violência do ato, contrai-se da circunferência ao centro; isto é, da ação na circunferência da criatura a si, sendo contraído no centro disso, onde parece descansar, e assim deixa seu veículo corpóreo e aéreo como coagulado, estupefato e morto... sim, esse espírito deixa inteiramente e abandona a carne do morto, sendo que essa sua vida (como se diz) está no sangue...

Em terceiro lugar, trato da maneira de transmissão do sangue do ferimento ao ungüento. O sangue é tirado da fonte viva de sangue no ferido, ou besuntado na arma que fez o feito, ou aplicado em alguma vara, ferro ou outra coisa, e assim transportado ao ungüento a uma distância razoável. Agora, uma razão deve ser mostrada: como é possível que possa haver qualquer relação certa entre o ferimento e o ungüento, pois (como o mestre Foster diz) pode haver castelos, colinas, muros e ar grosseiro entre o ungüento e o ferido que possam impedir a cura.

Primeiro, precisamos lembrar-nos que expressamos em nosso discurso precedente a excelência do espírito animador, no qual está toda a virtude e cada propriedade dos quatro ventos, e sendo [como] é esse espírito dos espíritos... o que (eu te pergunto) pode impedir seu ato ou operação? E que distância pode limitar sua atividade, sendo que é o espírito dos ventos, e a alma dos relâmpagos, e a essência do Sol e das estrelas do céu, que por sua animação lança seus raios perifericamente a cada ângulo do horizonte ou hemisfério? Não pode esse espírito, por estar contido no sangue do homem, penetrar muitas centenas de milhas por emanação de seu veículo sanguíneo... pelo qual parece que esse mesmo espírito, por meio de que o homem respira, não pode ser limitado em sua dimensão penetrante e extensa; nem ainda impedido na passagem por qualquer obstáculo intermediário.

Para concluir, o homem que acredita e confia nesse espírito pode efetuar o que desejar. Pois, mesmo pelo verdadeiro conhecimento e uso dele, os profetas e apóstolos fizeram maravilhas, tanto em curar como efetuar coisas de grande admiração. Esse espírito, portanto, que é chamado intelectual, como ele faz entender... vital com respeito à sua vivificação... e natural com respeito à vegetação e multiplicação... atua e brilha por raios secretos naquele objeto do sangue morto, que é levado dele ao ungüento, em qual sangue amputado uma porção do espírito se move oculta, descansando sem ação.

Agora, a natureza de um se alegra na natureza do outro, dado que os dois simpatizam-se mutuamente, sendo que eles são todos de uma consonância ou grau, ou uníssono em amor vital: como, por exemplo, pego dois alaúdes ou violas, ou quaisquer outros instrumentos parecidos; coloco um deles em uma extremidade da mesa e o outro em outra extremidade; coloco uma pequena palha sobre uma das cordas de um alaúde, que toca A-lá-mi-ré, ou De-lá-sol-ré, e então toco a escala do outro alaúde, e a palha não se mexerá nem uma vez, porque eles não simpatizam em som e proporção do ar vibrante, portanto não têm relação um com o outro; assim também se o sangue for levado a qualquer ungüento heterogêneo em natureza à parte ferida, não fará nada nessa cura; mas, se colocares uma palha na escala, ou A-ré, de um, e tocar o outro na escala, ou A-ré, sendo uníssonos, perceberás a palha presentemente pular da outra corda, por razão da enorme vibração de atividade amorosa, e similarmente por toda a proporção, que por causa da harmonia simpática que cada corda faz à outra no ar, sim, esse efeito acontecerá, mesmo se colocadas tábuas ou obstáculos parecidos que possam impedir a linha direta da vibração no ar ou meio entre os dois alaúdes...

Pois, como ambos são apenas um espírito, apesar de parecerem diferenciar-se a distância, como as cordas de ambos os alaúdes, assim similarmente são aqueles dois tons apenas um tom... e, portanto, fazem apenas um uníssono. Mas porque um espírito não pode ser essencialmente separado de outro, não mais do que a divindade pé apartada das partes, também um tom não pode ser essencialmente distinguido do outro...

O quarto a ser considerado é o ungüento e sua natureza. Quem, a não ser um mero idiota, pode negar que semelhantes desejam seus iguais ou que uma natureza, sendo mais forte, alimenta, cria e alivia outra que é mais fraca, e esta se delicia na ajuda e conforto que traz? Os médicos e filósofos antigos observaram que pulmões nutrem pulmões e miolos nutrem miolos que estão fracos; o *spleen* ajuda a fortificar o *spleen*, e para entranhas fracas fazemos clisteres de entranhas cozidas; o estômago de um galo ajuda a digestão; o mesmo cuspe saído dos pulmões físicos diz-se que cura os pulmões; vermes mortificados e secos em pó destroem vermes... Agora, se olharmos na composição desse remédio, perceberemos que é de uma maravilhosa consonância com o sangue do homem... Portanto, sem dúvida, há a mesma relação de uníssono entre esse ungüento com o sangue nele e a natureza do homem ferido... E por essa causa será apto a vibrar e tremer um consentimento mútuo de harmonia simpática, em que os espíritos de ambos, pelo contato virtual da natureza de um com a de outro, ser feito pela transmissão do espírito individual de um no corpo do outro, de modo que a virtude balsâmica de um possa confortar e mexer a embotada e mortal languidez do outro...

... porque o ungüento é feito do sangue do homem, gordura do homem, carne do homem, ou múmia, e a excrescência esfumaçada dos ossos do homem, chamada *uznie* ou o fluido que cresce no crânio, de acordo com minha receita, e como a natureza do espírito católico* assim especificada está no ungüento, apesar de inativa, e é misturada para operar pela união agora conseguida das energias do vivo e operante espírito do ferido... Portanto, a mistura desses dois espíritos, agora operando em uma união vivificante, faz-nos tender à fonte da vida, como o grão saindo da terra... Mas porque essa terra ou bálsamo é mais espiritual, tende seu poder ao sangue, por aquela harmonia que a continuação do espírito efetua, nomeadamente, como se fosse por um uníssono, por razão da uniformidade do espírito específico pertencente ao homem, pela união dos quais os quatro elementos discordantes e cada membro do corpo do homem são unidos em uma harmonia simpática, adotado pelo uso da vida na criatura, sim, tanto que como o sangue, carne, gordura e ossos em todas as outras criaturas irracionais são estruturados de um tipo de forma elementar, e moldados parecidos, pelo mesmo espírito operante; não admiraria se seu sangue, sendo trazido ao mesmo ungüento, também desse saúde à criatura ferida, sendo que ela geralmente tende à vida, pelo que é apropriado aliar criaturas sangüíneas, sem exceções a cada diferença específica...

CAPÍTULO IV

... vemos que, pela aplicação dos bálsamos, ungüentos ou Medicina interior, os espíritos naturais e o ator interno da vida ajudam e auxiliam os remédios em suas curas, senão eles não efetuariam quaisquer feitos assim.

* N. T.: Católico aqui tem o sentido de universal.

Por essa razão o médico é chamado de *Audiutor naturæ*, o ajudante da Natureza.

Agora que o principal agente dessa cura é compreendido no corpo do ferido, provo desta maneira: foi certificado, e serei sustentado por pessoas de grande conhecimento, não bebês, mas de uma maturidade muito maior, tanto em erudição como em julgamento, do que nosso carregador de esponja, que em suas múltiplas experiências eles observaram e perceberam muito verdadeiro, que, quando a pessoa ferida enviou seu sangue em uma vara, ferro ou arma ao lugar do ungüento, e que assim estava em um bom caminho de cura; se, no momento de sua cura, ela precisar lidar com uma mulher menstruada, imediatamente o poder curativo no ungüento é perdido, e não lhe fará bem algum; também eles freqüentemente observaram que, se acontecer de a pessoa ferida no meio do caminho ter uma hemorragia de sangue do seu nariz, a propriedade curativa será perdida...

Há outro experimento admirável feito por uma nobre pessoa, de quem farei mais menção... pois um de seus homens, tendo cortado profundamente seu dedo, próximo da junta, com uma ceifeira, como se estivesse cortando grama; o dedo ainda sangraria, e não poderia ser facilmente estancado. Portanto, o conde queria que ele largasse a ceifeira e fosse trazido para que pudesse ser ungido; o camarada ferido seguiu por si e, no primeiro golpe que ele teve da arma que o feriu, o sangue estancou, e ele não derramou nem mais uma gota...

CAPÍTULO V

Há um cavaleiro morando em Kent, homem judicioso, religioso e erudito, chamado *sir* Nicholas Gilbourne, um (eu digo) de quem eu sou, e tenho sido há muito, familiar. Pois ele casou-se com minha irmã. Esse cavaleiro, tendo boa relação com um capitão Stiles, que no passado foi seu inquilino, esteve com o mencionado capitão na companhia de muito bons e eruditos clérigos, na feitura do ungüento mencionado, e viu todos os ingredientes separados, e depois contemplou um farmacêutico compô-los juntos sem qualquer tipo de ação supersticiosa, sendo declarado geralmente um remédio lícito, e de modo algum supersticioso ou diabólico. Uma caixa desse ungüento concedida a esse meu cunhado; que salutares efeitos ele obteve, eu relatarei a ti literalmente como tenho aqui de sua própria mão.

O primeiro (diz ele) estava no Chat[h]am em Kent, onde o servo de um *Poppee*, um mestre de estaleiro, cortou-se com seu machado no peito do pé, tão profundo quanto podia sem cortá-lo fora; por causa do ferimento (que foi na parte da tarde), ele foi trazido a mim; mas eu me recusei a interferir com ele, apenas o aconselhei a lavar o ferimento com sua própria urina, o que ele fez. Cedo na manhã seguinte eu preparei seu machado e, após fazê-lo, mandei-o para saber como passava o camarada. A resposta dada foi que ele esteve em grande dor a noite inteira, mas agora ultimamente estava bem. Na manhã seguinte, indo ao meu estudo, golpeei meu espadim sobre o machado, o punho do qual tirou o ungüento do machado; que, quando percebi, enviei para entender como ele passava e tive a resposta de que esteve excessivamente bem aquela noite, mas esta manhã sentia em grande dor, e assim continuava. Portanto, ungi o machado novamente e ouvi que ele se achava então em grande alívio; e dentro de sete dias estava perfeitamente bem...

Sua segunda história dessa maneira de cura era esta: eu (diz *sir* Nicholas Gilbourne) me dispus a jogar sementes em um laguinho em Charing; depois de tê-lo feito, os garotos da cidade foram a ele buscar peixe. Entre o resto, Brent Deering (o filho do mestre Finch Deering) entrou nele com aquele propósito e cortou sua panturrilha em um caniço. Isso sangrou muito e o colocou em grande dor, o que fez sua mãe mandá-lo a um John Hart, um cirurgião de Charing, para examinar e cuidar do ferimento; mas ele continuou com muita dor após o tratamento, quase desmaiando. Por isso sua irmã foi mandada a mim, para fazer o melhor por seu alívio. Respondi que não poderia fazer nada, porque ele já havia sido tratado por aquele cirurgião. Mas isso não os satisfaria, e, portanto, sobre sua importunação, eu os aconselhei (porque eles me informaram que o orifício era muito estreito) a lavar todo o trabalho do cirurgião e a colocar uma agulha de tricô no ferimento, tanto quanto entrasse, e amarrar uma linha onde não passasse mais. Eles assim fizeram e perceberam que ela atravessou toda a pele até o outro lado. Ungi essa agulha de tricô, e, em quatro ou cinco dias [a perna do garoto] estava com boa aparência, salvo que em cima do orifício havia uma casca seca. Eu não estava totalmente satisfeito, sabendo que ele não se achava perfeitamente bem, mas ainda restava uma casca sobre ele. Portanto, novamente ungi a agulha de tricô pela noite, e, na manhã seguinte, saiu do orifício uma pequena lasca do caniço e, após isso, em dois ou três dias ficara perfeitamente saudável...

Em Windsor, havia um que tinha algo para fazer na caça ou floresta; como estava capinando um monte de mato, caiu para trás sobre a lâmina da ceifadeira e cortou as costas tão perigosamente, que se temia grandemente por sua vida; a ceifadeira [foi] enviada a Londres para o capitão Stiles, que... a ungiu, embalou-a e colocou-a de lado. Não muito depois, veio um procurando pelo doutor Stiles, e a ele foi enviado. O ministro, entendendo que era sobre o agradecimento por uma cura feita pelo bálsamo-de-arma, enviou-o ao capitão, [dizendo] que desejava falar com ele. O capitão, estando a jantar, ou cear, com diversos amigos seus, mandou o camarada entrar na sala de jantar, e lá contou ao capitão que o homem ferido reconheceu a sua vida perante Deus, assegurando-o de que o perigoso ferimento se curou rapidamente após ter enviado a ceifadeira a ele, e foi completamente curado sem qualquer outra aplicação. E, como parte da recompensa, e para expressar sua gratidão, ele o presenteou com uma peça de veado vermelho.

Aqui podes ver que essa cura foi feita a uma distância de 20 milhas entre o ferimento e o ungüento.

CAPÍTULO VI

... Não considero inoportuno certificar cada leitor de que há um certo homem nobre deste reino, muito religioso, judicioso e erudito, que ao primeiro escárnio sobre esse tipo de cura, como coisa impossível, e após o que ele percebeu que era verdadeiro de fato, foi atormentado por tais espantalhos como é o mestre Foster, ao colocá-lo em prática, pois foram feitos crer que havia um engano prestigioso ou virtude e operação de cacomagia nele. Por qual causa se absteve de seu uso e prática, apesar de reconhecer aquele ato como maravilhoso. E ainda, todavia, porque sua curiosidade o incitava, para mergulhar um pouco mais na verdade desse mistério, foi por seu desejo falar com um capitão Stiles (um homem bem conhecido por ser sábio e religioso, bem como adverso a todas as ações supersticiosas ou cerimônias), porque ele foi notório como um grande praticante dessa maneira de cura. Seu fervoroso desejo era primeiro ver com os próprios olhos, para sua melhor satisfação, cada ingrediente particular separadamente, que ia na composição desse bálsamo, e então observar a preparação de cada ingrediente, e finalmente contemplar sua mistura ou união na composição, para que, portanto, pudesse mais bem discernir se qualquer ato ilícito ou superstição diabólica concorriam com a feitura dele. O capitão consentiu a esse nobre homem ser informado melhor sobre esse assunto, chamou a essa composição um clérigo erudito e um bem estimado doutor em Medicina, que, com o consentimento de um, após completar o feito, afirmou que não havia nenhuma superstição maldita na feitura desse ungüento, como era falsamente sugerido... E, por essa razão, eles juntamente concluíram que tanto o remédio em si quanto a prática dessa cura eram naturais e conseqüentemente lícitos para quaisquer bons cristãos usarem.

Em consequência disso, esse honroso homem, em um espaço de 12 meses, com sucesso feliz e afortunado, praticou essa maneira de cura em muitos que estavam feridos; e ainda por tudo isso, deveria parecer que alguns besouros ocupados, ou melhor, mosquitos zumbidores dessa natureza, colocaram novas suspeitas em sua cabeça, insinuando a ele que o capitão poderia usar alguns meios supersticiosos secretos ou encantamentos desconhecidos na coleta ou no preparo dos principais ingredientes, que ele não podia distinguir, e que sem isso aqueles efeitos místicos não poderiam ser obtidos; passados 12 meses, ele pediu, para sua maior segurança, para fazer a composição por si mesmo e ter os ingredientes conseguidos e preparados por sua própria direção, nomeadamente, o fluido dos ossos de homem, etc. E por esse motivo ele faz o sr. Cooke, o farmacêutico, bater até um obter pó fino tais ingredientes que deveriam ser feitos pó, e depois compor [o bálsamo-de-arma] e fazê-lo, o que, quando ele tinha efetuado, percebeu que essa sua própria composição tinha a mesma virtude curativa e sucesso próspero na cura que o outro; por razão do que ele descansa desde então, tão confiante na segurança e licitação dessa cura, que nenhuma dessas borboletas fantásticas, por suas demonstrações pintadas sem qualquer substância sólida, pode fazê-lo mudar de idéia quanto a essa prática...

O nobre capitão Stiles mencionado anteriormente, com *sir* Bevis Thelwell (que teve esse ungüento daquela nobre pessoa e realizou por ele muitas curas estranhas e desesperadas) e o sr. Wells de Dedford (um cavalheiro honesto e erudito), curou (como eles atestarão) pelo menos mil pessoas por essa maneira de cura, e agora há muitos outros, tanto homens como mulheres, que tiveram desse bálsamo-de-arma e fazem diariamente uma infinidade de bem neste reino. Daí (eu digo) vem o desgosto aos cirurgiões, tanto dessa cidade de Londres como de cada país acerca. *Hinc dolor, hinc lacrimæ*: e não têm eles boa razão para isso, quando perdem tal massa de prática que teria bem enchido suas bolsas...

CAPÍTULO VII

Sir Nicholas Gilbourne relata, em sua carta para mim, estas palavras: "A última vez (diz ele) que estava em Eastwell no condado de Winchelsey, casa de lady Ralegh, caindo em algum discurso a respeito do ungüento simpático, ela me disse que seu último marido, *sir* Walter Ralegh, pararia subitamente o sangramento de qualquer pessoa (apesar de estar longe e remoto da parte) se ele tivesse um lenço ou qualquer outra peça de linho embebida em um pouco do sangue da pessoa enviado a ele. Se isso fosse feito pelo Demônio, eu presumo que uma pessoa tão sábia quanto *sir* Walter Ralegh o teria deixado, ou pelo menos não usado aquele tipo de cura ou cessação de sangramento..."

Eu conheci, quando visitei Roma, uma pessoa muito erudita e habilidosa, chamada mestre Gruter; ele era da Suíça de nascimento e, por sua excelência em Matemática e na arte dos movimentos e invenções das máquinas, era muito estimado pelo cardeal São *George*. Esse cavalheiro me ensinou o melhor de minha habilidade naquelas práticas e, entre o resto, ele entregou esse experimento magnético a mim, como um grande segredo, assegurando-me de que foi tentado em seu país sobre muitos com grande sucesso. Quando (diz ele) há um membro murcho ou consumido, como um braço seco, perna, pé ou similares, que os médicos chamam de atrofia dos membros, tu precisas cortar daquele membro, seja pé ou braço, as unhas, pêlos ou alguma parte da pele; então precisas perfurar um salgueiro com uma verruma ou pua até a polpa, e depois colocar no buraco as unhas e pele raspados; e com um pino feito da mesma madeira, precisas mantê-lo fechado, observando nessa ação a lua crescente e os bons planetas [estarem] em tal signo multiplicador, como é Gêmeos, e afortunados e poderosos sobre Saturno, que é um grande secador. O mesmo efeito (diz ele) podes perceber em ti. Pega as unhas e pêlos, que são cortados do membro, fecha-os na raiz de uma aveleira e sela o buraco com a casca da árvore; depois, cobre-a com a terra, e (diz ele) isso foi tentado, que como a árvore diariamente cresce e floresce, também de pouco em pouco o paciente recobrará sua saúde. Mas precisas com diligência observar o movimento dos corpos celestes e especialmente as posições do Sol e da Lua, quando isso é efetuado. E, para esse intento, ele revelou-me o tempo e as estações quando a preparação de tal cura deveria ser efetuada.

Mas ai! O que fiz? Agora mestre Foster tem o suficiente para bradar que isso é magia de fato; aqui está a superstição em seu grau mais alto. Pois não disse ele, página 17, *que é uma observação astrológica, e portanto supersticiosa, coletar qualquer ingrediente ou fazer qualquer coisa assessorando e esperando, quando a Lua deveria estar em tal ou tal casa do céu, e que, pelas Escrituras, astrólogos, magos e feiticeiros, como pássaros de uma pena, são colocados juntos?* Sua cegueira leva-o a isso como no resto.

Pois primeiro ele conclui que toda magia em geral é maldita e diabólica, porque uma *espécie* ou membro dela deve justamente ser banido da lembrança dos homens cristãos: como se não houvesse uma magia natural, pela qual Salomão conheceu todos os mistérios da Natureza e as operações deles; sim, como se os três sábios reis do Oriente descobriram que o verdadeiro Rei dos Judeus havia nascido por uma magia diabólica. Como assim, mestre Foster, eram esses três sábios cacomagos, ou tais como a Escritura permite, e nós cristãos mantemos um dia sagrado em sua lembrança? Certo, frei Mersennus, seu macaco! Pois ele condena toda magia sem exceção de tipos, sem lembrar que *magus* é, na língua persa, interpretado como sábio ou clérigo. E da mesmíssima maneira o cavalheiro, segundo o costume de seu mestre, condena toda astrologia para o bem daquele membro, que é supersticioso e ilícito, não considerando que a veracidade na verdadeira magia e astrologia foi falsamente contaminada e abusada por mundanos supersticiosos, e assim fizeram o bem, nos olhos do ignorante, ser abolido e condenado com o mal, por causa do mal; e assim a bondade por homens vis é engolida, sem qualquer diferença, pela escuridão.

Eu gostaria, portanto, que nosso adversário portador da esponja soubesse que há quatro partes ou tipos de astrologia em geral. O primeiro versa sobre a mutação do ar e a predição de tempestades, doenças, fome ou prosperidade, etc. O segundo trata da alteração de estados, como também guerras, ou da disposição pacífica nas mentes dos homens. O terceiro cuida da escolha dos momentos e das natividades. O último é dirigido à fabricação de caracteres, selos e imagens, o qual, porque se mistura com ações supersticiosas e é feito um instrumento para os abusos de pessoas ímpias; e especialmente porque uma insinuação diabólica ao vício e impiedade pode ser facilmente percebida nele, deve ser repudiado e condenado por ilicitação por todos os bons cristãos.

O quê? A ciência dos que fazem o *Almanaque* para esse mestre Foster deve ser descartada, ou os médicos precisam ser forçados a abandonar ou negligenciar suas horas de escolha, em coletar amostras, ou deixar o sangue, ou cortar os pêlos e unhas, ou parar os intestinos, ou tornar a barriga lúbrica pela advertência desse homem? *Amicus medicorum* não afirma *que a influência do céu pode ajudar o funcionamento dos remédios*?... e, por esse motivo, *Haly* diz, *o médico que é ignorante da astrologia é como um homem cego, buscando seu caminho sem um cajado, tateando e enrolando esse e aquele caminho*. E Ptolomeu, *que um bom astrólogo pode prevenir muitos efeitos das estrelas que estão para vir*. Galeno e Hipócrates não falam muito em seus tratados críticos da necessidade de observação do movimento da Lua?...

Se isso não servir para parar a violência de nosso adversário, iremos ao testemunho das Escrituras para a confirmação tanto da escolha das estações como para provar que a influência dos céus opera tanto efeitos bons como maus. [Fludd cita Ec 3; Ec 7; Ef 6 e Jó 38:28.] Pois, nesse texto, encontramos que as boas influências das estrelas são mencionadas; e aqui também está expressamente notado que os céus têm seus poderes na Terra.

Afirmo convictamente, portanto, que toda astrologia não é proibida, pois há uma observação especial para ser feita por homens sábios da influência das estrelas. E para esse propósito, há horas de escolha a serem devidamente observadas de acordo com essa ou aquela influência, que são mais apropriadas e convenientes para nosso trabalho. Novamente, dado que o mestre Foster parece prestar uma breve conta dos 12 signos e suas operações essenciais na Terra, ele pode ver que tais que fizeram suas anotações laterais sobre o texto interpretam a palavra *Mazzaroth* como significando os 12 signos, que possuem as 12 Casas do Zodíaco, que, sendo assim, marcam a conclusão do texto: *Podes tu estabelecer suas regras na Terra?* Do que é evidente que os 12 signos têm uma regência especial sobre a Terra e as criaturas nela, e isso por ordem e decreto de Deus.

Por isso, é tornado manifesto que não há superstição cacomágica na observação dos tempos, dias ou horas, nos quais essa ou aquela estrela tem domínio, para a coleta de ingredientes, ou preparo e ajuste de remédios, ou outras matérias próprias para a cura do homem...

Há presentemente uma honesta mulher religiosa e nobre perto de Londres, que pega uma erva chamada rosa-do-sol, que tem pequenos folhelhos que abrirão e fecharão, e ela a coloca em água-de-tanchagem,* e ela se fecha. Ela, portanto, quando uma mulher com criança começa o seu

*N. T.: água-de-tanchagem é uma decocção da tanchagem, que, segundo o *Dicionário Aurélio Eletrônico*, é uma erva rosulada, da famíla das plantagináceas (*Plantago major*), de origem européia.

trabalho, dá-lhe um pouco da água-de-tanchagem e, apesar de a mulher grávida parecer pronta para a parteira, ainda assim, se a nobre mulher vir o vegetal fechado, ela conclui que eles estão enganados e que não há tal coisa, e assim se prova. Novamente, quando a parteira duvida do parto, e ainda assim ela está perto dele, a flor se abrirá de pouco em pouco como o útero faz, e então a nobre mulher pede para a parteira olhar, assegurando-a de que está preparada, e assim é provado. Essa história foi relatada muito recentemente a mim por um nobre homem de valor, e confirmada por um reverendo doutor e seu farmacêutico, que dão fé de que certas parteiras fazem uso dessa conclusão natural...

Há um nobre homem neste reino de boa descendência, título e posição, entre a nobreza inglesa, um cavalheiro muito sábio, grave, idoso e religioso, eu digo, que curou muitos em seu tempo da icterícia amarela, os pacientes estando a 10, 20, 30, 40 (sim, e como ele e outros relataram) e a quase 100 milhas distantes ; e muitos deles, que ele assim curou, passaram muito tempo sob o fardo dessa doença antes que fossem a ele, tanto que o uso das receitas comuns dos médicos não poderia superá-la. Ele realizou isso com os servos em casa e comunicou o segredo a alguns amigos no exterior, entre os quais ele teve o prazer de me posicionar. A urina do paciente é mandada a esse grande lorde. Sua maneira de cura é esta: ele pega as cinzas de uma madeira, comumente conhecida e que cresce entre nós na Inglaterra; faz uma pasta dessa madeira com a urina, reservando de lado um pouco da urina para outro propósito; essa pasta assim moldada e feita com urina é dividida em sete ou nove montes ou bolas, e, no topo de cada um desses, ele faz um pequeno buraco e coloca nele um pouco da urina restante; nessas partes da urina, coloca uma folha de açafrão. E assim, sem mais fazer, põe os montes em um lugar secreto, onde eles não podem ser mexidos ou a cura é impedida. E a experiência ensinou o mundo, muitos homens ictéricos, ou infectados com a icterícia amarela, foram por esses simples métodos curados; e isso é bem conhecido por mil pessoas...

Agora procederei à defesa particular de minha própria doutrina, expressa em *Anatomia mística*, contra a qual o mestre Foster invectiva tão amargamente e com tão grande confiança. Ele canta lá como um galo sobre seu monte de esterco, antes de ter ocasião, e desafia gloriosamente a palma, e proclama o troféu de seus próprios louvores, antes de conseguir a vitória. O fim coroa tudo, pois a verdade não é alentada com termos altos e vangloriosos. Seria melhor para o mestre Foster ter me escutado falar antes de me caluniar publicamente e colocado os títulos de seu livro nos postes de minha porta para minha desgraça; se foi feito discretamente por ele ou não, deixo à censura do mundo...

Cada leitor discreto pode discernir pela veemência de Foster contra mim ao compor em minha *Anatomia mística* o assunto desse membro, que é mais da inveja e malícia do que por qualquer defeito em mim ou ofensa cometida por mim... Pois, sem dúvida, ele não teria de outro modo, sobre uma ocasião tão ligeira como esse capítulo expresso na passagem mencionada, caluniado-me com o título de mago, como o fez; e, para isso, alegado a autoridade de seu sábio mestre, o frei Mersennus, um autor tão profundo para repreensão e falsa difamação quanto ele... Novamente, enquanto esse nosso adversário sem cultura diz que me desculpei da magia em um livro intitulado *Sophie cum Moria certamen* e que Lanovius diz, *Cuius contrarim verum est*, Lanovius (apesar da maneira mais maliciosa que podia) me absolve desse crime, alegando que minha inabilidade ou insuficiência em tais coisas o faziam pensar o contrário.

E, portanto, preciso dizer a esse meu caluniador inglês que há uma câmara estelar para punir tais abusos, e, conseqüentemente, ele talvez escute de mim mais cedo do que espera, a menos que freie melhor sua língua difamatória daqui em diante.

É um argumento de pouca filosofia, e menos divindade, repreender sem razão e escandalizar com imoralidade...

O assunto desse capítulo citado por mim na *Anatomia mística* é apenas um discurso da referência natural e relação magnética ou atrativa e simpática que é observada estar entre duas substâncias distintas de natureza parecida, mas diferindo na distância do lugar: como entre o ímã e o ferro; entre o sangue e o sal da mesma natureza; nos quais o espírito vegetativo, comum a ambos, habita ocultamente. E precisas notar também (cortês leitor) que nesse livro particular de minha *Anatomia mística* tratei das propriedades secretas e escondidas do sangue espiritual ou interno no exterior, citando conjuntamente, tão próximo quanto minha pequena capacidade me deixaria, os efeitos harmônicos que realizam, tanto por contato ou toque imediato como a distância.

Gostaria de saber agora: a quem ofendi fazendo isso? Ou como eu mereci o ingresso calunioso de M. Foster no exame dessa questão? Ou se em meu discurso natural sobre esse assunto mencionei encantamentos diabólicos, círculos, bruxaria, caracteres ilícitos e proibidos ou coisa parecida? Se não encontras nada pertencente a qualquer magia demoníaca, então dá tua sentença, se tal prelúdio nessa questão foi honesto, decente ou qualquer coisa pertencente ao assunto discutido.

Quanto ao uso do bálsamo-de-arma propriamente dito, protesto, perante Deus e o homem, que nunca de mim mesmo pratiquei até esse mesmo dia: mas, em minha consciência, e por razão de uma inquirição mais estrita, que por esse motivo fiz, percebi-o tão livre de qualquer superstição diabólica (que, Deus é minha testemunha, eu sempre odiei, como o faço com o Demônio e todos os seus trabalhos) e escutei tanto dessa virtuosa operação, que daqui para a frente, malgrado os reservados escritores ou pronunciadores contra ele, praticarei e defenderei sua licitação, sendo mais seguro agora do que nunca, que é virtude abençoada de Deus; e não qualquer ato do demônio, que opera nele à saúde e alívio das criaturas aflitas de Deus...

E agora, para uma despedida desse meu pequeno panfleto, gostaria que meus esclarecidos compatriotas soubessem que, não tivesse esse meu rude e incivil adversário, muito falsa e desgraçadamente, me caluniado e me acusado sem qualquer justo motivo do crime de bruxaria ou magia, que é odioso tanto a Deus como ao homem, eu não teria impedido tanto minha ocupação maior e ocasiões mais pesadas para ter satisfeito ao seu apetite irracional e imodesto. E, ainda, protesto perante Deus e o mundo, pois estou tão longe de invejar suas boas qualidades (se ele tiver alguma) que, em primeiro lugar, apiedo-me de sua indiscrição e falta daquela modéstia e perspicácia moral e comportamento que fazem um verdadeiro filósofo... em segundo lugar, desejo a ele com todo o meu coração mais dinheiro em sua bolsa ou ainda algum bom benefício ou meio de vida da Igreja para parar sua boca, a falta do qual (como parece por sua epístola ao leitor) o faz em seus escritos tão esquecido da onipotência do seu Criador, que ele presunçosamente atribui, a saber, o dom soberano da cura, que por toda a eternidade pertenceu a Deus, ao Demônio; em seguida, ele muito irreligiosa e injustamente escandaliza seus irmãos atribuindo aquilo justamente a Deus, que somente pertence a Ele; e conseqüentemente não a qualquer demônio no Inferno; e, por último, ele parece invectivar contra alguns homens de sua própria profissão, sim, e também murmurar contra seus superiores na Igreja, como podes apreender parcialmente de sua epístola dedicatória, e parcialmente daquela ao leitor...

Deixa-o, portanto, daqui em diante trovejar, gritar, e proclamar o que quiser (pois tal é sua natureza incivil); eu desde agora responderei a ele (como um escritor cínico e reclamão deve...) com silêncio... Mas se tiver algum outro assunto ou questão que continua em seu estômago contra mim (como ouvi dizer que me ameaça com montanhas, e estou certo de que se provarão apenas montes de toupeiras, bem como os precedentes), talvez se encontrar em sua escrita mais modéstia e maneiras, bem como se tornar um que professa o nome de um filósofo e como um mestre das artes deve se comportar frente a um doutor, que é seu superior; isto é, se ele atacar duro e se defender cerradamente por ser reembolsado com argumentos teológicos e filosóficos, e não com termos inconvenientes, linguagem inapropriada e falsas calúnias, como é seu costume; ele perceberá que não o recusarei ou desprezarei, mas estarei pronto para encará-lo no campo filosófico de Minerva, quando e como ele se atrever...

Verbum Sapienti

VIII

O SUMÁRIO FINAL

FILOSOFIA
MOSAICA

Embasada na

VERDADE ESSENCIAL
OU
SAPIÊNCIA ETERNA

Escrita primeiro em *latim* e depois traduzida para o inglês.

Por ROBERT FLUDD, esc.
e
doutor em Medicina.

LONDRES
Impresso para Humphrey Moseley, *em* Princes Armes *no pátio da Igreja de St.* Paul. *1659.*

PARA O LEITOR DISCRETO E JUDICIOSO

Meu desejo é (leitor erudito e judicioso) que possa não me mostrar ofensivo a ninguém (imitando meu patrono médico e teofilosófico S. Lucas), mencionando e citando o testemunho da Escrita Sagrada, para provar e manter a filosofia verdadeira e essencial com as propriedades virtuosas da sabedoria eterna, que é a fundação e pedra angular sobre a qual se embasa. Não foi essa a raiz do assunto de meu mencionado patrono, que foi também um filósofo divino e médico?

Se a função da escada de Jacó era servir para almas e anjos ascenderem da Terra ao céu... se a cadeia da Natureza tem seu mais alto e último elo unido ao pé da cadeira de Júpiter no céu, como o mais baixo está fixo na Terra, como é possível para nós, criaturas terrenas, ou melhor, imagens divinas, alocadas e obscurecidas em tabernáculos de barro, atravessar, por nós mesmos, o confuso labirinto da criatura até a brilhante Essência do Criador; isto é, buscar os mistérios da verdadeira sabedoria neste mundo, e as criaturas dentro dele, apenas penetrando com uma especulação mental e perfeição operativa na circunferência terrena ou na mansão dela, e assim mergulhar ou chegar pouco a pouco ao palácio celeste...

Se Deus, portanto, na e por sua Palavra Eterna ou Sabedoria Divina primeiro fez suas criaturas e sustentou as mesmas até o presente; como um filósofo real pode elucidar os mistérios do Criador na criatura, ou judiciosamente contemplar ou expressar a criatura no Criador (pois n'Ele estão todas as coisas), senão pelas regras ou direções tais que o único depósito da sabedoria, isto é, as Escrituras Sagradas, registraram, e o dedo daquele Espírito Sagrado redigiu para nossas instruções? Devemos, como os agarenos e aqueles que descendiam de Temã, abandonar a fonte da virtude para buscar a verdadeira sabedoria onde ela não deve ser encontrada?

E ainda, todavia, a menos que minha intenção seja mal interpretada ou entendida pela prevaricação de alguém, considero conveniente certificar-te de que meu propósito, no progresso dessa Filosofia Mosaica ou Sagrada, está longe da presunção de usurpar ou ficar com o mérito das profundas e místicas leis da Teologia em sua pura e simples essência, ou opor-me aos seus argumentos atuais contra aqueles dogmas e regras autênticas da divindade, que há muito foram decretados e ordenados pelos antigos Pais da Igreja.

Mas, como é certo que uma e a mesma passagem nas Escrituras tem duplo significado, a saber, um interno ou espiritual e um externo ou literal; e esses dois sentidos são verdadeiros e certos, apesar de parecerem variar ou diferir por diversos aspectos, não por outra razão que uma natureza dupla, uma alma espiritual e um corpo material, deve ser realmente compreendida sob o nome de um e o mesmo homem. Do mesmo modo, além de tal interpretação mística como os textos da Escrituras contêm internamente; [eles] podem também expressar e delinear externamente tais realidades criadas como pertencentes ao assunto da mais essencial filosofia.

E, por outro lado... a teologia aponta diretamente à Natureza sincera e simples com as virtuosas extensões e poderosa operação da Essência Divina, fazendo sua demonstração *a priori*... a filosofia... se move por uma limpa ação oposta ou método, do exterior da criatura ou órgão, *quasi demonstratione a posteriori*, para mergulhar e buscar em seu centro interno... isto é, para apreender a causa divina ou eterna pelo efeito criado ou temporal...

... visto que a Bíblia Sagrada lida totalmente e coloca o assunto dessas duas ciências pela maneira das duas demonstrações mencionadas, isto é, física e metafísica, minha esperança é que esse meu discurso filosófico não será julgado sinistramente pelo leitor verdadeiramente sábio e imparcial porque confia principalmente nos axiomas ou testemunhos das Escrituras... eu poderia reproduzir uma infinidade de... passagens das Escrituras para manifestar os atos universais e operações virtuosas que são efetuados nas criaturas elementais por aquela sabedoria mais essencial e eterna, que é a base principal e verdadeira pedra angular sobre a qual fica a mais segura Filosofia Mosaica; mas considero desnecessário, sendo que já são copiosamente expressas por mim nesse meu discurso filosófico, e, portanto, imagino que essas que já estão produzidas serão suficientes para contentar e satisfazer todos tais que são imparcialmente judiciosos; a cujas melhores sabedorias e construções favoráveis recomendo esses meus esforços, e finalmente, tanto a eles como a mim, à abençoada proteção de Deus.

Seu amigo
Robert Fludd

PRIMEIRA SEÇÃO – LIVRO 1

Capítulo I

... Proponho-me, portanto, a fazer e forjar para mim uma armadura de sólida razão natural e temperá-la com a garantia da autoridade sagrada. E, finalmente, escolherei a demonstração ocular para me servir nesse combate, em vez de uma arma irresistível ou um porrete hercúleo, para domar e subjugar aquele monstro irracional, a *Incredulidade*; diante da qual não há maior inimigo à raça humana. E para que possa melhor realizar... esse meu projeto, é requisito... que eu tenha... um instrumento experimental, ou arma espiritual, que possa cavar um caminho pronto para a verdade por uma demonstração manifesta e infalível... Elegerei, pois, tal máquina demonstrativa para o meu propósito, como é vulgarmente conhecida entre nós, pela qual minhas intenções possam ser mais facilmente entendidas por todos os homens; e esse instrumento é comumente denominado barômetro...

Capítulo II

... o instrumento comumente denominado barômetro tem muitos mestres ou patronos dissimulados nesta nossa era, os quais, porque alteraram um pouco a forma do modelo, se vangloriam à exaustão de que é uma obra-prima de sua própria descoberta. Quanto a mim, devo reconhecer e de boa vontade prescrever a cada homem o que lhe cabe, e portanto não enrubescerei ou terei vergonha de atribuir justamente meus princípios filosóficos ao meu mestre Moisés, que também os recebeu, estampados ou emoldurados pelo dedo de Deus; nem posso corretamente me apropriar ou presumir para mim mesmo o fabrico primário desse instrumento, apesar de ter feito uso dele em minha *História Natural do Grande Mundo*, e em algum outro lugar (mas de outro modo) demonstrar a veracidade de meu argumento filosófico; pois confesso que o percebi graficamente especificado e geometricamente delineado em um manuscrito de pelo menos 500 anos de antiguidade...

Capítulo III

Primeiro, devemos observar que esse nosso instrumento experimental é composto de três partes, das quais duas delas são essenciais e próprias para a natureza do mecanismo ou máquina; a saber, o matraz,* e o pequeno vaso de água, no qual a ponta ou orifício do matraz, depois de preparado, deve entrar; e o outro é mais acidental, como é ordenado somente para sustentar o barômetro firmemente, em sua posição perpendicular, e para adornar e dispor a máquina.

Tocando o matraz está um vidro redondo ou oval, com um gargalo longo e estreito, cujos orifícios, ou boca e nariz, devem ser proporcionais ao restante do gargalo e preparados segundo uma dupla maneira: primeiro de tudo, colocando-se o longo gargalo perpendicularmente no pequeno vaso, estando cheio d'água, de modo que toque o fundo do vaso, devemos medir a partir das superfícies, ou topo da água, e começar nossa divisão em graus, ainda ascendendo, até que cheguemos à bola, seja redonda ou oval. E, dado que o tipo como dessa espécie de barômetro tem o primeiro grau começando por baixo, marcado com o sinal de 1, e assim ascende à bola redonda, de acordo com a progressão aritmética natural, assim: 1 2 3 4 5 6 7 8 9 10 11 12 13 14 15. Eu, para um melhor método, altero a ordem na numeração e, dividindo o gargalo ou pipa do matraz ao meio, entre a sua cabeça e a superfície da água, marco o lugar da divisão com o dígito 1 e assim conto meus graus para baixo e para cima até 7, desta maneira: 7 6 5 4 3 2 1 2 3 4 5 6 7, que prefiro, por motivos que expressarei mais além. De modo que o objeto será ordenado assim:

* N.T.: Matraz é um vidro esférico, como um balão, com um longo gargalo ou pescoço, utilizado em experimentos químicos.

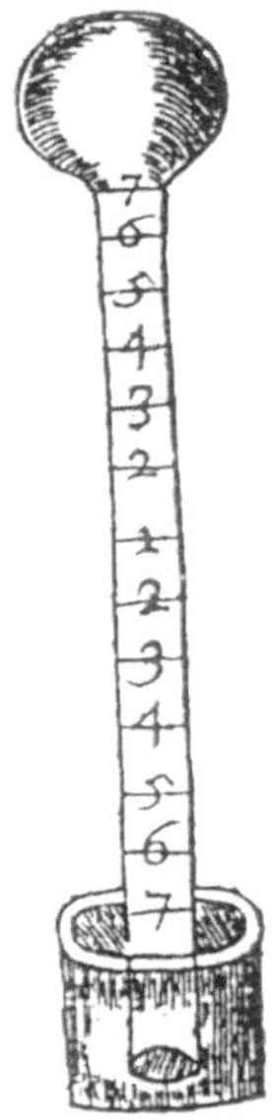

Quanto ao pequeno vaso de água, também o vês aqui descrito, com aquela proporção da pipa do matraz que desce ao seu fundo; que se distancia da divisão conforme entra na água.

Assim, agora que dividiste em partes o gargalo de teu matraz, deves preparar e ordená-lo segundo essa maneira para torná-lo magnético e atraente pelo frio, e expulsivo e dilatador pelo calor; deves, portanto, tomar o orifício do matraz em tua mão e segurar a sua cabeça ou o redondo que está acima dela contra o fogo até que esteja muito quente; pois o calor rarefará e dilatará o ar no vidro, e fará desse modo uma boa porção dele voar para fora do orifício de vidro; e então ele continuará naquele estado enquanto o vidro estiver nesse grau de calor, em qual momento, se repentinamente colocas a ponta da pipa na água, perceberás que, como o matraz resfria, assim também a água pouco a pouco subirá no gargalo do barômetro. E precisamos notar que, quanto mais se aquece o barômetro, e mais frio o ar externo será encontrado naquele momento, mais alto e por tantos mais graus a água ascenderá no gargalo.

E a razão disso é porque como o calor rarefaz o ar, também quanto maior é o calor, mais excelente será o grau de sua rarefação. Ao contrário, como o frio condensa e espessa, então quanto mais frio for, mais forte será a condensação e, portanto, após o ar incluído ser muito rarefeito, por um intenso calor externo, segue-se que conforme o calor pouco a pouco se esvai, também o frio pouco a pouco prevalecerá e terá domínio; e, conseqüentemente, o ar rarefeito incluído precisa ser condensado pouco a pouco; mas porque falta matéria ou corpulência suficiente no ar para o frio trabalhar, sendo que uma parte dele foi gasta e vaporizada por rarefação, segue-se que, como o frio subseqüente condensa e contrai o ar, também o ar, por contração própria, deve atrair e sugar para ele tanta água saída do vaso quanto precisa de ar para satisfazer o apetite contrativo do frio; pois a interposição da água entre o ar externo e o ar interno ou incluso não permitirá ao interno sugar ou atrair para ele o externo para suprimir sua vontade, para satisfação do desejo do frio externo, e, portanto, a água é forçada a ascender, em lugar do ar externo. E esse é o mistério do instrumento, e o modo do seu fabrico, de maneira que parece plenamente que aqueles que julgaram que o calor era o motivo da atração da água para cima foram enganados, sendo que cada homem pode ser uma testemunha ocular de que é o calor que a dirige para cima; e, ao contrário, é a causa de seu amontoamento...

Capítulo IV

Divido tanto a propriedade como o uso desse instrumento em dois outros tipos, dos quais chamo um de geral, e faço o outro mais peculiar. Quanto à sua propriedade geral, por uma ele contrai e condensa, a saber, quando o ar incluído é animado pelo frio externo; e, pelo outro, ele dilata e rarefaz, a saber, se o espírito incluído for excitado por qualquer calor externo. E, portanto, por sua natureza ou ação constritiva, que se torna evidente pela contração do ar, podemos facilmente discernir a razão universal da inspissação e condensação das coisas que eram finas. E, novamente, por sua dilatação, podemos perscrutar ou decifrar a causa da rarefação de tais coisas que eram espessas. Pois, pela especulação, perceberemos que não há nada em todo o Império da Natureza que possa ser rarefeito e tornado sutil, exceto pela ação da luz ou do fogo, seja visível ou invisível; e o efeito essencial daquela ação é a luz. E, ao contrário, nada pode ser condensado ou inspissado onde a escuridão não tem domínio; portanto, a escuridão é a raiz essencial do frio, que é a ação imoderada na condensação.

As propriedades particulares, com os seus usos correspondentes, são muitas: pois, primeiro, a sua natureza é descobrir a têmpera do ar externo, ou elemento católico,* no calor ou frio; pois, quanto mais alto a água subir no gargalo ou pipa do matraz, demonstra-se que mais firme e forte é o domínio do frio no ar; de modo que por esses meios podemos julgar diariamente o aumento e a diminuição do frio no ar e, por conseqüência, adivinhar a proporção do calor no espírito sublunar do mundo, pela descendência da água.

Certos experimentos dignos de observação, e aprovados por muitos nesta cidade, em respeito a esse barômetro experimental

* N. T.: Católico tem o sentido de universal.

Se a água na pipa do barômetro, que antes estava altamente amontoada, cair subitamente por alguns graus, será um sinal indubitável de que a chuva imediatamente decorrerá.

Se a água no espaço de uma noite descer, também é indício de que a chuva não demorará.

Se o vento sul ou oeste soprar, imediatamente após um vento norte ou oeste, a água cairá por alguns graus; mas se o vento norte ou o frio vento oeste soprar, após um vento sul ou leste, então a água será em seguida exaltada.

Se a água chegar ao dígito 1, argumenta-se que o ar está em moderação entre o calor e o frio, como quando o Sol se encontra no equinócio vernal, ou como o temperamento natural da primavera costuma ser.

Mas, se a água se amontoar mais alto, então se argumenta que a disposição do ar é por tantos graus mais de natureza norte ou boreal, como a água se amontoa em direção ao matraz; pois deves conceber que os graus de 1 ao mais elevado 7 pertencem ao *hemisfério* do inverno e, portanto, são os graus que denotam o aumento do frio. Então, se a água se amontoar no 2 na parte norte ou superior, é um argumento de que o frio tem domínio sobre o calor no ar externo somente por um grau. Se se amontoa a 3 do mesmo hemisfério, prediz um leve frio; mas, se ascende a 4 ou 5, pretexta um duro e sólido frio; se chega a 6 e 7, demonstra grande gelo; mas, caso se amontoe ainda mais alto, mostra que é provável um gelo duro surpreender e cobrir todo o rio Tâmisa.

Por outro lado, se a água descender de 1 para 2 na menor escala de graus que implica o verão ou hemisfério quente, então indica que o calor teve domínio sobre o frio por um grau. Mas, se descende para 3 ou 4, implica um maior desarranjo do calor do ar: se descende a 5 ou 6, demonstra o ar excessivamente quente; mas, se a água bater no dígito inferior de 7, mostra que um calor extremo e abafado, causando fulgurações e relâmpagos, tem domínio no ar.

De modo que podemos distinguir quão grande referência ou relação há entre o ar externo ou elemento sublunar universal e o ar incluído no instrumento... Expressarei em termos melhores a relação consangüínea e simpática entre um e o outro neste capítulo subseqüente.

Capítulo V

... Sim, verdadeira e firmemente certifico que o mundo inteiro, ou roda mundana, é também completamente estofado ou cheio de espírito ou ar, como é esse nosso vaso artificial, ou máquina experimental; se não fosse, conseqüentemente seguiria que a vacuidade seria admitida na natureza das coisas, a qual seria apenas uma coisa absurda para um filósofo creditar. Por essa razão podemos concluir firmemente que o espírito está em quantidade, peso e proporção parecidos na concavidade desse instrumento, considerando sua magnitude, como é no grande ou pequeno mundo. Mas a experiência nos ensina que a mesma natureza, seja quente ou fria, que costuma reinar e ter domínio a cada quarto do ano, no espírito cósmico ou mundano, produz os mesmos efeitos na rarefação e condensação do ar incluídos no nosso vaso artificial... E essa é a razão... que pela observação desse barômetro que o temperamento do ar no grande mundo nos é revelado tão exatamente... [ver Figura 3, p. 92.]

Eu gostaria de que, com respeito a isso, cada leitor discreto compreendesse que, quando observa a natureza desse instrumento, ele contempla a ação... de um pequeno mundo, seu hemisfério norte e sul plenamente distinguidos nele, os dois que são com efeito divididos exatamente por uma linha equinocial, a qual corta o grau assinalado com o caractere 1. Ele também tem seus dois trópicos, com os pólos; apenas tomamos o pólo e hemisfério sul como quente, em respeito a nós, porque o sopro que vem dele é do Sol, que em nosso respeito é disposto ao sul; e, portanto, denominamos aquele pólo, o pólo ou hemisfério de verão, e o outro, o pólo ou hemisfério de inverno. E demonstramos que o grau no gargalo do barômetro 1 corresponde exatamente àquele lugar do equador, porque se o trópico norte ou de inverno for imaginado como a base de um triângulo, cujo cone deve terminar no centro do trópico norte, então deve seguir que, onde a intersecção é feita por esses dois triângulos imaginários, o equador precisa necessariamente passar. Como, por exemplo [no diagrama seguinte].

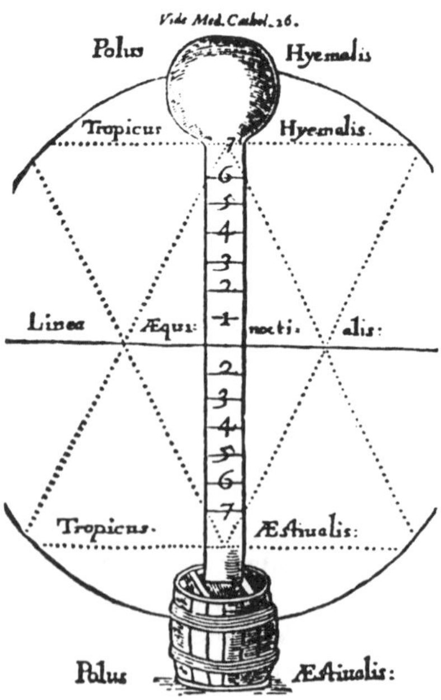

E denominamos o lugar do equinócio a Esfera da Igualdade, porque, quando como o Sol está em Áries ou Libra, que são as interseções vernal e outonal do equinócio, os dias e noites são iguais; assim também o temperamento de cada hemisfério em calor e frio é observado a tender naturalmente para uma mediocridade ou igualdade. Do mesmo modo também o temperamento do ar microcósmico, ou elemento espiritual católico, estará sobre a Terra, quando a água no barômetro for levada ao meio do caminho.

LIVRO 2

Capítulo IV

Sobre a falsa sabedoria, filosofia e filósofo espúrios; com suas marcas ou caracteres

... pois encontramos essa razão em um dos dois tipos de sabedoria, os frutos do poder, virtude e milagres, como os verdadeiros e divinos filósofos produziram pela Pedra Angular Onipotente (quero dizer, a verdadeira sabedoria), em tempos passados, e a tornaram manifesta para o mundo; por isso o outro não pode fazer nada de fato além de produzir sofismas, disputas, contenções e ardis, os frutos dos quais, em conclusão, não são nada além de vaidade. Não sou eu, mas o Espírito da Verdade que te assegura esse tanto. E ainda agora, mesmo nesta era tardia do mundo, na qual Satã, o príncipe desse mundo que é escuridão, tem a mão mais alta; essa sabedoria terrena ou filosofia vã, revestida com ignorância escura, tem o domínio ou mão superior; e, desse modo, significa que Cristo, que é a verdadeira sabedoria, é crucificado diariamente entre filósofos cristãos e enterrado nas trevas, pelas nuvens ambíguas daquela filosofia sofismática, briguenta e pagã, que eles tanto adoram e seguem, com seu mestre Aristóteles, como se ele fosse outro Jesus que choveu do céu para abrir os tesouros da verdadeira sabedoria para a raça humana...

Poderia desejar de coração que cada peripatético cristão, que gasta seu tempo em disputas e sofismas, à sua maneira *aristotélica*... seriamente... levasse à mente que na Igreja de Deus e habitações ou reinos da verdadeira *Sofia*, ou, se preferirem, Filosofia, não há tal costume como o apóstolo nos ensina, pois essa mistura da sabedoria humana multiforme com a de Deus tem sido a causa para tantas dissensões e discórdias, como surgiram entre os filósofos deste mundo, de modo que cada tipo dessa falsa filosofia tem, por rígidos sofismas e disputas, sustentado seu secto. Também tem havido ocasião ou erros na Igreja de Deus, tanto entre cristãos como entre turcos e judeus, pois entre nós cristãos tem sido a raiz de muitos cismas e heresias, que se ergueram na rebusca de um único Deus, que é a eterna unidade...

O apóstolo notavelmente decifra ou pinta esse tipo de filósofos enigmáticos de nossa era [na margem: 2 Tm 3:1-10]... *Nos últimos dias, sobrevirão tempos perigosos, pois os homens serão amantes de si mesmos, cobiçosos, fanfarrões, soberbos e orgulhosos, que aprendem sempre e nunca chegam ao conhecimento da verdade. E, como Janes e Jambres resistiram a Moisés, assim também esses resistem à verdade, sendo corruptos na mente e réprobos quanto à fé. Mas esses não prevalecerão muito, pois suas tolices serão tornadas manifestas a todos os homens, como também foi a daqueles. Mas tu conheces completamente minha doutrina, etc.*

Agora sua doutrina dizia respeito à verdadeira filosofia, cuja fundação era *Jesus Cristo, ou a verdadeira sabedoria e pedra angular, que sustenta tudo, e é tudo em tudo, e preenche tudo, e atua ou opera tudo em tudo*, que é contrário ao conteúdo da doutrina pagã, visto que ela dispõe de uma infinidade de agentes essenciais neste mundo, como *dæmons*, estrelas, elementos, meteoros, fogo, água, frio, calor, homem, besta, planta, mineral, e tais, os quais terão como agentes essenciais subalternos para agir e operar para eles mesmos, sem entender que há apenas um agente católico e indivisível em muitas mansões, que opera por, e em, uma infinidade de veículos orgânicos, tudo em tudo, e sobre tudo. E essa doutrina deles assim infectou nossos filósofos cristãos, que são de seu secto, que eles distinguem do Ser de Deus, dizendo que ele está presente *virtualiter*, e não *substantialiter* ou *essentialiter*... quem deveria dizer que a virtude de Deus pode estar sem sua essência ou dividida de sua divindade, que é indivisível... assim, eles sonham que alguns acidentes estão em Deus, que são distintos de sua essência... Mas eu me pergunto: se isso fosse verdade, como se pode dizer que Deus preenche todas as coisas e opera tudo em tudo, se Ele for apenas a primeira causa eficiente e não a causa geral de toda ação neste mundo pelo Seu Espírito abençoado, que Ele enviou ao mundo para fazer a vontade d'Aquele que o enviou, tanto no céu como na Terra... O que precisa de mais palavras, quando o apóstolo em termos claros decide essa controvérsia no texto antes mencionado? [na margem: 1Co 8:5] *Porque, ainda que haja aqueles que se chamam deuses, tanto no Céu como na Terra (como há muitos deuses e muitos senhores), todavia para nós há apenas um Deus, que é o Pai, de Quem são todas as coisas, e nós n'Ele, e um Senhor Jesus Cristo, por Quem são todas as coisas, e nós por Ele. Mas nem todos têm esse conhecimento...*

E, portanto, visto que a erudição aristotélica é contraditória em diversos pontos principais às posições da sabedoria ou filosofia essencial, um verdadeiro cristão não deveria acreditar nela nos pontos principais, visto que (como S. Tiago diz) as bases e o conteúdo dela são opostos à Bíblia Sagrada, que é o único gabinete da verdade...

Capítulo V

... Eu te suplico (gentil leitor), dá-me a liberdade, primeiro para me desculpar um pouco por mim. Tem, portanto, o prazer de em primeira mão entender de meu justo e honrado espírito, que reconheço e confesso esse príncipe da filosofia peripatética como uma pessoa de profunda especulação; e que ele teve uma percepção tão profunda na luz da Natureza como qualquer uma das posições comuns dos filósofos em seu tempo; sim, verdadeiramente, um espírito refinado, que ele não somente seduziu por seu engenho mundano e invenção humana os gregos gentílicos (pelos quais ele foi denominado *cacodœmon*, ou um espírito enganador, ou sedutor da verdade), mas também os próprios cristãos de cada secto, até o presente, de modo que eles são tão unidos à sua sabedoria mundana que admiram cada novo proficiente em filosofia das universidades para sustentar suas ações, e não para se afastar de sua doutrina. Quanto a mim, apesar de poder ser colocado naquele número, ainda agora coletei meus espíritos e, pela graça de Deus, atingi aquela luz das Sagradas Escrituras pela qual sou capaz de distinguir e discernir suas cores essenciais para esse prestigioso dos pagãos...

Aristóteles foi antes a Palavra encarnada, também é evidente que ele sabia pouco do conhecimento mosaico, que consiste sobre a criação efetuada pela espagíria da palavra divina, quando ele considerava o mundo eterno. Confesso que seu mestre Platão era mais essencialmente embasado na sabedoria verdadeira; mas Aristóteles, sendo inflado com presunção, em depreciação da doutrina estóica de seu mestre, apropriar-se-ia de toda a sabedoria para si, emoldurando ou moldando uma nova sabedoria mundana ou filosofia que foi posteriormente denominada *peripatética*; e assim, por sua vanglória, ele adicionou a algumas verdades muitas de suas próprias invenções, fazendo como se fosse uma miscelânea de bom e mau, de verdadeiro e falso, de sabedoria e tolice juntas, que está longe da natureza da perfeita sabedoria cristã que precisa ser, portanto, totalmente verdade em si, porque é descrita pelo Espírito de Deus, no qual não há nada além de verdade...

... por que deveríamos estar em competição, disputas e brigas sobre dificuldades ou ambigüidades ou questões? Ou por que nossos sentidos mais maduros deveriam ser malhados em pedaços por tolas distinções nas quais estão as invenções da sabedoria humana ou diabólica, com o estabelecido propósito de imergir e afogar-nos mais fundo no abismo da multidão, ou profundidade da ignorância, quando o único esforço da verdade é conduzir-nos por aquelas nuvens de erros... à fonte da unidade e concórdia, que é a sabedoria eterna, o espiritual Cristo Jesus? Assim, vemos quão contrária à sabedoria grega é aquela dos apóstolos; pois a filosofia grega é contenciosa, litigiosa, cheia de disputas, brigas e emulações; por qual razão é pronunciado por S. Tiago ser *terrena, animal, diabólica e não de cima* [na margem: Tg 3]; por isso, contrariamente, aquela filosofia que é embasada na verdadeira sabedoria, que é do alto, *precisa ser pura, então pacífica, gentil, fácil de tratar, cheia de piedade e bons frutos, sem julgamento, inveja ou hipocrisia...*

LIVRO 3

Capítulo I

É um argumento evidente que os filósofos pagãos não eram bem instalados nas bases de sua filosofia, mas tremulavam em suas imaginações tocando os princípios verdadeiros da Natureza, sendo que entre cada secto deles era afirmada e sustentada uma variedade, sim, e algumas vezes uma franca contrariedade de opiniões a respeito delas...

Agora, o principal erro desses filósofos em seus julgamentos a respeito dos princípios era que eles não distinguiam ou consideravam que a pujança divina ou palavra sagrada era mais venerável, e de maior antiguidade do que eram quaisquer dos seus princípios mencionados; os quais, se por uma contemplação mais madura tivessem entendido, teriam confessado, sendo instruídos e dirigidos por razões produzidas da unidade eterna... que a luz divina ou emanação sagrada (que as Escrituras intitulam pelo nome do Espírito Santo da sabedoria) é o genuíno princípio das coisas...

E ainda é mais aparente que alguns dos filósofos gregos e egípcios, a saber, Platão, Pitágoras, Sócrates, Hermes, etc., instruíram seus entendimentos, parcialmente pela observação da doutrina dos predecessores, e parcialmente pela experiência, que em suas longas labutas e peregrinações eles juntaram, entre os etíopes, egípcios, hebreus, armênios, árabes, babilônios e hindus (pois por todos ou muitos desses países Platão, Pitágoras, Hipócrates e outros deles viajaram para o aumento e acréscimo de seu conhecimento, como historiógrafos, que são dignos de crédito, relataram), que sem dúvida eles discerniram, apesar de longe, e como se fosse em uma nuvem, a verdadeira luz na úmida Natureza. E entre o restante é relatado, como também aparece por seus trabalhos, que Platão tinha o conhecimento da Palavra, e leu os livros de Moisés; e por essa razão era chamado *Divinus Plato*, o divino Platão. De maneira semelhante, o excelente filósofo *Hermes*, também denominado Hermes (Mercúrio) Trismegisto, expressa claramente que não apenas conhecia os livros de Moisés, mas também era participante de sua prática mística e secreta, como por seus sermões, que chamamos *Pimandro*, um homem pode claramente discernir, no qual ele menciona as três Pessoas na Trindade e mostra a maneira da criação do mundo, com os seus elementos, pela Palavra. E, portanto, de todos os outros filósofos antigos, posso justamente atribuir divindade a esses dois.

Entretanto, não posso elogiá-los muito nisso, isto é, que eles, tendo visto os trabalhos de Moisés, escritos pelo Espírito de Deus, juntaram e confessaram a verdade de sua doutrina tocando os princípios de todas as coisas, e ainda assim não reconheceriam abertamente seu mestre, mas alteraram seus nomes; porém como Platão serviu a seu mestre Moisés, também seu aluno Aristóteles lidou com ele que, conhecendo que os três princípios mosaicos das coisas de seu mestre eram verdade, todavia usurparia sua doutrina para si; e, por isso, alterou os nomes adotados dos princípios de Platão, adornando-os com novas denominações e posteriormente erigiu sobre eles uma estrutura filosófica espúria, entalhada e moldada segundo suas próprias invenções...

E ainda quanto a Platão e Hermes, devo desculpá-los, sendo que ambos reconhecem, em termos expressos, que a matéria ou substância da qual os céus e a Terra foram feitos era uma natureza úmida, e a forma interna ou ato que a dispunha em uma diversidade de figuras ou formas era a Palavra Divina, como podes encontrar mais plenamente expresso nos trabalhos de Platão e no *Pimandro* de Hermes ou Mercúrio Trismegisto. Quanto ao mais, Aristóteles voou mais alto sobre as asas de sua própria imaginação convencida e construiu a estrutura de sua sabedoria mundana sobre a forma típica das bases mosaicas, pensando assim assumir e adquirir para si, com respeito a este mundo, o nome de um homem absolutamente sábio, apesar de na conclusão ele aparentar para outros estar nos olhos de Deus, pois tanto quanto ele designa ações particulares essenciais, que pertencem realmente a Deus, às criaturas, com mais obstinação que os demais, afirmando que elas operam essencialmente de e por si mesmas, quando, na verdade, é o único Deus que *opera tudo em tudo*, e isso imediatamente...

E essa é a razão por que eles não dão a Deus (o único Criador) a glória de cada ação neste mundo (como deviam fazer), mas em vez disso à Natureza criada, e aos anjos, e estrelas, e elementos, e criaturas compostas, que foram feitas, e são ainda sustentadas e mantidas, pelo Espírito criador de tudo ou palavra do Todo-Poderoso. E esse é o motivo original da multiplicidade da idolatria, que reinou e até agora reina neste mundo, a saber, ou a adoração do Sol, da Lua e das estrelas; dos sacrifícios oferecidos a ídolos ou falsos deuses e demônios enganadores; da veneração de Ísis e Osíris; da adoração de Saturno, Júpiter, Marte, Vênus e Mercúrio; das imolações ou oferendas a Cælum, Vesta, Ceres, Vulcano, Plutão e Netuno...

Capítulo V

... é necessário para nós conhecer a propriedade e sentido da *Plenitude* e *Vacuidade*, de acordo com a verdadeira sabedoria ou filosofia cristã. E, primeiro, direi uma palavra ou duas sobre aquela Vacuidade ou Vazio que é tão detestável e odiosa nos trabalhos que o Criador fez. Como os pais dos filósofos... denominaram-na *Nihil* ou *Nada... Vacuidade, Inanidade, Nada e Escuridão* são uma e a mesma coisa, a saber: Vaidade, Inanidade ou Vácuo, porque toda abundância e plenitude é de Deus em Sua propriedade genuína. Mas Deus ainda não havia brilhado ao mundo e, por conseguinte, igualmente a primeira matéria deformada do mundo era vazia e destituída de toda graça concedida e bondade formal, como se disse ser *vã, vazia e escura...* Daí a Terra que antes da revelação do Espírito de Deus era inane e vazia, agora é cheia da divina luz e graça multiplicadora. De modo que não era mais vazia e desocupada, quer dizer, destituída do ser essencial, mas tornou-se fértil e frutífera, sendo agora reabastecida com o fogo divino, e o incorruptível Espírito de Deus...

Por isso podemos perceber que toda plenitude é do ato divino, como contrariamente é a Vacuidade, quando aquela vida formal está ausente das águas, e essa é a razão por que *Vácuo* ou *Inane* é tido como uma coisa tão terrível na Natureza, pois a total ausência da emanação eterna é intolerável à criatura, porque tudo deseja fervorosamente ser enformado, e isso por um apetite natural e afeição, e portanto é abominável a cada coisa natural ser totalmente privada do ser. Por essa razão se segue que, a menos que Deus tenha enchido todas as coisas neste mundo com Seu Espírito, *Vacuidade* e *deformidade vazia* teriam possuído o mundo... Portanto, segue que não há nada neste mundo que seja Inane, em vão, ou vazio e inútil...

Capítulo VI

... devemos imaginar que, quando não havia Luz formal para agir no Abismo ou Caos deformado, e conseqüentemente nenhum calor para agir e fazer uma divisão entre luz e trevas, então todo o Caos escuro se inclinava para seca e umidade, congelado com frio: pois o frio tem um poder infinito e domínio onde o calor é ausente, como vemos sobre o pólo norte: todas as águas são congeladas em um torrão ou monte seco e gelado, por razão da ausência do calor do Sol. De maneira semelhante onde o Sol, ou vento leste ardente, manda diretamente seus espiráculos de calor; lá o frio é banido, e a terra se torna uma massa seca, sedenta e esponjosa. Até mesmo e segundo o padrão parecido... o Caos era um monte confuso, frio e seco, até que a luz apareceu e começou a operar. Também a própria Luz, considerada sem qualquer ação sobre a massa passiva, era de uma condição ígnea, quer dizer, calor e seca somente apareciam nela: segue, portanto, que, como o frio com efeito não é nada além do ato da pujança divina tornada potente e evidente pela ausência do calor, assim também a seca ou aridez nada mais é do que uma natureza passiva aparente, sempre acompanhando as duas forças ativas mencionadas em sua absoluta intenção, onde a umidade é totalmente ausente. Agora a umidade é como um híbrido, apreendido entre os dois opostos ativos, o que é provado assim. O vento norte por seu domínio transforma o ar em neve, granizo, gelo ou geada, isto é, em uma substância fria e seca. Mas, quando o vento sul ou leste começa a ter domínio, então suas rajadas penetram, de pouco em pouco, nas ditas massas ou substâncias secas, desfazem-nas, e convertem-nas em uma natureza úmida... De modo que a umidade não é nada além de uma mistura de calor e frio, em uma substância sólida, que é fluxível *in potentia*; e então pouco a pouco o frio e a aridez partem e tornam-se fracos, de acordo com o poder do vento ser mais ou menos vigoroso no calor. Sendo assim, precisamos observar que, como o frio faz imóvel e fixo, também é um sinal evidente de que o calor sul ou leste tomou posse da massa quando por sua ação começa a umedecer, a reviver e mover novamente... Da mesma maneira, também, o Espírito da Luz não criado e criador de tudo, movendo-se sobre a face do abismo escuro, operou nele e fez a massa congelada abrandar-se, e então foi chamada por Moisés de águas; e por Hermes, *humida natura* ou a *natureza úmida*. E assim continuam até hoje, alterando-se de uma natureza a outra, de acordo com a vontade de Deus, que Ele efetua por Seus ministros, os ventos angélicos, fazendo as águas espirituais mudarem e converterem-se de uma natureza a outra...

Uma demonstração ocular, confirmando as propriedades divinas ou virtudes anteriormente mencionadas

Antes de procedermos à nossa demonstração ocular, que deve ser feita no e por nosso instrumento experimental, devemos considerar em primeiro lugar que o ar católico ou céu sublunar é a porção mais sutil e espiritual daquelas águas que estão sob o firmamento, de cuja divisão Moisés faz menção, e, portanto, todo particular dela corresponde ao todo, e conseqüentemente o ar incluído no vidro do instrumento é da mesma continuidade que todas as porções excluídas, assim também é a parte incluída. Novamente, como o Espírito que andava sobre as águas animou, vivificou, enformou e dilatou-os, dando-lhes movimento, assim também por sua ausência, ou por esconder seu ato ou contrair suas energias emanantes para si, as águas também são contraídas, condensadas e escurecidas... Mas como as águas por sua existência preenchem a cavidade arqueada do mundo, assim também o Espírito enformador de tudo preenche cada canto delas, de modo que opera tudo em tudo, mas em uma diversidade de propriedade... [ver Figura 3, p. 92].

Visto então que a água é o passivo católico... e que o Espírito do Senhor Eterno Criador e que tudo ordena é o ator universal que move tudo em tudo nas águas... por uma infinidade de órgãos, como anjos, Sol, Lua, estrelas, ventos, fogo, etc... precisa-se seguir que Ele é o agente, bem como na contração e dilatação em geral, sem o barômetro, como particularmente dentro do barômetro. Donde como o Sol, os ventos quentes, o fogo ou calor natural do corpo do homem têm sua propriedade dilatadora de Sua virtude emanante e ordenadora, e alteram pelo ar frio os ventos e água de sua disposição privativa.

Assim, segue que tanto a dilatação do ar no barômetro como a contração são o ato imediato da propriedade positiva ou privativa desse espírito; pois quando esse Espírito sopra do norte ou oeste, o ar é contraído mais ou menos a uma sala mais estreita dentro do barômetro, e isso se prova assim, a saber, porque a água é levada mais acima no gargalo do barômetro, a não ser que uma vacuidade corporal seja admitida na natureza. E, novamente, é mais aparente que o ar no barômetro [é] tanto mais contraído quanto mais o frio norte tem domínio no ar externo, porque ele é junto em um lugar ou passagem mais estreita do que era antes de a água se elevar. Por outro lado, se os ventos quentes, ou sol do verão, inflamarem o ar externo, então o ar incluído também se dilatará e, requererá um espaço mais largo. Que o ar é assim dilatado pelo calor é plenamente demonstrado, em que a água é atingida por tantos graus abaixo do que era. Novamente, se alguém põe sua mão no topo da bola do barômetro, a água afundará, pois o ar será conseqüentemente dilatado.

Agora que o espírito da vida, que dá esse calor a homem ou besta, é desse Espírito Eterno, que (como o apóstolo diz) *vivifica todas as coisas*, as Escrituras em muitas passagens, acima e daqui em diante mencionadas, confirmam. Novamente, o profeta chama a esse um *Espírito dos quatro ventos, a soprar na carcaça morta para que possam viver novamente* [na margem: Ez 37:9]. Assim, vês evidentemente confirmado por uma demonstração ocular que o frio contrai, inspissa e torna grosseiro o ar incluído, o que é provado pela remoção da água e pelo estreitamento do ar. E novamente, que o calor dilata e dissipa, pelo alargamento do ar em clima quente, ou pela colocação da mão no matraz, que é tornado evidente pela batida das águas abaixo.

Nota (eu te rogo), tu que não serás parcial em favor dos peripatéticos, os dois erros notáveis dos aristotélicos: dos quais o primeiro é manifesto, no que mantêm como máxima, que *o calor congrega e junta coisas de uma natureza*. Agora vês aqui, ocularmente demonstrado, que o calor opera o contrário... Mas é o frio que congrega, compacta e junta coisas homogêneas, bem como heterogêneas...

O outro de seus erros palpáveis também é descrito por esse experimento ocular, pois onde dizem que o Sol, estrelas e fogo, sim, e todo e qualquer calor atrai e chama a ele os vapores e a umidade da terra, água, etc., percebemos o contrário por esse nosso barômetro experimental: o ar dilata-se imediatamente, como está tão longe de ser atraído pelo calor, que contrariamente voa da mão...

LIVRO 4

Capítulo I

Deixei (como imagino) muito claro e evidente para teu entendimento, bem como pelo testemunho da antiga filosofia e infalível sabedoria da Escrita Sagrada, como por demonstração ocular, que a matéria comum ou universal e sujeito de todas as coisas eram as águas, criadas pelo Espírito brilhante do Senhor e nas quais agiu, antes de todas as coisas; que, sendo assim, e como toda condensação e rarefação diz respeito a um sujeito ou substância material, na qual ela deveria ser realizada ou efetuada, segue-se, portanto, que a única matéria que resiste ou sofre o ato de qualquer um deles precisa ser a água, ou uma natureza úmida, sendo que é a única coisa substancial que preenche toda a vasta cavidade do mundo e, conseqüentemente, a existência material, da qual Céu e Terra, e todas as coisas dentro, são formados e foram originalmente moldados. Esse é, portanto, o sujeito principal da condensação ou rarefação, por meio das quais todas as coisas neste mundo diferem umas das outras e são dispostas e ordenadas por Deus de acordo com peso, número e medida, em seus lugares e posições apropriados; isto é, eles são colocados em uma região superior ou inferior de acordo com aquela dignidade que o Ator Eterno ou Católico lhes outorgou na sua criação. A matéria comum, portanto, para encrassar ou sutilizar sendo assim tornada manifesta, percebemos o Ator Universal ou operador nesse trabalho. E eu te indiquei antes que era a emanação sagrada daquele esplendor divino que operava de todo princípio e opera agora... nos céus acima e na Terra abaixo...

Portanto, Ele precisa atuar tudo em tudo, de acordo com Sua vontade e prazer. Além disso, quando Lhe apetece puxar Sua própria energia para si, Ele parece descansar, e o ato da criatura cessa; e então a morte segue... mesmo como vemos no Sol... que a energia é contínua ao corpo do Sol como a emanação da fonte divina é uma essência individual com a fonte da luz eterna... mesmo conforme percebemos que o Espírito Santo que é emitido do Pai e do Filho é um em essência com ambos... Concluo, portanto, que a rarefação não é nada além de dilatação da água pelo calor, que era contraída primeiro pelo frio; e condensação, por outro lado, é uma contração ou sucção e atração para junto daquelas partes aquosas que foram dilatadas ou dispersas pelo calor, de modo que o sujeito de ambas as ações é a água, e a fonte, tanto do agente privativo como do positivo, é a Nolição ou Voluntariedade, isto é, a vontade negativa ou afirmativa daquela eterna unidade que tudo enforma e do Espírito operante que atua e realiza seu prazer em tudo e sobre tudo por seus órgãos diversos, tanto angélicos como celestiais e elementais, que, de acordo com sua diversidade na disposição, são movidos por esse ato interno para operar a vontade do Criador neste mundo, positiva e privativamente...

Capítulo II

O espírito eterno da sabedoria, o princípio inicial de todas as coisas, e em quem e por quem... os *Anjos, tronos, potestades e dominações foram criados* [na margem: Cl 116], opera por seus órgãos angélicos de uma fortitude contrária no elemento católico das águas inferiores; tanto o efeito de condensação como o de rarefação. E, para verificar isso pelo testemunho da Bíblia Sagrada, lemos primeiro que esse espírito é o arqui-Senhor e Príncipe dos quatro ventos, senão o profeta por ordem de Deus não teria dito: *Venha, ó espírito dos quatro ventos, e faça essas carcaças mortas viverem novamente* [na margem: Ez 37:9]. Agora que esse espírito trabalha em e por órgãos angélicos na execução efetuada pela propriedade dos quatro ventos, prova-se do *Apocalipse*, no qual percebemos essas palavras: *Digo que quatro anjos ficam nos quatro cantos da Terra segurando os quatro ventos da Terra*, que eles não deveriam soprar na terra nem no mar, etc. Pelo que é evidente que esses angélicos presidentes dos quatro ventos foram emitidos ou restringidos de acordo com a vontade daquele espírito eterno, que os guia quando e onde Lhe aprazer.

Mas percebemos por observação diária que a virtude essencial no espírito norte é fria e, portanto, contrativa ou atrativa da circunferência para o centro, e por conseqüência uma causadora de congelamento e condensação. Por esse tipo de virtude angelical, o espírito divino opera seus efeitos privativos e atos de inspissação e fixação no elemento sublunar, causando efeitos terrestres e terrenos. Mas, ao contrário, percebemos que pelos e nos espíritos angélicos, o poder todo criador e operante causa rarefação e sutilização nas mencionadas águas inferiores pela sua ação essencial, que é o calor. E por essa causa os mencionados ventos quentes desfazem por rarefação tudo o que os ventos norte efetuam por congelamento.

Daí, portanto, vem que desse potente anjo (que os sábios cabalistas dizem ser o presidente ou governador do Sol celestial, que alguns denominam *Michael quasi Quis sicut Deus*, de quem falaremos posteriormente, também tocando seus órgãos angelicais nos quatro cantos da Terra, pelos quais ele faz sua vontade) se diz: *O Filho do Homem enviará seus anjos dos quatro ventos do céu* [na margem: Mc 24]; e, além disso, encontraremos na passagem antes mencionada que esse anjo imperial se ergueu do ângulo leste do mundo e comandou os quatro anjos mencionados que tinham domínio sobre os quatro ventos, como vassalos de sua vontade. Pois o texto diz: *E vi outro anjo surgir do leste, e gritou com uma voz alta aos quatro anjos aos quais o poder foi dado, etc. Não firam a Terra, nem os mares, nem as árvores até que eu tenha selado, etc.* [na margem: Ap 72]. Pelo que é aparente que os quatro governantes dos ventos estão sujeitos ao grande Anjo, que é a inteligência poderosa e potente que move e rege não apenas o Sol, mas sustenta todas as coisas por virtude dessa palavra... o Sol por virtude desse Espírito onipotente, cujo órgão angelical imediato ou instrumento é o anjo Miguel, governa o espírito aéreo, tanto do mundo inferior como do superior...

Pelo que é evidente que o sopro eterno é aquele que anima os anjos; os anjos dão vida e vigor, primeiro, às estrelas, e depois, aos ventos; os ventos primeiro enformam os elementos ou, ao contrário, alteram o elemento católico sublunar em naturezas diversas, denominadas elementos; e então, pela mistura de várias formas eólicas naquele um elemento, produzem composições meteorológicas de naturezas diversas, de acordo com a multiplicidade das formas eólicas que a alteram...[56] [ver Figura 9, p. 150]

Capítulo V

... pelo que parece que, à rajada dos ventos leste, o ar ou elemento católico se torna ardente e ígneo, de modo que ele aquece e inflama os corpos das criaturas. Por outro lado, os ventos ocidentais são percebidos por experiência como opostos a esses em natureza e condição; pois convertem o ar quente ou elemento geral em água visível fria e natural, visto que são os alcoviteiros das chuvas frias, de modo que podemos ver, por isso, que o ato formal em cada anjo dos quatro cantos da Terra... tem uma virtude essencial concedida por Deus, de acordo com Sua voluntariedade, no instante da enformação do anjo; e, portanto, naquela propriedade a criatura angelical atua no elemento comum, ou águas inferiores, na qual o Espírito criativo propriamente estava, quando o fez, de modo que o elemento comum é feito novo diariamente e alterado pelo ato essencial do vento angelical que sopra com domínio; de modo que, como se o vento angelical leste o enformasse, então se torna um elemento ígneo, pois aquece e seca

---

56. Em algum outro lugar na *Filosofia Mosaica*, Fludd explica o esquema de forma um pouco diferentemente: "De modo que vemos que, como há boas energias ou espíritos benignos, que por uma emanação secreta escondida correm a partir da fonte dos ventos, a saber, aqueles que são derramados pelos atributos benignos de JEHOVA como são EL por Júpiter, ELOACH pelo Sol, SADAI por Vênus, e então Michael, Raphæl, Gabriel, etc., por suas legiões executam a Vontade de Deus. E há emissões dos espíritos más e corruptas ou privativas, de uma fortitude contrária aos ventos, que têm sua origem em ELOHIM, ELOHIM GIBBOR e ADONAI, que fazem Saturno, Marte e a Lua seus depósitos... Por razão desses espíritos de uma fortitude contrária no ar, algumas vezes eventos bons e propícios acontecem para as criaturas desse mundo inferior, a saber quando os bons espíritos reinam e ventos salutares sopram, o que acontece quando as estrelas e planetas benignos têm domínio no céu e conseqüentemente suas influências abaixo. E, além disso, algumas vezes acidentes maus e desastrosos, armados com efeitos privativos e destrutivos, acontecem com as criaturas da região elementar, por razão das várias emissões de energias dos ventos, que animam aqueles maus espíritos, que em multidões infinitas flutuam, apesar de invisíveis, no ar, que se alegram e revivem pelas rajadas que saem dos postos de seus príncipes cruéis... todo o ar está repleto tanto de espíritos das trevas como de espíritos de luz". (Livro Dois, capítulo IV.)

por superexcelência: se é um sul, ele é transformado na natureza daquele elemento, que é chamado ar; e se um espírito oeste tem domínio, é convertido no temperamento e proporção da água; finalmente, a rajada norte o transmuta na consistência e disposição da terra...

A DEMONSTRAÇÃO

Percebemos que da região inferior do barômetro ao seu cume ou topo da cabeça não há nada além de uma porção do elemento invisível comum, a saber, o ar dentro dele. Mas perceberemos até nesse pequeno modelo de ar estranhas mutações ou alterações efetuadas em virtude dos quatro ventos que sopram no elemento aberto; pois, quando o quente vento leste sopra, dilata e estende-se por todo o gargalo do barômetro, batendo na água abaixo no grau mais inferior em razão de sua extensão, de modo que se aproxima da natureza do fogo; pois se diz que o fogo não é nada além de ar extremamente dilatado... mas, se o vento sul sopra, então ele não será tão aumentando, mas assumirá a natureza média do ar e, portanto, elevará a água em alguns graus. Mas se acontecer de o vento oeste ter domínio único no elemento sublunar, então o ar no barômetro se espessará, e por essa razão traz ou atrai a água para mais alto...

Finalmente, se os frios ventos norte governarem ou arranjarem esse elemento sublunar universal, então o ar incluído será contraído... em uma sala bem estreita...

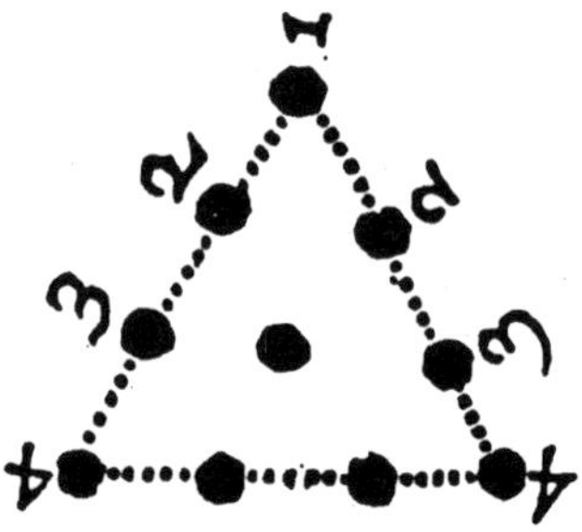

Assim, vês que em verdade há na raiz apenas um elemento católico sublunar, apesar de que pelo espírito angelical que sopra dos quatro cantos dos céus é quadruplamente enformado e alterado...

Para concluir, demonstrarei o mistério da Criação do mundo, por uma progressão aritmética, segundo [a seguinte] maneira.

Aqui temos a progressão na Criação do mundo, em que 1 significa a unidade que era antes de todas as coisas, que, enquanto era em si e não brilhava, continha toda a propriedade inerente dentro de sua *Nolição* ou Escuridão potencial e, portanto, era tida como nada, com respeito à fraca capacidade do homem, apesar de que em si é tudo em tudo. Então a posição 2 mostra a emanação real da Luz não criada, saída da unidade potencial, à presença da qual a natureza úmida saiu do abismo escuro 10 na forma de águas, de modo que a luz e as águas ativas e passivas são posicionadas na seqüência após a unidade; assim,

0. Luz
0. Água
2.

Então, pelo Espírito ígneo do amor eterno e união, aquelas duas naturezas opostas são juntadas na natureza do céu por uma união espiritual ou composição, denominada pelos platônicos de a alma do mundo, que os filósofos nomearam de *Quinta essentia*, a quintessência. Pois precisamos entender que, como os quatro elementos foram feitos após os céus, também se diz que os céus animaram os elementos, de maneira não diferente do que a alma faz ao corpo. De modo que esse grau de progressão na Criação fica assim:

0. Luz
0. Ar
0. Água
3.

A última escala na progressão da Criação do mundo é assim:

0. Fogo
0. Ar
0. Água
0. Terra

Isso implica a alteração quádrupla do elemento católico pelos quatro ventos, que foi e é afetado pela Palavra no terceiro dia da Criação, e isso não foi nada além das águas gerais sublunares ou inferiores.

... essa, eu digo, é a maneira do fabrico do mundo, como também da rotação de uma natureza elementar em outra, embalada parcialmente pela ausência ou presença do Espírito, andando em sua carruagem ou tabernáculo, que é o Sol. Daqui, portanto, procede aquela alteração por condensação ou rarefação que é observada anualmente no mundo, mas especialmente pelos quatro órgãos eólicos ou instrumentos angelicais dessa região aérea, e é efetuada assiduamente por mudanças ao decorrer de todo o ano, justificada pela observação do barômetro. E precisamos observar com diligência que esses membros da fábrica do mundo resistem sempre à incorruptibilidade, e nunca se alterarão até o FIM DOS TEMPOS.

Mas as criaturas compostas desse elemento geral, e são alteradas ou enformadas diversamente, passarão ou começarão sua geração de um estado elementar simples, que é no 4, *quasi a Termino a quo*, ao complemento da geração, ou composição completa, a saber o 8 *tanquam ad Terminum adquem*. E, novamente, a corrupção ou resolução daquele composto gerado terá sua *Terminum a quo*, ou princípio a partir do grau de composição completa 8 e seu *Terminus ad quen*; isto é, o complemento ou resolução estará no elemento comum ou católico, que é ar, quadruplamente alterado em sua natureza simples...

Capítulo VI

... agora, portanto, que a progressão ou posições da Criação do mundo e seus membros simples, que consistem quatro posições, te mostrou em que estado o mundo precisa (como disse) resistir até que seja refinado com fogo, farei minha progressão a partir desses membros simples da existência do mundo e procederei até a ordem dos graus em composição, que têm seu princípio e fundação a partir deles, a saber, do primeiro grau ou posição na geração ou composição ao seu complemento. E como entre o começo da mistura e a sua perfeição precisa interceder um meio, que deve ser... uma mistura imperfeita: então, entre um elemento simples e um corpo perfeito, uma composição imperfeita precisa interceder, a saber, uma que seja de natureza meteorológica.

Como, por exemplo, na geração do homem, o princípio, fundado no elemento católico aquoso, e que toma seu lugar na primeira posição, é o esperma; pois é uma substância aquosa ou fluida, apenas pouco alterada, assim como na água estavam cumplicemente toda a fábrica do mundo e as sementes de todas as coisas, e ainda nada aparecia externamente além de água. Assim, na semente ou esperma, ainda todo o homem, a saber, os ossos, carne, sangue, nervos e tais estão cumplicemente contidos e aparecerão por graus explicitamente, isto é, na sexta posição, pois será alterada de humor para solidez, com certa distinção dos três membros principais [então] no sétimo, a uma forma embrionária e, no oitavo, que fará um cubo da raiz material 2 ou o quadrado 4 (que é caracterizado no elemento católico pelas impressões dos quatro ventos), em uma criatura perfeita.

De maneira semelhante, no grande mundo vemos que o elemento simples, a saber, o ar geral, aparece externamente como simplicidade clara e um invisível nada explicitamente; e ainda ele contém, cumplicemente, uma nuvem, água ou chuva, fogo ou relâmpago, e uma pedra ponderosa, com sal e tal vida que aparece explicitamente em graus pela virtude dos quatro ventos. De modo que um vapor possui a primeira posição; a nuvem, a sexta; o relâmpago e a nuvem, a sétima; e a pedra terrena argumenta uma rotação exata de todas as quatro formas de escape em uma mistura, que representa o oitavo lugar na composição ou geração.

Mas, quando o homem chega à corrupção, então suas partes procedem para trás em resolução, a saber: de 8 para 7, de 7 para 6 e de 6 para 5, até que retorne ao ponto de elemento espermático simples de onde começou, e lá começa uma nova geração em outra forma. Pois a natureza atuante em tudo nunca está ociosa. Assim também a pedra é decomposta em água;

a água, em uma nuvem vaporosa; e a nuvem, em ar do qual veio, que é o elemento católico simples que não admite resolução mais além ou mais profunda por corrupção.

A Demonstração é esta:

O Quadrado Simples da composição do mundo, em que 2, (isto é) Luz e Água, é a raiz.

A progressão do dito Quadrado Elementar ao cubo da composição.

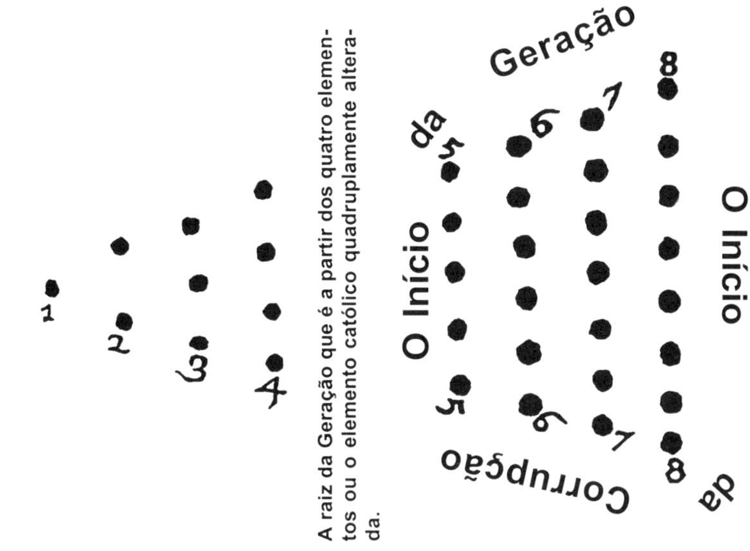

Agora, o único operador em ambos esses trabalhos é o Espírito de Deus, pois na geração Ele brilha do centro do elemento católico ou interior [centro] do esperma até a perfeição e persevera em sua ação, até um homem perfeito ser produzido... Ao contrário, quando o Espírito de Deus

recolhe Suas energias da circunferência da geração e composição para o centro da simplicidade, Ele sai para visitar o Espírito da criatura; e assim precisa enfraquecer e decadentemente retornar ao princípio de onde veio; e de lá novamente, se o mesmo espírito se agrada em brilhar, uma nova geração começa, na qual a corrupção ou resolução terminou.

Ou a maneira da geração e corrupção é expressa mais claramente [no diagrama anterior].

No qual os quatro elementos continuam em sua simplicidade, como se fossem criados cumplicemente em uma natureza aquosa, ou antes, o elemento católico Ar, que é a raiz de quando a geração surge para o período de perfeita composição, por quatro graus ou passos de alteração, a saber, do 4 para o 8 e para onde tende retrogradamente à corrupção, a saber, de 8 a 4.

SEGUNDA SEÇÃO - LIVRO 1

Capítulo IV

... mas, para que eu pudesse te expressar melhor por uma demonstração filosófica a natureza angelical dessa inteligência suprema, chamada *Mettatron*, e conseqüentemente a alma do mundo, em primeiro lugar te mostraria a verdadeira maneira pela qual os filósofos demonstram a harmonia do mundo e seu espírito. A *heptacorda* dos platônicos, a qual eles inventaram e adaptaram para demonstrar a alma do mundo, consistia em sete cordas, ou proporções, parte par e parte ímpar, a saber: 1, 2, 3, 4, 8, 9, 27. Essas proporções, apesar de Porfírio e Proclus terem-nas desenhado em uma linha, todavia parece a mim que Adrasto e Calcídio as expressaram mais adequadamente e adaptaram-nas aos lados de uma *Pyramis*, ou triângulo, desta maneira:

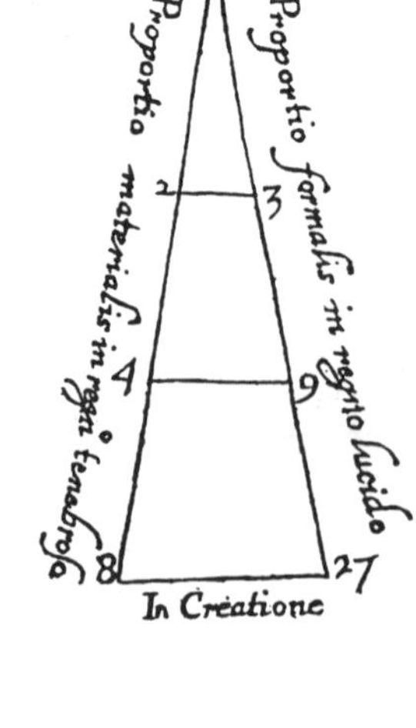

No cume ou topo da qual, onde ambas as linhas se encontram em um ponto, a figura do 1 é expressa com unidade, porque participa tanto do lado com existência material como no outro negocia com emanação formal... As seis outras figuras análogas uma com a outra, do lado material para o formal, a saber, os números pares que correspondem diretamente aos ímpares, isto é, o número material 2 corresponde ao formal 3; o 4, ao 9; e o 8, ao 27, expressam mais vivamente os tipos gerais de todas as criaturas, com a sua harmonia... Pois primeiro, segundo o exemplo do Arquétipo do 1 saiu o 2 que é denominado pelos pitagóricos a confusão das unidades e, portanto, é o radical ou número incipiente imperfeito... e por essa razão também, a matéria aquosa que saiu dele é de si mesma imperfeita, de maneira não outra que o número 2 é tido em correspondência ao 3 porque toda perfeição consiste em três termos, a saber, um início, meio e um fim. Assim, se você tomar uma das unidades de 2 para o início e outra para o meio, então necessita de um fim... E esse uníssono formal é expresso simbolicamente pelo dígito 3, que por essa causa é denominado o primeiro número da perfeição... e de acordo com o mundo arquétipo, desenhado por 1, 2, 3 na forma da Trindade sagrada parece haver três dimensões ideais em uma natureza divina ou essência eterna, que apresentam em sua maneira de progressão uma raiz, um quadrado e um cubo, que implica uma alma suprema ou essência eterna, um espírito e corpo do mundo idealmente pintado no arquétipo...

... em conseqüencia de que precisamos imaginar que a multiplicação da matéria no mundo não é nada além de uma variedade de penetração da luz formal no abismo aquoso ou multidão material, pois, quanto mais espessa é a matéria, mais próxima ela aparece à sua raiz 2 ou o Caos escuro. Por outro lado, quanto mais fina ela é feita pela opulência da presença brilhante das emanações formais, mais próxima aparece à raiz da unidade formal. Esse mistério (eu digo) sendo corretamente compreendido, toda ciência, até na mais abstrusa filosofia, pode ser decifrada.

... pela multiplicação do 3 por si mesmo, temos o quadrado formal criado, que implica as nove ordens dos anjos, que variam de acordo com a multiplicidade de propriedades, pela qual o efluxo ou emanação, que sai dessa fonte infinita de luz, opera diversamente no mundo, de acordo com a vontade do Pai das luzes, que as enviou. E o quadrado formal 9, sendo juntado ao quadrado material 4, anima os céus que... são feitos corporais ou cúbicos, de modo que todos os corpos são feitos dessas substâncias finas, pela multiplicação de cada quadrado em sua raiz, com o que a forma cúbica será 27, e aquela matéria 8, que prova cada matéria elementada ou composta; e quanto mais a matéria se multiplica, mais densa e escura será; assim, quanto mais aquela luz se multiplica, mais clara, fina e espiritual será a criatura. De modo que aquela raiz formal, quadrado e cubo implicam a essência e almas das criaturas, tanto supercelestiais como celestiais e elementais, que são mais ou menos dignificadas com forma; pois de acordo com essas multiplicações em forma, mais as criaturas serão exaltadas em excelência.

Vês agora quanto, e por quais proporções, tanto espirituais como materiais, a harmonia platônica do mundo se estende; e podes observar que onde não está essa proporção harmoniosa entre forma e matéria, precisa haver uma dissensão espiritual e corporal, ou discórdia, e conseqüentemente antipatia. Vemos também que a raiz da vida é fixa na composição angelical, que é da matéria espiritual simples, leve e pura, de modo que a sapiência eterna, ou alma essencial, é o ato dos anjos; o espírito aéreo angelical é o ato ou vida essencial das estrelas, ou influência celestial; e a influência estelar é a alma e vida dos ventos; a emanação espiritual dos ventos enforma quadruplamente o elemento católico sublunar, ou águas inferiores; o elemento anima as impressões meteorológicas, e, a partir desses, as criaturas compostas são compactadas, as quais sorvem da fonte divina delas todas, sendo um espírito em essência, mas multiforme em respeito à variedade de órgãos, pelos quais ele opera variadamente no mundo.

Assim, parece que Deus animou imediatamente o céu empíreo, ou espírito intelectual, que é o assento dos anjos, e isso comparamos à raiz; o céu empíreo anima as estrelas, ou região etérea, que referimos ao quadrado; e o céu estelar é, por assim dizer, o macho, ou multiplicador e vivificador da região elementar e suas criaturas, que comparamos ao cubo.

... e, portanto, os eruditos fundaram nesse tema sua Aritmética e sua Geometria formal e mística, que não são exercidas sobre assuntos comuns e vulgares, mas totalmente empregadas sobre as meditações profundas da verdadeira Cabala, Magia natural e Alquimia essencial, que, por as pessoas vulgares e ignorantes condenarem duramente esses títulos, são de outro modo denominados pelos místicos com o nome da ciência *Elementar, Celestial e Supermundana...*

Poderia também demonstrar que o mundo e sua alma, ou vida, foi moldado segundo a imagem do arquétipo desta maneira: do 1, que era todo luz, em quem não há escuridão, saiu o 2, que era escuridão, ou o Caos escuro, assim chamado porque a unidade ainda não brilhava para enformá-los. Entre esses dois extremos o 3 é interposto, como uma unidade pacífica ou benevolente, entre esses dois princípios, [que] une o fogo divino formal com a natureza material úmida, ou espírito das trevas, fazendo uma união de duas naturezas opostas, de modo que ambas as naturezas continuem em uma concordância simpática... Expresso-as [no seguinte diagrama].

Essa excelente harmonia da alma do mundo está em toda a parte expressa mais adequadamente por mim por duas formas piramidais, das quais uma é formal, a outra, material; a base da formal é o ato imediato de Deus, ou a infinita e única unidade, e implica a emanação do Espírito criativo e enformador, de modo que esse cone penetra bem no centro da Terra escura ou abismo. E, contrariamente, a base da pirâmide material ou aquosa está na Terra ou centro da escuridão, e o cone ascende ao centro da base da pirâmide formal, da [seguinte] maneira.

Agora, onde a intersecção é feita entre as duas concorrências principais, eu moldei um pedaço de um círculo porque as porções da pirâmide formal, e material, lá são iguais. Portanto, com os platonistas chamamos *Sphœra œqualitais*, ou *a esfera da igualdade*; ou como eles em outros termos a denominam, o orbe ou esfera da alma do mundo, que está justo no meio do céu estelar, chamado por essa razão de éter, *quasi igneus aer*, um ar ígneo, como quem diria, uma porção igual do espírito dos comedores e do

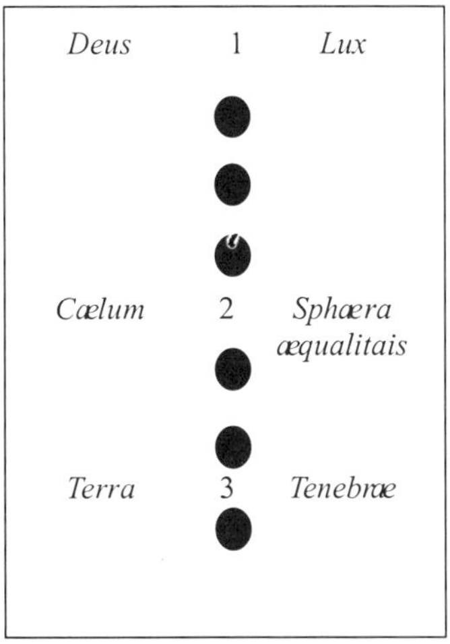

fogo formal descendente de Deus ou unidade (como expressei antes). E, portanto, como colocamos na demonstração precedente o 3 no centro ou meio da linha, entre a unidade divina iluminadora 1 e o Caos escuro, ou dualidade deformada 2; assim o corpo do Sol visível estava colocado no mundo, no qual o Sol invisível e não criado do mundo arquétipo colocou seu tabernáculo: e por essa causa é corretamente denominado pelos platonistas a esfera da alma... [ver Figura 4, p. 93].

Agora que essa mais excelente e perfeita concordância da vida continua principalmente no meio da linha, desenhada a partir da unidade, ou a fonte da forma, para a Terra ou dualidade, que é a fonte da matéria, provo assim pelos acordes da Música: a mais perfeita consonância em Música é o diapasão, e de todos os outros acordes sinfônicos, aproxima-se mais da sagrada unidade na Divindade, pois é meio uníssono e, portanto, corretamente comparado à emanação abençoada da vida que veio da unidade; e por essa razão é corretamente denominada de Idéia ou imagem de um uníssono. E conforme o uníssono como uma essência na Divindade compreende nele os dois outros acordes além dele, a saber, *diapente* e *diatessaron*. Agora que esse mais perfeito consoante do *diapasão* está plantado no meio de um uníssono, e, por assim dizer, se consegue em dois acordes perfeitos, ou *diapasões*, que estão contidos neles mesmos, assim provo: pega um alaúde ou uma bandurra e toca qualquer uma das cordas em aberto, e então para aquela mesma corda exatamente no meio dela, e cada metade soará um *diapasão* àquele uníssono aberto; de modo que o uníssono que é feito pelo toque de toda a corda em aberto será dividido em dois *diapasões* ou consoantes mais perfeitos ao todo; o que é um argumento evidente de que a perfeição do *diapasão* está no assento do Sol e, conseqüentemente, que o acorde formal e vivo de todo o mundo não está em outro lugar senão naquele central ou médio, assim como o coração, que é o centro da vida, está no homem. E ainda assim pelos raios do Sol, essa vida do mundo é feita católica, e preenche tudo, não diferente de como o sangue vital universalmente se expande no microcosmos pelos canais das artérias... [ver Figuras 5, 6 e 7, pp. 137, 138 e 139].

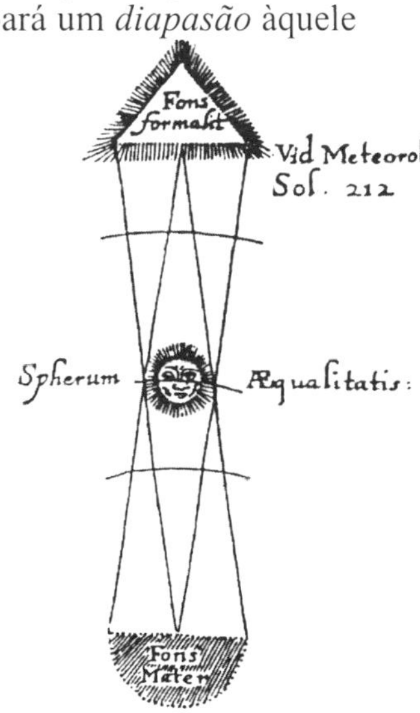

A CONCLUSÃO

... não é intenção expressar minhas opiniões mais firmes e acomodadas tocantes à verdadeira filosofia e seus apêndices em uma frase maior em inglês, considerando a aspereza e a severidade de minha pena, por razão de meu defeito, e a insuficiência na natureza polida dele... Imagino, e minha mente me concede, que, apesar de nunca ser tão curioso em minha redação, ou laborioso na frase de minha expressão, ainda assim meus melhores esforços parecerão faltosos ao olhar curioso de alguns homens, apesar de suficientemente aceitáveis a outros. Considero suficiente, portanto, para que ouse ser duro e firme no assunto fundamental da filosofia essencial, sendo que tem a própria verdade para sustentar e defender, sem qualquer adorno feito pelas tranças douradas dos discursos superficiais ou explicação verbal; e, logo, como *veritas non quœrit angulos*, também ela não precisa da expressão de palavras eloqüentes e sentenças refinadas ou frases para ilustrá-la e fazê-la mais perspícua aos olhos dos homens sábios e eruditos, sendo que não é desconhecido deles que ela conquista tudo, pois é o esplendor brilhante ou emanação que procede da fonte onipotente e eterna; ela ilumina tudo, atua essencialmente em tudo e sobre tudo, e se revela com efeito a tudo; e portanto é assim manifesta em todos os seus trabalhos, de modo que não precisa de um orador de língua dourada, nem retórico suave e metódico, ou filósofo de lábios eruditos para prestar-lhe honra na expressão de sua excelência... E portanto direi como o profeta *Davi* fez: cantarei a verdade sob a sombra de tuas asas. Ó Senhor, em ti coloco minha confiança; mantém e preserva-me dos meus inimigos, pelo bem de tua misericórdia, *AMÉM*.

Bibliografia

Esquema da *Utriusque cosmi... historia*

- **Volume I A história do macrocosmos**
  - Tratado I (UCH I, 1)
    Utriusque cosmi... historia.
    (Oppenheim: de Bry, 1617)
  - Tratado II (UCH I, 2)
    Tractatus Secondus, De Naturae Simia
    (Oppenheim: de Bry, 1618)
- **Volume II A história do microcosmos**
  - **Tratado I**
    - Seção I (UCH II, 1,i)
      Tomus Secundus De Supernaturali...
      (Oppenheim: de Bry, 1619)
    - Seção II (UCH II, 1, ii)
      Tomus Secundus Tractatus Primi...
      (Oppenheim: de Bry, 1620?)
  - **Tratado II**
    - **Seção I**
      - Porções I e II (UCH II, 2, i, 1 e 2)
        Tomi Secundi... De Praeternaturali
        (Frankfurt: de Bry, 1621)
        Anatomiae Amphitheatrum
        (Frankfurt: De Bry, 1623)
      - Porção IV (UCH Ii, 2, i , 4)
        Philosophia sacra
        (Frankfurt: Officina Bryana, 1626)
    - **Seções II e III** (não publicadas)
  - **Tratado III** (não publicado)

Delineação da *Medicina Catholica*

- **Volume I**
  - **Tratado I** (MC I, 1)
    Medicina Catholica, Sanitatis Mysterium
    (Frankfurt: William Fitzer, 1629)
  - **Tratado II**
    - Seção I (MC I, 2, i)
      Integrum Morborum Mysterium
      (Frankfurt: William Fitzer, 1631)
    - Seção II (MC I, 2, ii)
      katholikon medcorum katoptron
      (Frankfurt: William Fitzer, 1631)
    - Seção II, Porção III, Parte III
      Pulsus (MC I, 2, ii, 3, 3)
      (Frankfurt: William Fitzer, 1631?)

Fontes primárias

Manuscritos de Fludd

CAMBRIDGE, Trinity College Library. Western MS, 1150. FLUDD. *A Philosophical Key*. Edição publicada: DEBUS, Allen G. *Robert Fludd and his Philosophical Key*. New York: Science History Publications, 1979.

LONDON, British Library. Royal MS, 12 C ii. FLUDD. *Declaratio Brevis*. Edição publicada: tr. HUSSMAN, William H. e SEELINGER, Jr., Robert A. Introdução por HUSSMAN, William H. *Robert Fludd's 'Declaratio Brevis' to James I* em *Ambix*, nº 25, 1978, pp. 69-92.

NEW Haven, Yale University Library. Miscellaneous Manuscript 170, Filmer MS. 3. *Musical compositions by Fludd*. Ver BARTON, Todd. *Robert Fludd's Temple of Music: A Description and Commentary*, tese de mestrado não publicada, University of Oregon, 1978; Appendix III, pp. 202-210.

OXFORD, Bodleian Library. MS. Ashmole 766 and MS. Ashmole 1507. FLUDD, *Truth's Golden Harrow*. Edição publicada: JOSTEN, C. H. *Truth's Golden Harrow* em *Ambix*, nº. 3, 1948, pp. 91-150.

Trabalhos impressos de Fludd

FLUDD, Robert. *Anatomiae amphitheatrum essigie triplici, more et conditione varia designatum*. Frankfurt: Johann-Theodor de Bry, 1623. (UCH II, 2, i, 3). Esta é uma continuação de *The History of the Microcosm*; ver abaixo e na delineação da *Utriusque cosmi... historia*.

———. *Apologia compendiaria, Fraternitatem de Rosea Cruce suspicionis et infamiae maculis aspersam, veritas quasi Fluctibus abluens et abstergens*. Leiden: Gottfried Basson, 1616. Primeira publicação de Fludd, impressa às pressas como uma defesa dos rosacrucianos contra o ataque por Andreas Libavius em sua *Analysis Confessionis Fraternitatis de Rosea Cruce* de 1615.

———. *Clavis Philosophiae et Alchemiae Fluddanae*. Frankfurt: William Fitzer, 1633. Réplica final de Fludd a Mersenne e Gassendi.

———. *Discursus de unguento armario*. RATTRAUY, Sylvestri (Ed.). *Theatrum Sympatheticum Auctum, exhibens varios authores*. Nüremberg: Johan. Andrea Endtera e Wolfgang Junioris Haeredes, 1622.

———. *Doctor Fludds Answer unto M. Foster, or the squeesing of Parson Fosters Sponge, ordained by him for the wiping away of the weapon-salve*. London: Nathanael Butter, 1631.

———. *Responsum ad Hoplocrisma-spongum M. Fosteri...* Gouda: Petrus Rammazenius, 1638. Tradução em latim do texto acima.

———. *Medicina Catholica, seu mysticum artis medicandi sacarum. In tomos divisum duos*. Frankfurt: William Fitzer, 1629 (M.C. I, 1). Esta edição contém o *Tractatus Primus* do *Tomus Primus* com o título de *Sanitatis Mysterium*. O restante da *Medicina Catholica* está sob o título de *Integrum Morborum Mysterium*.

———. *Integrum Morborum Mysterium: sive Medicinae Catholicae tomi primi tractatus secundus in Sectiones distributus duas*. Frankfurt: Wolfgang Hofmann, vendido por William Fitzer, 1631 (M.C. I, 2, i). Esta continuação da *Medicina Catholica* contém três tratados pertencentes ao *Tomus Primus* e um esquema desdobrado do *Tomus Secundus* cujo tratado é a *Sectio Prima* do *Tractatus Secundus, Integrum morborum, seu meteororum insalubrium mysterium. Sectio Secundus* em *katholikon medicorum katoptron, sive tomi primi, tractatus secundi, sectio secunda, De Morborum Signis* e tem a data de 1631 na página título (M.C. I, 2, ii). O terceiro tratado com uma página título separada tem o título *PULSUS, seu nova et arcana Pulsuum historia, esacro fonte radicaliter extracta, nec non medicorum ethnicorum dictis e authoritate comprobata, hoc est, portionis tertiae pars tertia of the Sectio Secundus de Pulsuum Scientia*. S.l.: s.d. (p. 93 tem a data de 1629) (M.C. I, 2, ii, 3, 3). A *Sectio Tertius* nunca foi impressa. O esquema desdobrado para o *Tomus Secundus* está unido no fim com o título *Medicamentosum Apollinis Oraculum, hoc est, Medicinae Catholicae, sue mysticae medicandi artis, Tomus Secundus*. S.l.: *Typus excudebatur* Wolfgangi Hofmanni, 1630. Este volume inteiro foi reeditado sob o título de *Meteorum insalubrium mysterium*. Moguntiae [Mainz]: L. Bourgeat, 1682.

———. *Monochordum Mundi Symphoniacum, seu. Replicatio Roberti Fludd... ad Apologiam... Iohannis Kepleri...* Frankfurt:

Erasmus Kempfer, Johann-Theodor de Bry, 1623. Réplica final de Fludd a Kepler.
———. *Philosophia Moysaica*. Gouda: Petrus Rammazenius, 1638. Último trabalho de Fludd, publicado postumamente; ver abaixo.
———. *Mosaicall Philosophy*. London: Humphrey Moseley, 1659. Tradução para o inglês do texto acima. Edição reimpressa dos livros Um e Dois da Segunda Seção: MCLEAN, Adam (Ed.). Edinburgh: *Magnum Opus Hermetic Sourceworks*, nº 2, 1979. Uma evidência interna na p. 232 sugere que Fludd escreveu a maior parte de seu trabalho em 1630 ou 1631, apesar de que na p. 287 ele menciona visitar um paciente em 1637, de modo que o trabalho deve ter sido terminado muito próximo de sua morte.
———. *Philosophia sacra et vere Christiana seu Metorologia Cosmica*. Frankfurt: Ossicina Bryana, 1626 (UCH I, 2, i, 4). Este volume é também uma continuação de *The History of Microcosm*; ver abaixo e a delineação da *Utriusque cosmi... historia*.
———. *Sophie cum moria certamen, in quo, lapis lydius à falso structore, Fr. Marino Mersenno, Monacho, reprobatus, celeberrima Volumnis sui Babylonici (in Genesi) figmenta accurate examinat*. S.l: 1629). (Junto com a *Philosophia Sacra* acima, com a paginação separada.) Primeira réplica de Fludd a Mersenne.
———. *Tractatus apologeticus integritatem Societatis de Rosea Cruce defendens*. Ludguni Batavorum [Leyden]: Godfrey Basson, 1617. A mais longa defesa de Fludd dos rosacrucianos que seguia o esquema proposto na *Apologia compendiaria* do ano anterior. Há uma tradução alemã deste trabalho por BIRKHOLZ, Adam Michael [Ada Mah Booz, pseudonym]. *Schutzschrift für die Æchtheit der Rosenkreutzergesellschaft*. Leipzig: A. E. Boehme, 1782.
———. *Tractatus theologo-philosophicus, In Libros tres distributus, Quorum I de Vita, II de Morte, III, de Resurrectione... à Rudolfo Otreb Britanno*. Oppenheim: Johann-Theodor de Bry, 1617. Um trabalho do início sob um pseudônimo em anagrama.
———. *Utriusque cosmi maioris scilicit et minoris metaphysica, physica atque technica historia... Tomus primus, De Macrocosmi Historia in duos tractatus diuisa*. Oppenheim: Johann-Theodor de Bry, 1617 (UCH I, 1). Este primeiro lançamento de *The Technical Metaphysical and Physical History of the Macrocosm and Microcosm* contém o Tratado Um do Volume Um (*The History of Macrocosm*), *De metaphysico macrocosmi et creaturarum illus ortu et de physico macrocosmi in generatione et corruptione progressu*. Tradução para o inglês dos livros Um e Dois: FLUDD, *The Origin and Structure of the Cosmos*, tr. TAHIL, Patricia. Edinburgh: *Magnum Opus Hermetic Sourceworks*, nº 13, 1982.
———. *Tractatus Secundus, De Naturae Simia seu Techinca macrocosmi historia, in partes undecim divisa*. In Nobili Oppenheim:

Johann-Theodor de Bry, 1618, segunda edição, 1624 (UCH I, 2). Este segundo tratado de *The History of the Macrocosm* contém 11 volumes sobre as artes dos homens, pelo uso das quais ele se torna o "macaco da natureza". Eles são: I. *Universal Arithmetic*; II. *The Temple of Music*; III. *Geometry*; IV. *Optics*; V. *The Pictorial Arts*; VI. *The Military Arts*; VII. *Motion*; VIII. *Time*; IX. *Cosmography*; X. *Astrology*; XI. *Geomancy*. Reeditado: Frankfurt: Johann-Theodor de Bry, 1624. A seção sobre geomancia apareceu sob o título *De animae intellectualis scientia, seu, Geomantia hominibus appropriata* em *Fasciculus Geomanticus, in quo varia variorum opera geomantica continentur*. Verona: 1687; segunda edição, Verona: 1704. A mesma seção foi traduzida para o francês por PIOBB, Pierre Vincent. *Traité de Géomancie (de geomantia)*. Paris: Dangles, 1947. Piobb também traduziu a seção sobre astrologia: *Étude du macrocosme, annotée et traduite pour la première fois par Pierre Piobb. Traité d'astrologie générale (De astrologia)*. Paris: H. Daragon, 1907.

———. *Tomus Secundus de supernaturali, naturali, praeternaturali et contranaturali microcosmi historia, in tractatus tres distributa*. Oppenheim: Johann-Theodor de Bry, 1619 (UCH II, 1, i). Esta é a Seção Um do Tratado Um do Volume II (*The History of Microcosm*). É dividida em 13 livros lidando com harmônicos divinos, como eles se relacionam com o homem, o microcosmo. Ao fim do Livro IX, há uma folha de errata e um índice. Seguindo imediatamente, está uma página de título e uma nova paginação para a segunda seção do primeiro tratado, portando o título *Tomi Secundi, tractatus primi, sectio secunda, de technica Microcosmi historia, in Portiones VII divisa*. S.l.: s.d. (UCH II, 2, i). A Seção II contém os ensaios *Prophesy*, *Geomancy*, *The Art of Memory*, *Astrology*, *Physiognomy*, *Chiromancy* e *Pyramid*. Começando com a p. 204 e continuando na nova paginação, aparecem os livros X-XIII da *Sectio Prima*, terminando na p. 277.

———. *Tomi secundi tractatus secundus, de praeternaturali utriusque mundi historia. In sectiones tres divisa...* Frankfurt: Johann-Theodor de Bry, 1621 (UCH II, 2, i, 1 e 2). Essa continuação da *Microcosm History* contém as porções I e II da seção I; porções III e IV apareceram sob títulos separados como *Anatomiae Amphitheatrum* (UCH II, 2, i, 3) e *Philosophia Sacra* (UCH II, 2, i, 4). As seções II e III nunca apareceram.

———. *Veritatis proscenium... seu demonstratio quaedam analytica, in qua cuilibet comparationis particulae, in appendice quadam J. Kepplero, nuper in fine Harmoniae suae Mundanae edita...* Frankfurt: Johann-Theodor de Bry, 1621. A primeira réplica de Fludd às objeções de Kepler no Apêndice de sua *Harmonices mundi* de 1619.

Trabalhos contemporâneos selecionados

BACON, Francis; ROBERTSON, John M. (Ed.). *The Philosophical Works of Francis Bacon*. London: Routledge, 1905. É óbvio que as idéias de Bacon de uma nova ciência não baseada na religião ou nos antigos não eram compatíveis com as de Fludd. Os dois eram conhecidos, mas nunca mencionaram um ao outro.

DEE, John. *A True and Faithful relation of what passed for many years between Dr. John Dee and some spirits*. London: T. Garthwait, 1659. Apesar de haver interesses e perspectivas compartilhados entre os dois, não há uma ligação direta entre Dee e Fludd; Fludd não teria nada a ver com invocação de anjos ou "matemática vulgar".

FOSTER, William. *Hoplocrisma Spongus, or a Sponge to wipe away the weapon-salve*. London: Thomas Cotes, 1631. O ataque do pároco Foster ao apoio de Fludd ao uso do bálsamo-de-arma alegando que funcionava por meios diabólicos.

FRIZIUS, Joachim. *Summum Bonum*. Frankfurt: 1629. Outro tratado defendendo Fludd de Mersenne. Muitos autores alegaram que Fludd escreveu este tratado, mas ele negou especificamente tê-lo feito. Uma tradução alemã do livro IV está em FREUDENBERG, F. *Paracelsus und Fludd*. Berlin: Hermann Barsdorf Verlag, 1918, pp. 233-71; e uma tradução inglesa do Freudenberg acima é encontrada em ALLEN, Paul M. (Ed.). *A Christian Rosenkreutz Anthology*. New York: Rudolf Steiner, Blauveet 1968, pp. 349-79. No último, Fludd é nomeado como autor, e várias chapas de seus livros são incluídas na antologia.

GASSENDI, Pierre. *Epistolica exercitatio in qua principia philosophiae Roberti Fluddi, medici, releguntur, et ad recentes illius libros adversus R. P. F. Marinum Mersennum... respondetur*. Paris: S. Cramoisy, 1630. O exame de Gassendi dos trabalhos de Fludd, feito a pedido de Mersenne.

GILBERT, William. *De magnete*. London: P. Short, 1600. Fludd usou o trabalho de Gilbert e o de Ridley (abaixo) para refutar Aristóteles e provar suas teorias de que há ação entre dois corpos a distância.

HARVEY, William; WITTERIDGE, Gwenneth (Ed. e trad.). *De motu locali animalium*. Cambridge: The University Press, 1959. Fludd foi o primeiro autor a concordar com a teoria da circulação do sangue de Harvey impressa.

KEPLER, Johannes. *Harmonices mundi*. Linz: Johannes Planc, 1619. O apêndice discorda do esquema harmônico do Universo de Fludd.

———. *Mysterium Cosmographicum*. Frankfurt: Erasmus Kempfer, 1621. Nesta segunda edição deste trabalho (a primeira apareceu em 1597), a réplica de Kepler a *Veritatis proscenium* de Fludd é incluída em um tratado intitulado *Johannis Kepleri pro suo Opere Harmonices Mundi Apologia adversus Demonstrationem Analyticam Cl. V. D. Roberti de Fluctibus, Medici Oxoniensis*.

LANOVIUS (François de la Noue). *Ad Reverendum Patrem Marinum Mersennem Francisci Lanovii Judicium de Roberto Fluddo*. Paris: 1630. Lanovius fica do lado de Mersenne na controvérsia com Fludd.
MERSENNE, Marin. *Quaestiones celeberrimae in Genesim*. Paris: 1623. Inclui o ataque de Mersenne a Fludd.
RIDLEY, Mark. *A Short Treatise of Magneticall Bodies and Motions*. London: Nicholas Okes, 1613. Ver nota sobre Gilbert acima.
SCOT, Patrick. *The Tillage of Light*. London: William Lee, 1623. Scot sustentava que a Pedra Filosofal não era uma substância material. Fludd respondeu com o manuscrito não publicado *Truth's Golden Harrow*.
SELDEN, John. *Titles of Honour*. London: W. Stansby para I. Helme, 1614. O notável escolátisco legal e antiquário louvou Fludd na dedicatória (a um amigo) por curar sua doença.
THORNBOROUGH, John. ΑΙΘΟΘΕΩΡΙΚΟΣ, *sive Nihil, aliquid, omnia, antiquorum sapientium vivis colorbus depicta*... Oxford: I. Lichfield e I. Short, 1621. Este tratado pelo bispo de Worcester, um amigo de Fludd, contém referências marginais ao *Tractatus theologo-philosophicus* de Fludd de 1617.

Fontes secundárias

Livros sobre Fludd

CRAVEN, James Brown. *Doctor Robert Fludd (Robertus de Fluctibus), The English Rosicrucian: Life and Writings*. Kirkwall: William Peace e Son, 1902. Contém uma agora obsoleta biografia, mas um bom sumário dos trabalhos de Fludd e uma bibliografia detalhada.
GODWIN, Joscelyn. *Robert Fludd: Hermetic Philosopher and Surveyor of Two Worlds*. Boulder, Colorado: Shambhala, e London: Thames and Hudson, 1979. Excelente coleção das ilustrações de Fludd com explanações detalhadas e uma bibliografia importante.
HUFFMAN, William H. *Robert Fludd and the End of the Renaissance*. London and New York: Routledge, 1988. A primeira monografia sobre Fludd desde o revival do interesse por seu trabalho pela dama Frances Yates, Allen G. Debus e outros. Contém informação sobre sua vida, trabalhos, os rosacrucianos, seu testamento e uma bibliografia detalhada.
HUTIN, Serge. *Robert Fludd (1574-1637): Alchimiste et Philosophe Rosicrucien*. Paris: Omnium Litteraire, 1971. Esta é basicamente a tese de Hutin de 1951 para um *Elève diplomé* e, portanto, não leva em conta qualquer estudo moderno sobre Fludd.

Outros livros e artigos selecionados

AMMANN, Peter J. *The Musical Theory and Philosophy of Robert Fludd*. In: *Journal of the Warburg and Courtauld Institutes*, nº 30, 1967, pp. 198-227.

BARTON, Todd. *Robert Fludd's 'Temple of Music': A Description and Commentary*. Tese de mestrado não publicada. University of Oregon: 1978.

BONELLI, M. L. R. e SHEA, W. R. (Eds.). *Reason, Experiment and Mysticism in the Scientific Revolution*. New York: Science History Publications, 1975.

COPENHAVER, Brian P. *Natural Magic, Hermeticism, and Occultism in Early Modern Science*. In: LINDBERG, David C. e WESTMAN, Robert S. *Reappraisals of the Scientific Revolution*. Cambridge: Cambridge University Press, 1990.

DEBUS, Allen G. *The Chemical Debates of the Seventeenth Century*. Em *Reason, Experiment and Mysticism in the Scientific Revolution*. New York: Science History Publications, 1975.

———. *The Chemical Dream of the Renaissance* Cambridge W. Heffer and Sons, 1968.

———. *The Chemical Philosophy: Paracelsian Science* and Medicine in the SixTeenth and Seventeenth Century. New York, Science History Publication 1977).

———. *The English Paracelsians*. New York: Franklin Watts, 1965.

———. *Man and Nature in the Renaissance*. Cambridge: Cambridge University Press, 1978.

———. *Science and Education in the Seventeenth Century: The Webster-Ward Debate*. New York: Science History Publications, 1970.

Allen Debus também escreveu numerosos artigos relacionados a Fludd. É em razão do seu trabalho da perspectiva da história da ciência e Medicina que os estudos modernos estabeleceram a importância de Fludd no começo do século XVII.

Dictionary of National Biography, verbete Fludd, Robert por Alexander Gordon.

Dictionary of Scientific Biography, verbete Fludd, Robert por Allen G. Debus.

Encyclopedia of Philosophy, verbete Fludd, Robert por John Passmore.

GODWIN, Joscelyn. *Instruments in Robert Fludd's 'Utriusque Cosmi... Historia'*. Em *Galpin Society Journal*, nº 26, 1973, pp. 2-14.

——— (Ed.). *Music, Mysticism and Magic: A Sourcebook*. Harmondsworth: Penguin, 1986.

———. *Robert Fludd on the Lute and Pandora*. Em *Lute Society Journal*, nº. 15, 1973, pp. 11-19.

High Matter, Dark Language: The Philosophy of Robert Fludd (1574-1637). An Exhibition at the Wellcome Institute for the History of Medicine. Catalogue. London: The Wellcome Institute for the History of Medicine, 1984.

JOSTEN, C. H. *Robert Fludd's 'Philosophical Key' and his Alchemical Experiment on Wheat*. Em *Ambix*, nº. 11, 1963, pp.1-26.

———. *Robert Fludd's Theory of Geomancy and his Experiences at Avignon in the Winter of 1601 to 1602*. In: *Journal of the Warburg and Courtauld Institutes*, nº 27, 1964, pp. 327-35.

———. *Truth's Golden Harrow: An Unpublished Alchemical Treatise of Robert Fludd*. In: *Ambix*, nº 3, 1949, pp. 91-150.

Os três acima são importantes artigos sobre Fludd e sua filosofia.

LINDBERG, David C. e Robert S. WESTMAN. *Reappraisals of the Scientific Revolution*. Cambridge: Cambridge Universtiy Press, 1990.

MCLEAN, Adam. *The Western Mandala*. Edinburgh: Hermetic Research Series, 1983, distribuído por Phanes Press. Adam McLean tem feito muito nos últimos anos para republicar textos herméticos da Renascença e escrever artigos e livros sobre eles.

MERKEL, Ingrid e DEBUS, Allen G. (Eds.). *Hermeticism and the Renaissance: Intellectual History and the Occult in Early Modern Europe*. Washington, D.C.: Folger Shakespeare Library. London e Toronto: Associated University Presses, 1988.

PAGEL, Walter. *Paracelsus: An Introduction to Philosophical Medicine in the Era of the Renaissance*. Basel e New York: S. Karger, 1958.

———. *Religious Motives in the Medical Biology of the Seventeenth Century*. In: *Bulletin of the Institute of the History of the Medicine*, nº 3, 1935, pp. 97-312.

PAULI, Wolfgang. *The Influence of Archetypal Ideas on the Scientific Theories of Kepler*. In: *The Interpretation of Nature and the Psyche*. New York, Pantheon Books, 1955, Bollingen Series, vol. 51.

SINGLETON, C. S. (Ed.). *Art, Science and History in the Renaissance*. Baltimore e London: Johns Hopkins Press, 1967.

THORNDIKE, Lynn. *A History of Magic and Experimental Science*, 8 vols. New York: Columbia University Press, 1923-58.

VICKERS, Brian (Ed.). *Occult and Scientific Mentalities in the Renaissance*. Cambridge: Cambridge University Press, 1984).

WAITE, Arthur Edward. *The Real History of the Rosicrucians*. London: Redway, 1887.

———. *The Brotherhood of the Rosy Cross*. 1924; reimpressão New Hyde Park, New York: University Books, 1961.

———. *Robert Fludd: Philosopher and Occultist*. In: *The Occult Review*, nº 15, 1912, pp. 79-84.

———. *Haunts of the English Mystics*. Em *Square and Compass*, nº 47, 1933, pp. 11-15.

WALKER, D. P. *Spiritual and Demonic Magic from Ficino to Campanella*. London: The Warburg Institute, 1958; reimpressões: Kraus, 1969; University of Notre Dame Press, 1975.

———. *The Ancient Theology*. Ithaca: Cornell University Press, 1972.

———. *The Astral Body in Renaissance Medicine*. In: *Journal of the Warburg and Courtauld Institutes*, nº 21, 1958, pp. 119-33.

WEBSTER, Charles. *From Paracelsus to Newton: Magic and the Making of Modern Science*. Cambridge: Cambridge University Press, 1982.

WESTMAN, Robert S. *Magical Reform and Astronomical Reform: The Yates Theses Reconsidered*. In: *Hermeticism and the Scientific Revolution*. Los Angeles: William Andrews Clark Memorial Library, 1977.

———. *Nature, art and psyche: Jung, Pauli, and the Kepler-Fludd polemic*. In: VICKERS, Brian (Ed.). *Occult and Scientific Mentalities in the Renaissance*. Cambridge: Cambridge University Press, 1984. Este é um excelente texto que sumariza o debate, adiciona importante informação e inspiração nova, e deveria ser lido em conjunto com o texto de Wolfgang Pauli citado neste volume.

YATES, Frances A. *Giordano Bruno and the Hermetic Tradition*. London: Routledge e Kegan Paul. Chicago: University of Chicago Press, 1964.

———. *The Art of Memory*. London: Routledge e Kegan Paul. Chicago: University of Chicago Press, 1966.

———. *Theatre of the World*. London: Routledge e Kegan Paul. Chicago: University of Chicago Press, 1969.

———. *The Rosicrucian Enlightenment*. London e Boston: Routledge e Kegan Paul, 1972.

———. *Shakespeare's Last Plays*. London: Routledge e Kegan Paul, 1975.

———. *The Occult Philosophy in the Elizabethan Age*. London e Boston: Routledge e Kegan Paul, 1979.

———. *The Hermetic Tradition in Renaissance Science*. Em SINGLETON, Charles (Ed.). *Art, Science and History in the Renaissance*. Baltimore e London: Johns Hopkins Press, 1967.

———. *The Stage in Robert Fludd's Memory System*. Em *Shakespeare Studies*, nº 3, 1967, pp. 138-66.

Os escritos intrigantes da dama Frances Yates sobre a história do pensamento hermético e mágico fizeram muito para reacender um interesse nesta era a partir de uma nova perspectiva. Suas especulações acenderam muito debate, particularmente sobre a *Yates thesis*: que os primeiros pensadores herméticos modernos foram uma ponte-chave da ciência antiga para a moderna. Ela foi a primeira estudiosa atual a apontar a importância do *Corpus Hermeticum* para aqueles no campo neoplatônico, começando com Ficino em Florença; isso era mais particularmente verdadeiro para Robert Fludd, como ela demonstra amplamente. Ela também lidou com outros aspectos de Fludd, por exemplo, seu sistema de memória como usado no teatro, e utiliza muitas de suas ilustrações. Algumas de suas especulações ainda convidam a uma pesquisa, tais como a idéia de que os rosacrucianos eram um movimento secreto para apoiar a Liga Protestante no continente antes da Guerra dos Trinta Anos.